"十四五"职业教育国家规划教材

U0868028

汽车电器维修理实一体化教材

(第2版)

中国汽车工程学会◎组织编写
王成波　余斌立　忻状存◎主　　编

人民交通出版社
北京

内 容 提 要

本书是“十四五”职业教育国家规划教材，其主要内容为汽车充电系统认知与发电机更换，汽车起动系统认知与起动机更换，汽车前照灯总成认知与更换，汽车转向与危险警告灯检测与维修，汽车喇叭系统检测与维修，汽车电动后视镜认知与更换，汽车电动车窗系统认知与更换，汽车电动座椅认知与更换，汽车雷达防碰撞系统认知与安装，汽车中控门锁系统检测与维修，汽车防盗系统认知与维修，汽车多路通信线路（CAN 线）检测与维修。

本书适合全国中等职业学校汽车运用与维修专业教学使用，也可作为从事相关技术工作的一线人员的参考书。

图书在版编目（CIP）数据

汽车电器维修理实一体化教材/王成波，余斌立，忻状存主编. —2 版. —北京：人民交通出版社股份有限公司，2021.11（2024.11 重印）

ISBN 978-7-114-17538-1

Ⅰ. ①汽… Ⅱ. ①王… ②余… ③忻… Ⅲ. ①汽车—电气设备—车辆修理—中等专业学校—教材 Ⅳ. ①U472.41

中国版本图书馆 CIP 数据核字（2021）第 151259 号

Qiche Dianqi Weixiu Lishi Yitihua Jiaocai

书　　名：汽车电器维修理实一体化教材（第 2 版）
著 作 者：王成波　余斌立　忻状存
责任编辑：李　良
责任校对：孙国靖　宋佳时
责任印制：刘高彤
出版发行：人民交通出版社
地　　址：（100011）北京市朝阳区安定门外外馆斜街 3 号
网　　址：http://www.ccpcl.com.cn
销售电话：（010）85285911
总 经 销：人民交通出版社发行部
经　　销：各地新华书店
印　　刷：北京市密东印刷有限公司
开　　本：880 × 1230　1/16
印　　张：14.5
字　　数：326 千
版　　次：2014 年 6 月　第 1 版
2021 年 11 月　第 2 版
印　　次：2024 年 11 月　第 2 版　第 2 次印刷　累计第 8 次印刷
书　　号：ISBN 978-7-114-17538-1
定　　价：39.00 元

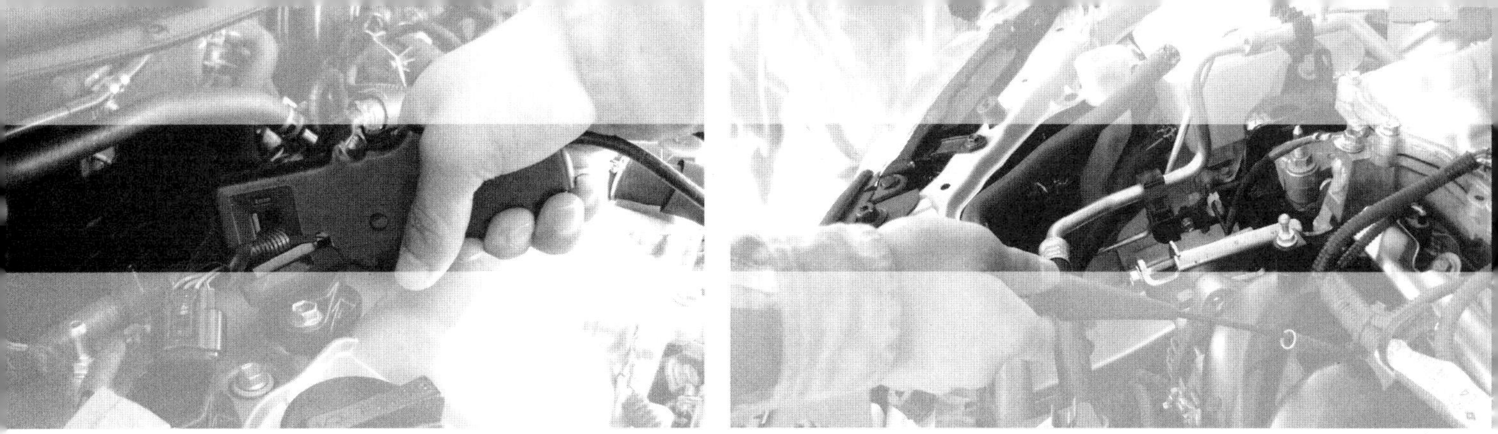

序

我国的汽车保有量急剧增加,公路交通建设快速发展,这对汽车维修等汽车后市场的发展提出了更高的要求。近年来,尽管我国职业教育取得了很大的成就,但是有些职业院校的教学并没有完全反映企业的实际需求和学生的职业发展规律。职业教育的“职业性”不强,这已成为困扰职业教育适应行业企业发展需要的瓶颈问题。

事实上,这并不是我国所独有的问题,世界各国和地区也都在通过不同手段探索相应的解决方案。20世纪末,大众、宝马、福特、保时捷等六大国际汽车制造巨头曾在德国提出过一个《职业教育改革七点计划》,建议职业教育应在以下七个方面做出努力:

1. 加强文化基础教育——为青年人的生涯发展打下良好基础,包括掌握基本文化基础和关键能力。
2. 资格鉴定考试中加强定性评估——将职业资格鉴定与企业人力开发措施结合起来,资格考试按照行动导向和设计(Shaping)导向的原则进行。
3. 传授工作过程知识——职业院校应针对特定的工作过程传授专业知识,采用综合性的案例教学,并着力培养团队能力。
4. 学校和企业功能的重新定位——通过学校和企业的共同努力,提高职业教育质量:学校是终身学习的服务机构,企业成为学习化的企业。
5. 采用灵活的课程模式——通过核心专业课程奠定统一而扎实的专业基础,必要时包含具有地方和企业特征的教学内容。
6. 职业教育国际化——建立学校教育和企业培训质量互认,促进各国职业资格证书的可比性和透明度。
7. 促进校企合作的发展——企业和职业院校合作创办高水平职业教育机构,促进贴近工作岗位的职业教育典型实验和相关研究。

这一建议至今看来都有十分重要的借鉴意义。职业院校以市场和需求为导向的课程和教材建设,应当从专业所面向的职业工作任务出发,明确学习目标和学习内容,从而为学生的就业和职业生涯发展奠定必要的基础,这不论是在理论上还是实践上都面临着巨大的挑战。这里不仅要引入先进的职业教育理念,需要丰富的职业实践经验,而且需要把先进、实用的技术有针对性地与职业院校的教学工作有机结合起来。

中国汽车工程学会组织编写的这套教材在以上方面进行了有益的探索。教材充分利用了“蕴藏在实际工作任务的教和学的潜力”,按照工作组织安排学习,可以为学习者提供面向实际的学习机会。希望这套教材的出版不但能帮助职业院校更快、更好、更容易地培养出社会亟需的技能型人才,而且也能为我国职业教育的教学改革提供有价值的经验。

北京师范大学职业与成人教育研究所

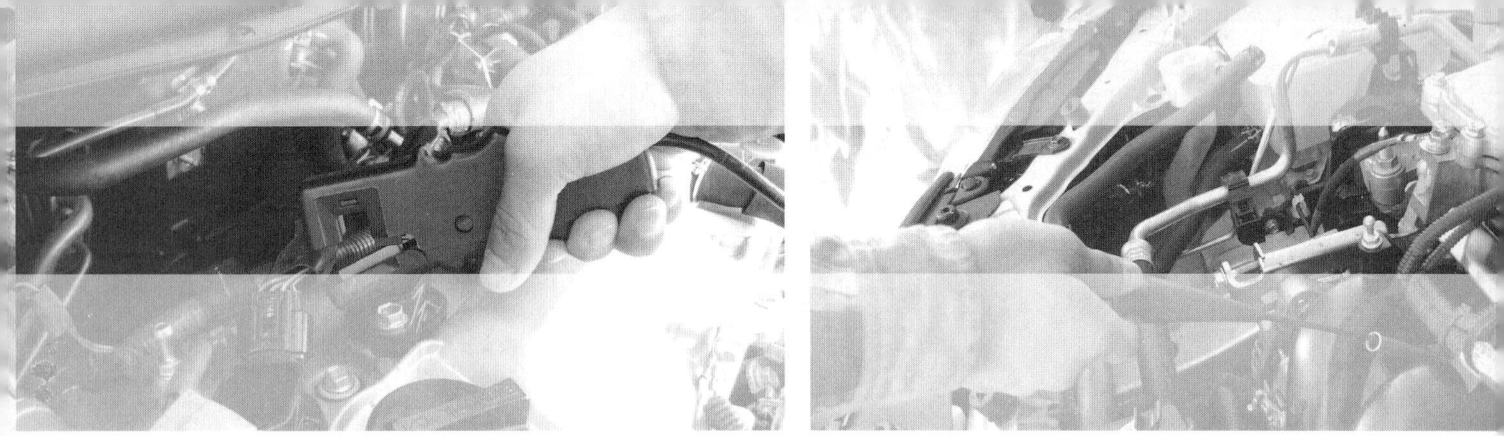

第2版前言

本套教材第1版是由中国汽车工程学会汽车应用与服务分会与宁波市鄞州职业高级中学合作编写完成。中国汽车工程学会汽车应用与服务分会的指导专家主要从“教什么”入手，结合一线教师企业调研提炼汽车维修的“典型工作任务”，之后围绕这些典型工作任务逐项提升教师自身的动手能力；在帮助教师熟练掌握维修技能后，指导他们将典型工作任务转化为学习任务，并据此设计课程，编写教材，解决了“怎么教”的问题。教材自出版以来，反馈良好，已数次重印。

本套教材以最基本的汽车维护实训项目、最典型的汽车“发底电”维修检测实训项目以及为完成以上维修项目所必须掌握的汽车维修基础技能实训项目为出发点，以任务式的模式来开展汽车维修理实一体化的教学工作，旨在使学生学习过程中，能将知识与技能融合起来，理论支撑实践，实践巩固理论。同时本套教材注重体现汽车服务企业的5S管理，以使学生在掌握技能的同时提高职业素养。

近年来，汽车行业飞速发展，职教改革不断深入，对汽车专业的教学提出了新的要求。因此，人民交通出版社股份有限公司于2016年启动了本套教材的第一批修订工作，于2019年启动了第二批修订工作。本次修订结合了一线教师教学过程的总结与企业实践的思考，对第1版中部分不尽合理的操作步骤做了调整，对表述不规范的地方做了修改，对读者反馈的问题做了梳理，使内容更加规范合理，更加贴近教学要求。本次修订工作的主要特点有：

（1）在实训项目的选取上，继承前版教材的优良经验。紧扣中等职业学校汽车维修专业的培养目标，充分体现“必需、够用”原则，同时完全贴合教育部“全国职业院校技能大赛”中职汽车维修专业的比赛项目。

（2）在教学内容的设计上，紧扣理实一体化的教学需求。以图文并茂的形式展现技能教学的全过程，每个步骤中都有要领提示，强化汽车维修作业的规范性和作业技巧，任务的最后设计了技能考核的参考标准，以辅助教学效果的考评。同时，此次修订对任务内容进行了微调，以使其更加符合学生的认知习惯。

（3）对第1版中的错漏部分进行了修订。

（4）重要知识点旁配置了二维码，扫码可观看该知识点的动画或视频，可使教学更加立体化。

本书由王成波、余斌立、忻状存担任主编，朱军老师和李东江老师对本书的编写工作提供了大力支持和帮助，在此表示衷心的感谢。

限于编者的经历和水平，书中难免有不妥或错误之处，敬请广大读者批评指正，提出修改意见和建议，以便再版修订时改正。

编　者

2021年5月

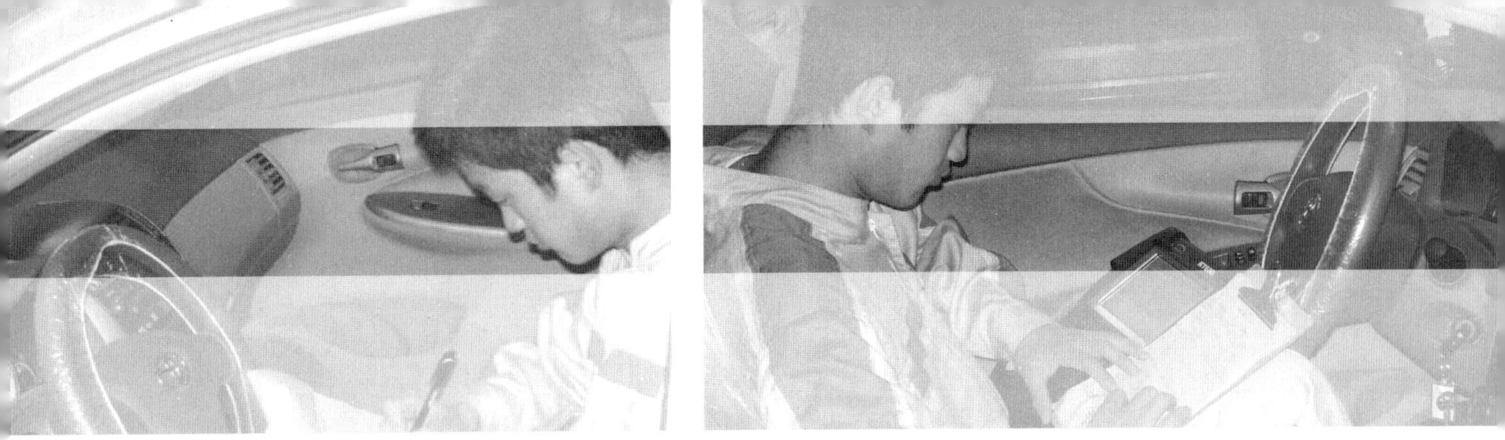

目录 CONTENTS

任务1　汽车充电系统认知与发电机更换

一　情景导入

一辆丰田卡罗拉 GL 型轿车，行驶里程为 50000km。故障现象：起动发动机，充电警告灯点亮；汽车保持中高速运行时，充电警告灯不熄灭；电器加载时，检查蓄电池电压明显下降，不充电。根据维修手册检测确认该发电机损坏，必须更换发电机。

二　知识链接

1　汽车充电系统概述

汽车充电系统主要由蓄电池、发电机、电压调节器、点火开关、充电警告灯等设备组成，主要任务是对除起动机以外的所有用电设备供电，并给汽车上的蓄电池充电。

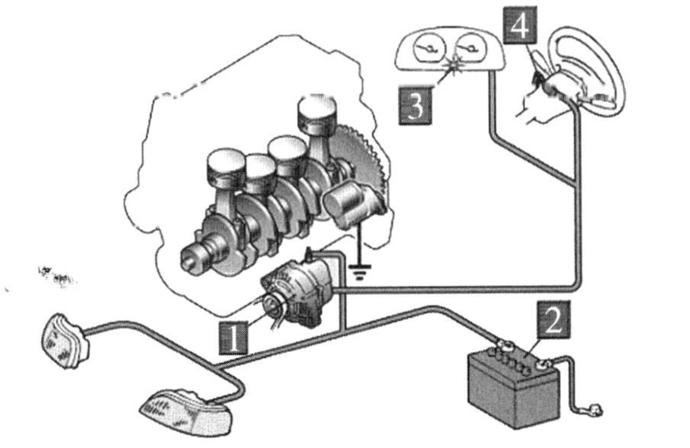

1-发电机；2-蓄电池；3-充电警告灯；4-点火开关

2　发电机系统结构组成

交流发电机由带有定子绕组的定子、带有励磁绕组的转子、整流二极管支架、电子磁场调节器等组成。

交流发电机结构

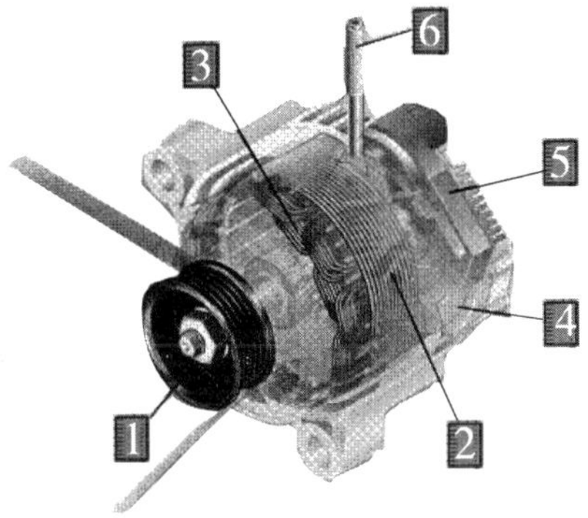

1-带轮；2-转子绕组；3 定子绕组；4-整流器二极管；5-IC 调节器；6-“B”端子

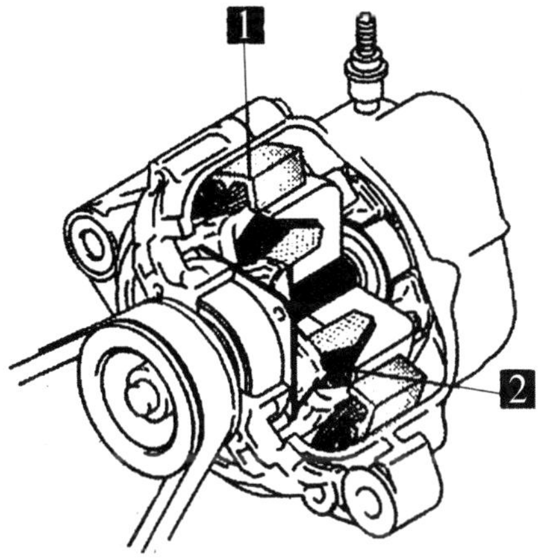

1-定子绕组；2-转子

1)定子

定子有三个通过星形线路连接在一起且互相独立的相绕组。励磁绕组中产生的磁场在这些定子相绕组中产生发电机感应电压。

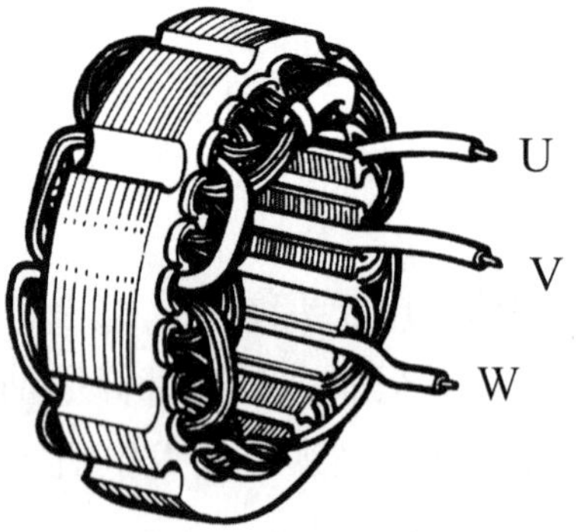

2)转子

转子由两个爪形半极组成,在它们之前装有环线圈形励磁绕组,该励磁与装在转子轴上的集电环连接。励磁电流经过电刷流向产生磁场的励磁绕组。通过改变励磁电流的大小可以调节磁场强度,进而控制感应电压的大小。

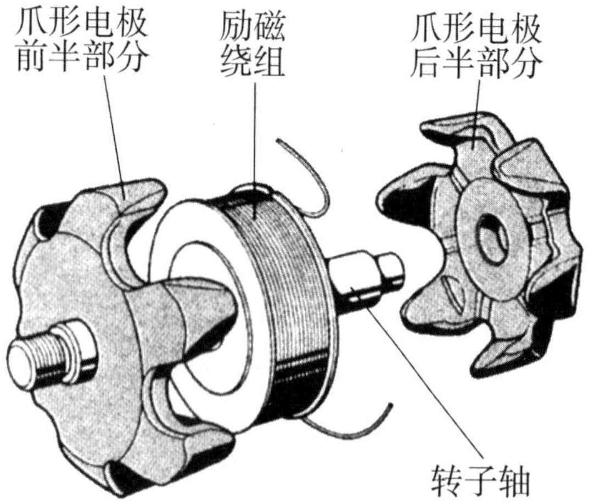

3)整流二极管支架

整流二极管都安装在一个冷却器支架上,因为过高的温度会影响其正常功能。在此支架中装有6个用于充电电流整流的功率二极管和3个用于励磁电流整流的励磁二极管。

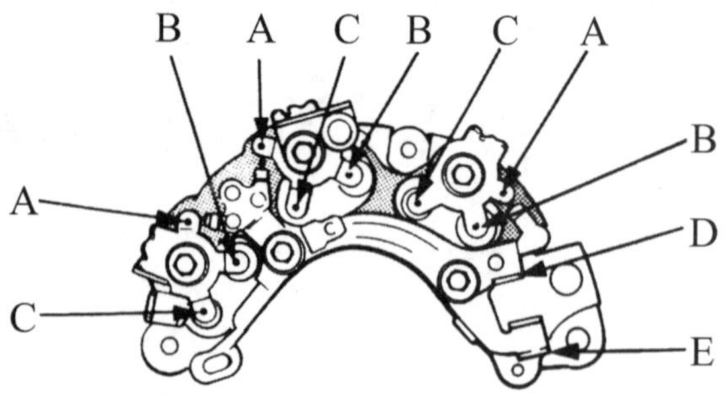

A-场二极管;B-正二极管;C-负二极管;D-磁场绕组;E-正极端子

4)电子磁场调节器

发电机电压超过规定值时,电子磁场调节器将励磁电流切断。电子磁场调节器与电刷架是一个单元。

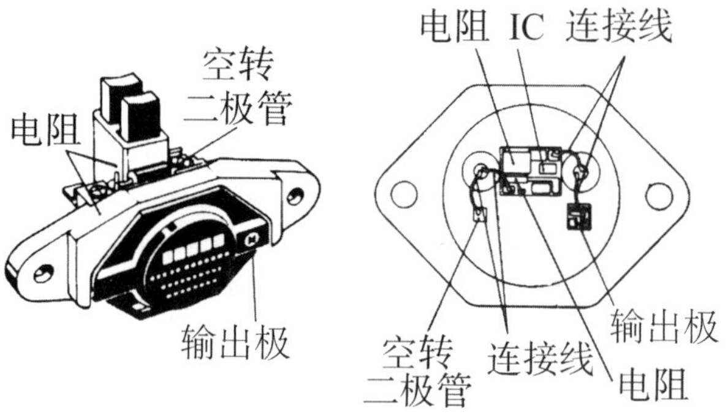

a) b)

3 交流发电机的三种功能

1)发电

(1)当发动机起动时,传动带就将发动机的旋转运动传递给交流发电机的带轮,使转子旋转。结果,该定子绕组产生交流电。

(2)交流发电机发电原理:发电机的三相定子组按一定规律分布在定子铁芯的槽中,彼此相差120°(电角度)。发电机转子上的磁场绕组通入电流后就会产生磁场。当转子旋转时,因为定子绕组与磁力线之间会产生相对运动,所以定子绕组就要切割磁力线并在三相绕组中感应产生频率相同、幅值相等、相位差120°(电角度)的交流电动势。

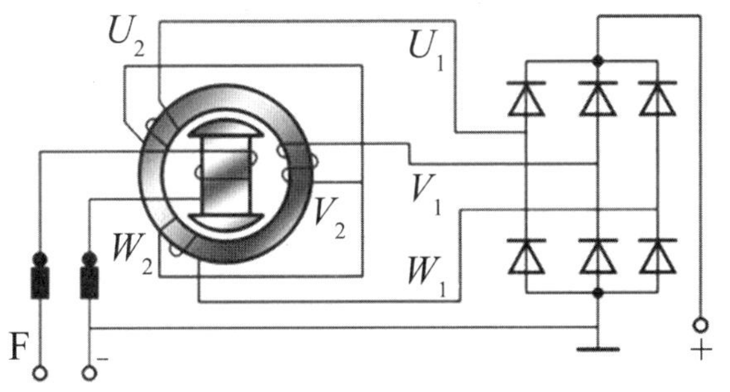

2)整流

整流器会把发电机产生的交流电变成直流电。

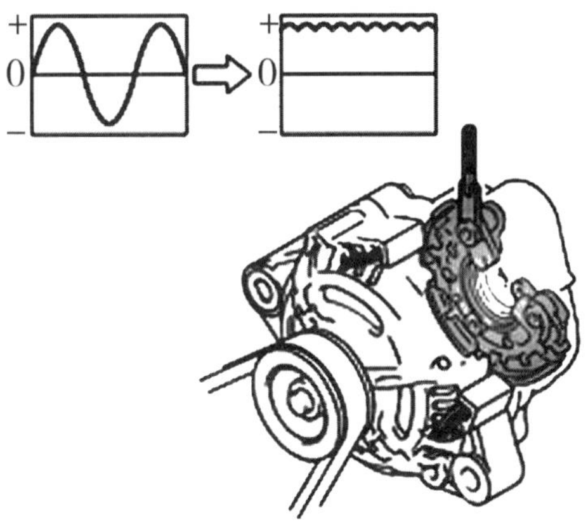

整流电路:交流发电机定子绕组中感应产生的交流电,通过6个整流二极管组成的三相桥式整流电路变为直流电。利用二极管的单向导电特性,便可把交流电变为直流电。

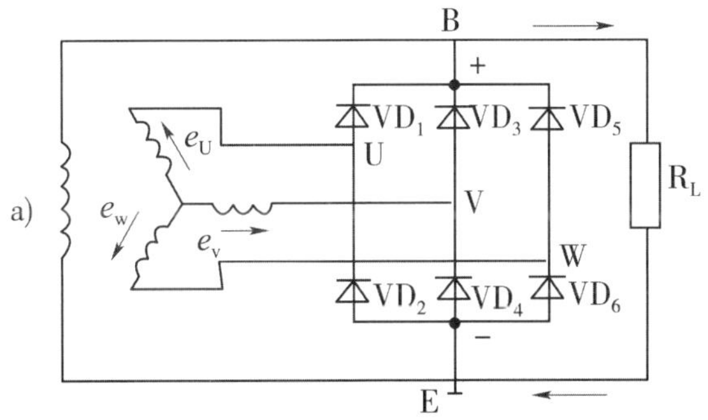

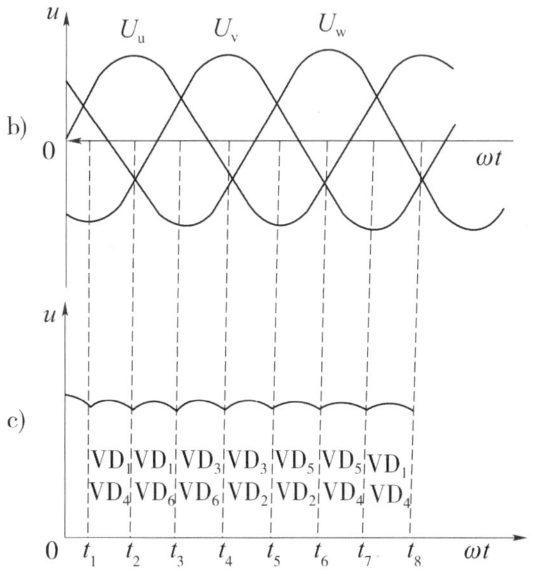

3)电压调节

(1)电压调节器是把发电机输出电压控制在规定范围内的调节装置,其功用是在发电机转速变化时,自动控制发电机电压,使其保持恒定,防止发电机电压过高而烧坏用电设备和导致蓄电池过量充电,同时也防止发电机电压过低而导致用电设备工作失常和蓄电池充电不足。

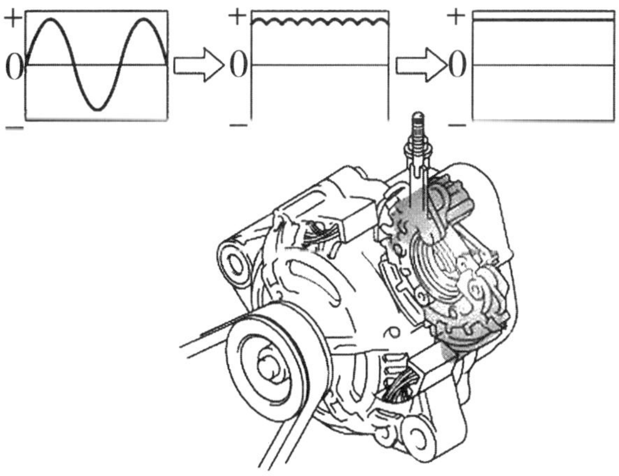

(2)电压调节器的工作原理。

①点火开关SW接通,发电机电压 U_B < 蓄电池电动势时,VT_1 截止,VT_2 导通,蓄电池直接供电到磁场绕组。

磁场绕组电路为:蓄电池正极→磁场绕

组→调节器 F 接柱→三极管 VT_2→调节器 E 接柱→搭铁→蓄电池负极。发电机电压随转速升高而升高,发电机他励。

②发电机电压虽然升高,但如果蓄电池电动势 < 发电机输出电压 U_B < 调节上限时,VT_1 继续截止,VT_2 继续导通,发电机自励且开始对外供电。

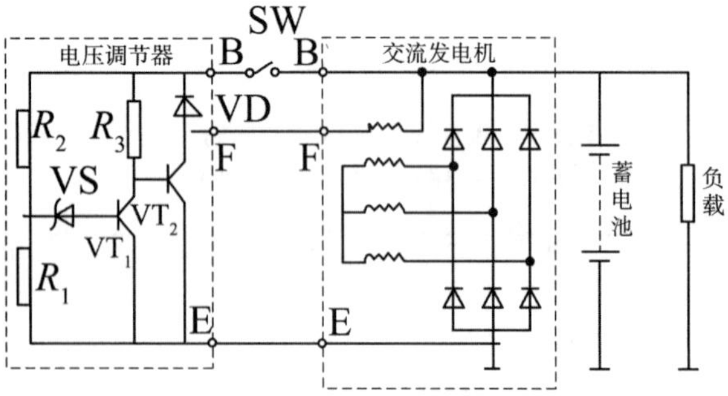

磁场绕组电路为:发电机正极→磁场绕组→调节器 F 接柱→三极管 VT_2→调节器 E→搭铁→发电机负极。发电机电压随转速升高而继续升高。

③当发电机电压升高到等于调节上限 U_2 时,调节器开始工作。电阻 R_1、R_2 分压,$U_{R1} = U_{vs} + U_{be1}$,VS 导通,$VT_1$ 导通,VT_2 截止,磁场电路被切断,发电机输出电压迅速下降。当发电机电压下降到等于调节下限 U_1 时,电阻 R_1、R_2 分压减小,当 $U_{R1} < U_W + U_{be1}$,VS 截止,VT_1 截止,VT_2 重新导通,磁场电路重新被接通,发电机电压上升。

发电机电压升到调节上限时,VT_2 就截止,磁场电路被切断,输出电压下降;降到等于调节下限 U_1 时,磁场电路被接通,发电机电压上升。周而复始,发电机输出电压被控制在一定范围内。

配装电子调节器的发电机的输出电压上限 U_2 和下限 U_1 的差值很小,所以发电机的输出电压波动非常小,再加上电容的滤波,所以发电机的输出电压很稳定。

4 充电电路原理分析

(1)充电电路。发电机 A_1 端→120A 熔断丝→FL 3.0W 主熔断丝→蓄电池→蓄电池搭铁点→发电机搭铁点。

(2)控制充电指示灯的电路。蓄电池电压→7.5A 仪表熔断丝→组合仪表 33 接线柱→仪表充电指示灯→组合仪表 39 接线柱→发电机 B14 端。当发电机不发电或输出电压低于蓄电池电压时,发电机 B14(电压调节器的 L 端)为低电压,充电指示灯的两端有电压差,此时充电指示灯亮,当发电机 B14 端的电压上升,此时充电指示灯两端的电压相等(都为发电机的端电压),充电指示灯熄灭。

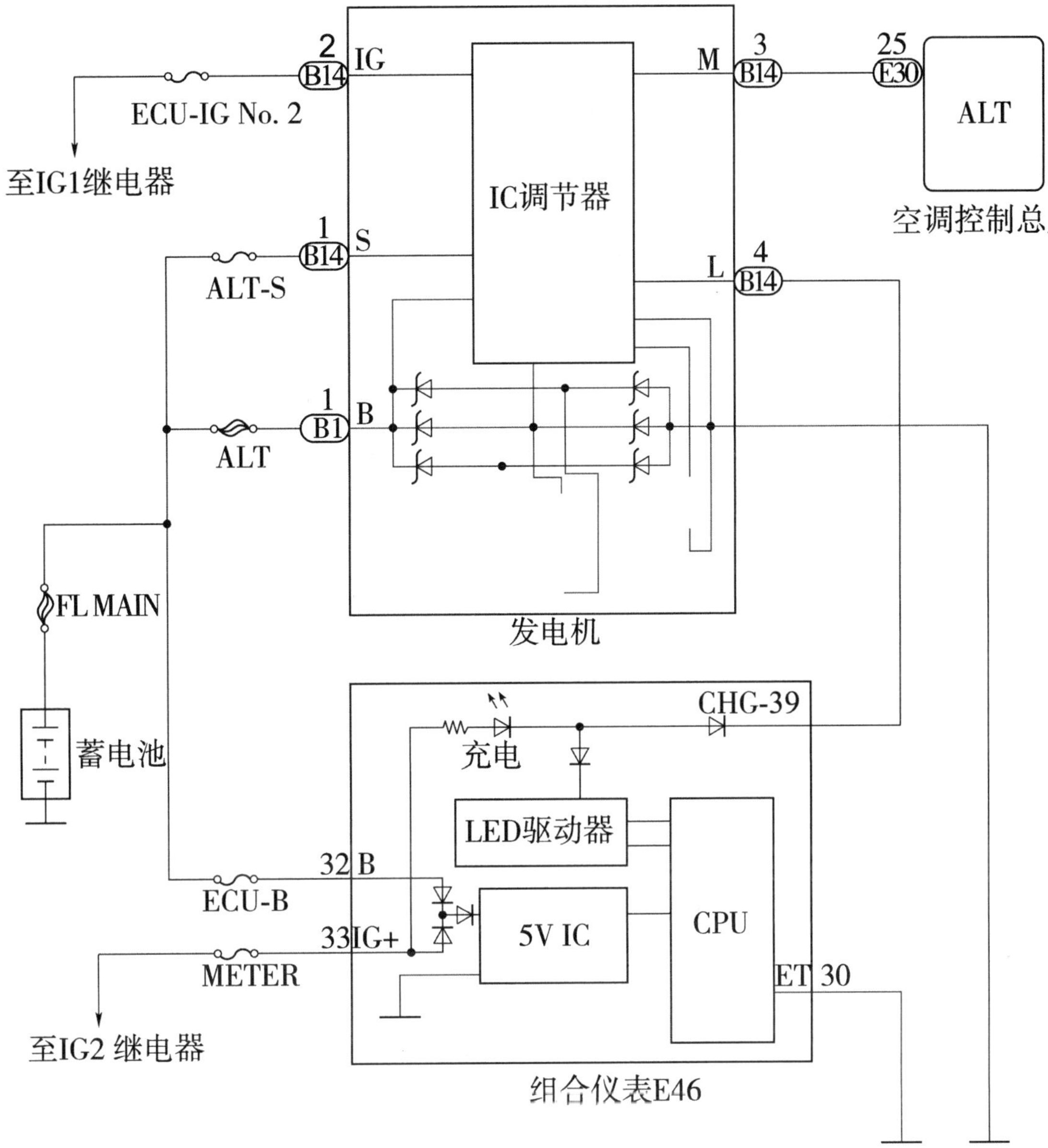

5 故障诊断流程

检查蓄电池状况 → 检查蓄电池端子 → 检查熔断丝 → 目视检查发电机配线 → 注意发电机是否有异响 → 检查多楔带 → 检查充电警告灯电路 → 检查不带负载的充电电路 → 检查带负载的充电电路 → 更换发电机

三 实训时间

实训时间为40min,考核时间为40min。

四 实训教学目标

1 知识目标

(1)能说出发电机的结构、类型、功用;

(2)能分析发电机充电电路的工作原理。

2 技能目标

(1)能正确地查阅汽车技术资料;

(2)能规范地进行发电机充电电路的检测;

(3)掌握更换发电机的工艺流程及拆装方法。

3 素养目标

(1)通过合作教学,培养学生的沟通能力和协作能力;

(2)通过了解我国汽车工业的发展史,培养学生振兴中国汽车工业的责任感和质量强国意识。

五 技术标准与要求

(1)安装丰田卡罗拉轿车配套使用的发电机。

(2)拆卸发电机前断开蓄电池负极电缆。

(3)发电机系统电路正常,蓄电池电压为12V。

六 实训器材

丰田卡罗拉轿车、万用表、短接杆、棘轮扳手、跨接线、备用蓄电池、组合工具、翼子板护裙及驾驶室内保护罩等其他工具及器材。

ϕ10mm 套筒

短接杆

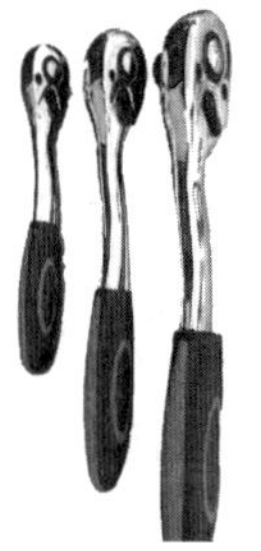

棘轮扳手

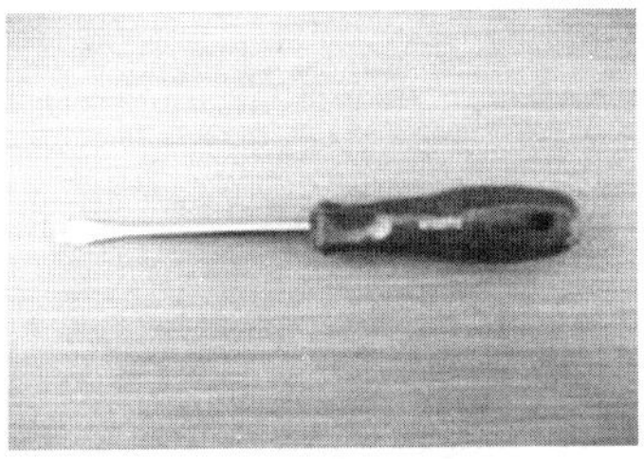

一字螺丝刀

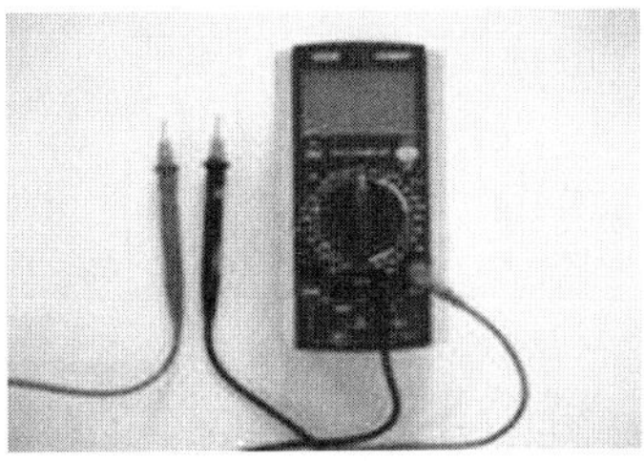

万用表

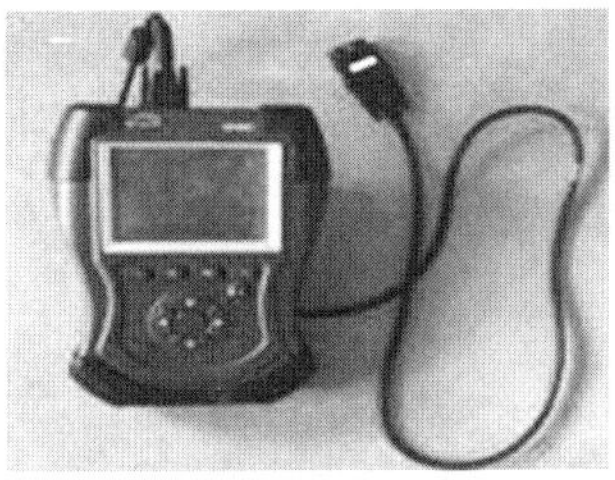

故障诊断仪

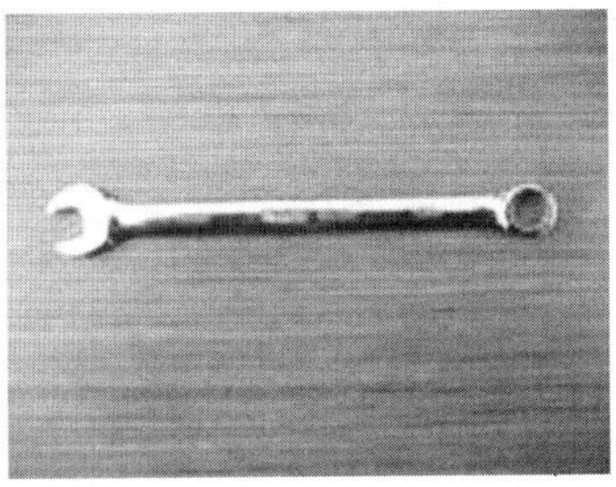

ϕ10mm 开口-梅花两用扳手

胶带

跨接线

七 教学组织

1 教学组织形式

本课程为“工艺化”实训课，建议教学时实训教师1名，学生24名，实训工位6个（也可以用卡罗拉轿车电气实训台代替实车进行操作），按照4人1个工位编组。如实训工位配置不足或师生比较高，可把学生分成两批，一批学生观看操作视频，并进行操作过程的流程补缺填充和相关理论知识的学习，另一批学生按“工艺化”要求进行实操。另考虑到完成整个项目实操所需时间较长，可把本项目按流程分成几个阶段性小项目，两组轮流操作，尽量使所有学生都能理、实结合地学习。

2 学生的站位分工和要求

每个小组有4名学生，一人操作，一人辅助，一人观察（执有作业流程表），一人评分（执有考核细则表）。学生按规定的工位站立，教师下达指令后，各组同时进行操作。

3 实训教师职责

（1）讲解操作任务的作业流程、操作步骤、技术规范和注意事项。

（2）组织、管理学生进行合作学习。

（3）在实训中检查、指导，纠正学生的错误。

（4）实训结束时反馈、评比各组的作业情况。

4 学生职责

（1）明确教学目标。

（2）开展合作学习，操作、辅助、观察和评分各工位依次进行循环。

（3）实训期间严格按“7S”要求进行，并及时记录作业中的错误之处。

八 操作步骤

第一步 检查发电机

1 检查并确认发电机配线，目视并徒手检查连接器是否松动，保证连接牢靠。

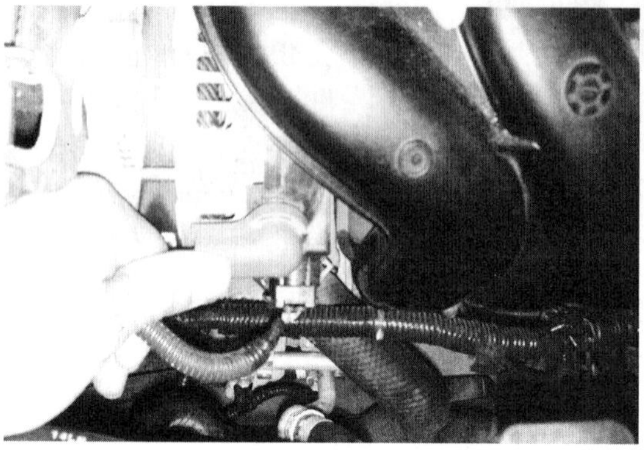

提示

如果状态不正常，重新连接、维修或更换发电机的线束。

2 辨别发电机是否有异响。

3 检查充电警告灯电路。

第二步 检查发电机充电电路

1 连接电压表和电流表。

(1)将万用表的正极(＋)引线连接至蓄电池的正极端子。

(2)将万用表负极(－)引线搭铁。

(3)将钳形电流表红表笔连接至万用表的VΩ插孔，黑表笔连接至COM插孔，量程置于200mV挡。

(4)将钳形电流表钳口套在发电机B端子电缆上。

提示

(1)将万用表电压挡调至20V直流电压量程挡，并放置在合适位置。

(2)注意万用表的表笔极性应与蓄电池的接线柱极性一致。

(3)钳形电流表在使用前必须校零。

(4)钳形电流表钳口应处于闭合状态。

2 检查充电电压和充电电流。

(1)检查发电机输出电压。

①起动发动机，逐渐升高发动机转速并保持在2000r/min。

②观察万用表电压值，标准电压应为13.2～14.8V。

③观察电流表指示数值应小于10A(蓄电池没有充满电，则电流表读数有时会大于10A)。

④不符合上述条件时应更换发电机。

(2)检查发电机输出电流。

①继续保持发动机转速在2000r/min。

②打开前照灯远光并将暖风开至高挡。

③观察电流表指示值应大于30A(如果蓄电池已充满电,电流表读数有时会小于30A,在此情况下,运行刮水器电动机和车窗除雾器以增加负载,然后再检查充电电路)。

④不符合上述条件时应更换发电机。

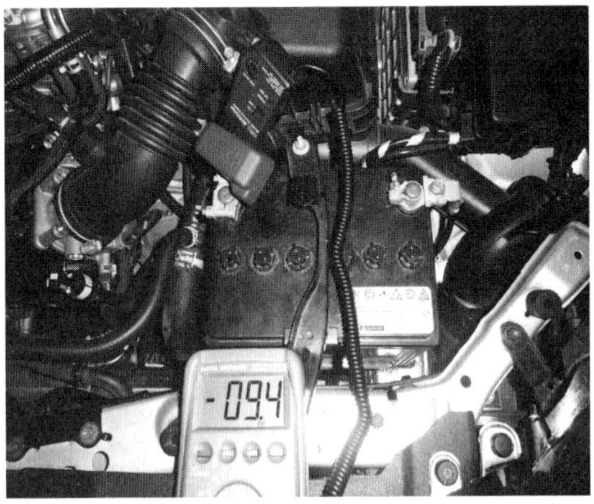

提示

(1)确定万用表表笔极性连接正确。

(2)确定万用表挡位和量程选择正确。

(3)注意钳形电流表电流指示标记方向的正确与否。

(4)蓄电池是否亏电,应将蓄电池充满电后再测量。

(5)当运行刮水器电动机和车窗除雾器后,输出电流仍达不到30A时,继续打开其他电器开关,以增加负载使之超过30A。

第三步 拆卸相关设备

1 从蓄电池负极端子断开电缆。

2 拆卸发动机后部右侧底罩。

3 拆卸散热器上空气导流板。

4 拆卸2号汽缸盖罩。

第四步 拆卸多楔带(EM-7)

1 松开螺栓A和B。

(1)正确使用12号套筒、棘轮扳手拧松发电机上固定螺栓A。

(2)正确使用14号套筒、棘轮扳手拧松发电机下固定螺栓B。

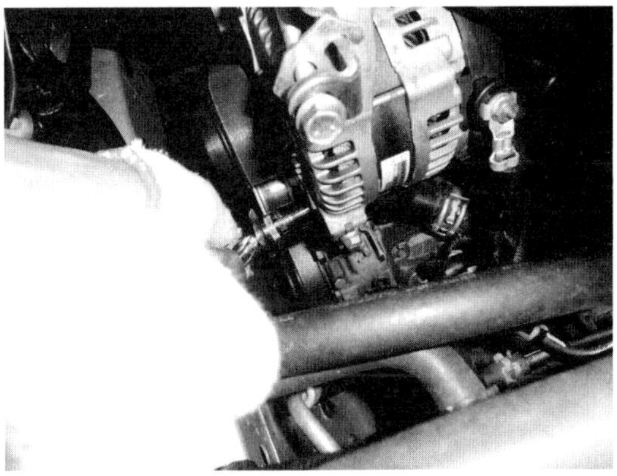

提示

拧松固定螺栓时,应注意方位和角度,以便更容易操作。

2 正确使用12号梅花扳手,拧松发电机调整螺栓C。

提示

拧松调整螺栓时,应注意方位和角度,以便更容易操作。

3 拆下多楔带。

(1)逆时针旋转螺栓C,适当调整发电机的位置至多楔带处于松弛状态。

(2)徒手取下多楔带。

提示

(1)确保发电机的螺栓A和B处于拧松状态。

(2)右手转动螺栓C放松多楔带时,可用左手下压多楔带,以徒手方便地取下多楔带为止。

第五步 拆卸发电机总成

1 拆下发电机端子B的端子盖。

(1)徒手拆下发电机端子B的端子盖。

(2)将线束从端子B上断开。

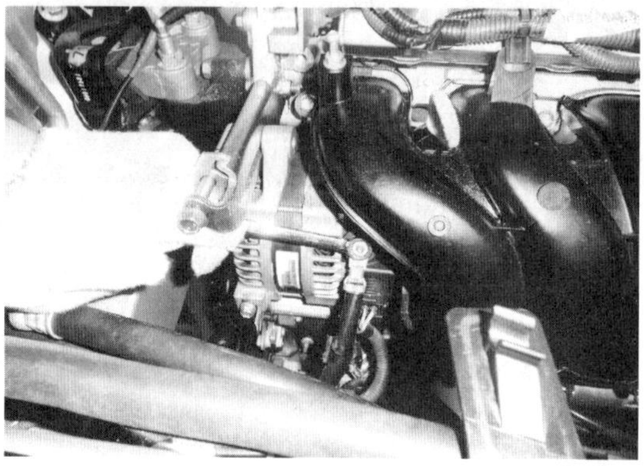

2 拆下端子B的固定螺母。

(1)正确使用12号梅花扳手拆下端子B的固定螺母。

(2)徒手将线束从端子B上取下。

(3)再装回端子B的固定螺母。

提示

(1)拧松固定螺母时,应注意方位和角度,以便更容易操作。

(2)注意螺母不要掉落。

3 断开连接器和线束卡夹。

(1)按下发电机 B14 连接器锁止扣,分离连接器。

(2)将 B14 连接器、端子 B 和线束放置在旁边合适位置。

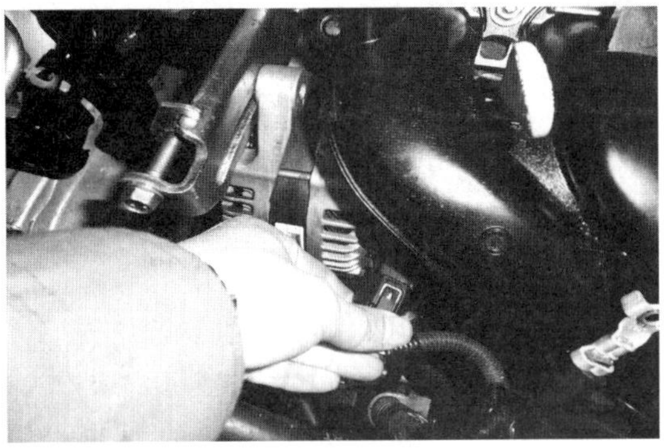

提示

(1)断开连接器时,先按压锁止扣,当确认锁止装置完全脱离后,方可拔下连接器。

(2)若锁止装置无法解除,则尝试边按压锁止扣边向内推,直至锁止装置完全解除方可拔下连接器。

(3)禁止在线束端借用外力拔下连接器。

4 拆下螺栓 A、螺栓 B。

(1)正确使用 12 号套筒、棘轮扳手拆下发电机上固定螺栓 A。

(2)正确使用 14 号套筒、棘轮扳手拆下发电机下固定螺栓 B。

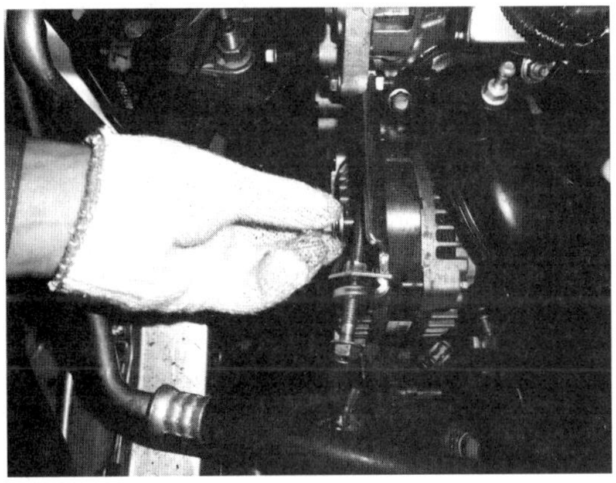

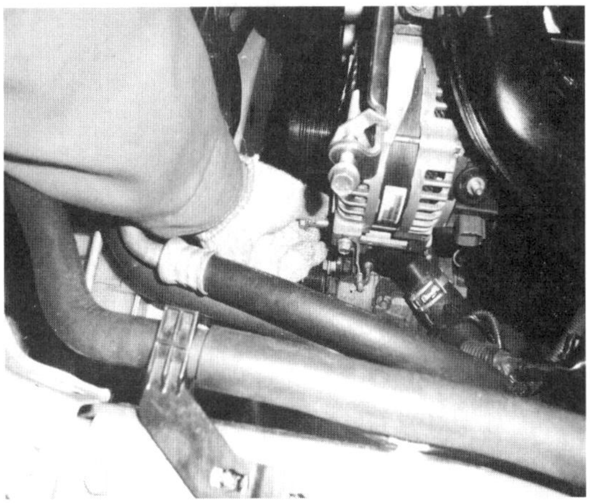

提示

(1)拆下螺栓 A、B 时,应注意方位和角度,以便更容易操作。

(2)螺栓 A、B 较松时,可徒手旋转取下。

5 双手握住发电机总成体,按适当的方位和角度取下发电机总成。

提示

发电机总成处于适当的方位和角度,才容易取下。

6 拆下螺栓和线束卡夹支架。

(1)正确使用 12 号梅花扳手拆卸螺栓。

(2)徒手取下线束卡夹支架。

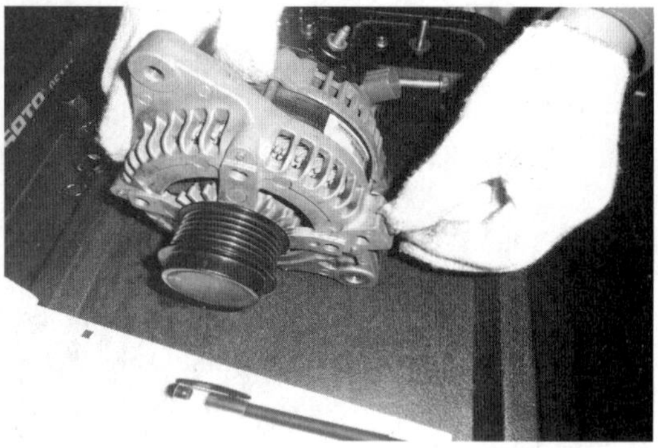

提示

(1)拆卸固定螺栓时,应注意方位和角度,以便更容易操作。

(2)注意不要将螺栓掉落。

第六步 安装新的发电机总成

技术要求

1 安装线束和卡夹支架。

(1)检查和确认新的发电机设备号,检查外观是否完好。

(2)徒手安装线束和卡夹支架。

(3)正确使用12号梅花扳手安装螺栓。

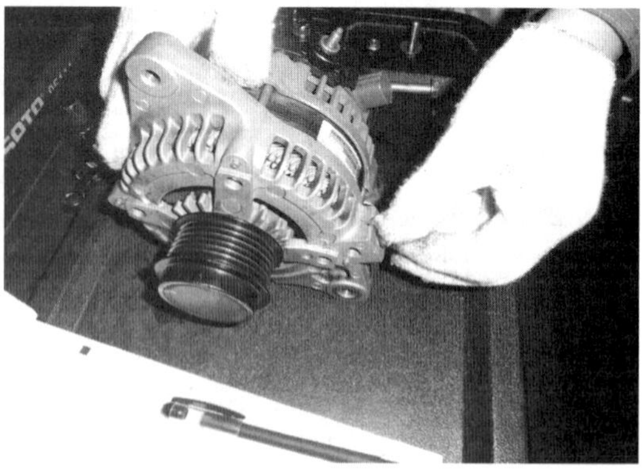

提示

(1)注意线束和卡夹支架的方向。

(2)以标准力矩紧固螺栓,标准力矩为8.4N·m。

2 双手握住发电机总成,按适当的方位和角度安装。

3 正确使用12号套筒、棘轮扳手等工具,暂时安装发电机上固定螺栓A。

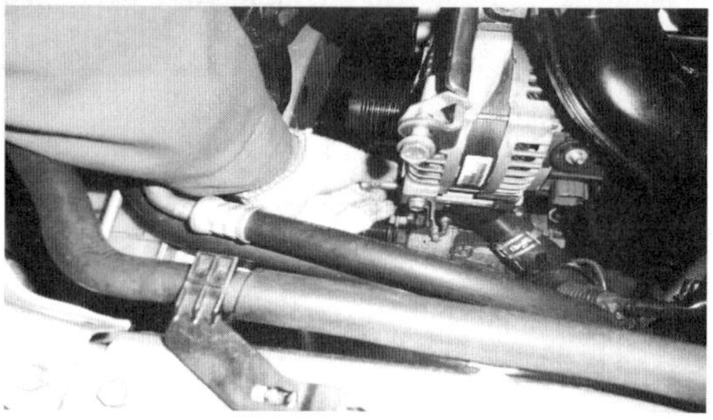

提示

暂时安装螺栓A,适当旋紧,防止发电机左右移动。

4 正确使用14号套筒、棘轮扳手等工具,暂时安装发电机上固定螺栓B。

提示

暂时安装螺栓B,适当旋紧,以保证发电机不会左右移动。

5 用螺母将线束安装到端子 B 上。

(1)徒手将线束安装在端子 B 上。

(2)正确使用 12 号梅花扳手安装紧固螺母。

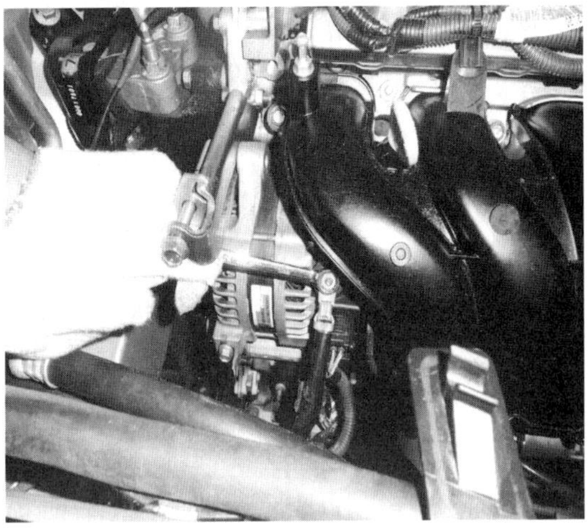

提示

以标准力矩紧固螺栓,标准力矩为 9.8N·m。

6 徒手安装端子盖。

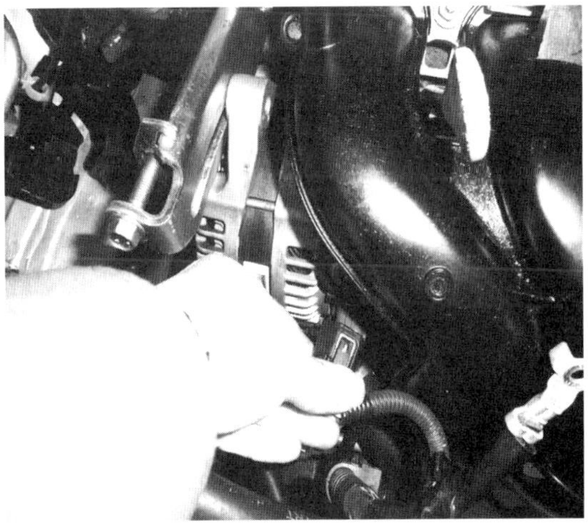

7 将发电机配线线束侧连接器的插头插到传感器的插座上,确保连接器可靠锁止。

提示

(1)连接器的插头和插座必须对正,并且轻轻推入,确认听到锁止到位的“咔嗒”声。

(2)推入后轻轻向外拉动连接器,确认可靠锁止。

第七步 安装多楔带

1 徒手将多楔带安装在楔形槽中。

2 用手检查,以确认多楔带没有从带轮底部的凹槽中滑脱。

第八步 调整多楔带

1 转动螺栓 C,以调节多楔带的张紧力。

(1)正确使用 12 号梅花扳手转动发电机调整螺栓 C。

(2)检查多楔带的偏移和张紧度,将其张紧力调整至规定值。

提示

检查多楔带的偏移和张紧度,使其张紧

力调整至规定值,参见相关内容。

2 紧固螺栓A和B。

(1)正确使用12号套筒、棘轮扳手紧固发电机上固定螺栓A。

(2)正确使用12号套筒、棘轮扳手紧固发电机上固定螺栓B。

提示

(1)以标准力矩紧固螺栓A和B,螺栓B紧固力矩为19N·m;螺栓B紧固力矩为43N·m。

(2)紧固螺栓A、B时,应注意方位和角度,以便更容易操作。

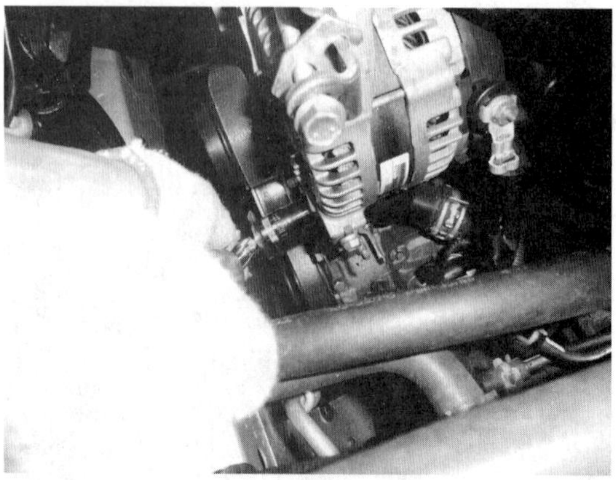

第九步 再次检查发电机充电电路

同第一步、第二步。

九 考核标准

评价内容	分值	序号	具体指标	分值	扣分标准	学生自评	小组评分	教师评分
仪容仪表	10	1	工作服、鞋穿戴整洁规范	2	酌情扣分			
		2	发型、指甲等符合工作要求	3	酌情扣分			
		3	不佩戴首饰、手表等	5	酌情扣分			
工作安全	20	4	无工具、器材落地现象	5	酌情扣分			
		5	操作过程中沉着冷静	5	酌情扣分			
		6	汽车的安全操作过程	5	酌情扣分			
		7	无人员受伤及设备损伤事故	5	酌情扣分			

续上表

评价内容	分值	序号	具体指标	分值	扣分标准	学生自评	小组评分	教师评分
工作过程	60	8	检查并确认发电机配线，目视并徒手检查连接器是否松动，保证连接牢靠	3	操作不当扣2分			
		9	辨别发电机是否有异响	2	操作不当扣2分			
		10	检查充电警告灯电路	3	操作不当扣2分			
		11	连接电压表和电流表	3	操作不当扣2分			
		12	检查充电电压和充电电流，检查发电机输出电压	3	操作不当扣2分			
		13	松开螺栓A和B	2	操作不当扣2分			
		14	松开螺栓C	2	操作不当扣2分			
		15	拆下多楔带	2	操作不当扣2分			
		16	拆下端子B固定螺母	2	操作不当扣2分			
		17	断开连接器和线束卡夹	2	操作不当扣2分			
		18	拆下2个螺栓	2	操作不当扣2分			
		19	拆下发电机总成	2	操作不当扣2分			
		20	拆下螺栓和线束卡夹支架	2	操作不当扣2分			
		21	安装线束和卡夹支架	3	操作不当扣2分			
		22	安置发电机总成	3	操作不当扣2分			
		23	用2个螺栓暂时安装发电机总成	3	操作不当扣2分			
		24	用螺母将线束安装到端子B	3	操作不当扣2分			
		25	安装端子盖	3	操作不当扣2分			
		26	安装连接器和线束卡夹	3	操作不当扣2分			
		27	安装多楔带	3	操作不当扣2分			
		28	调整多楔带	3	操作不当扣2分			
		29	紧固螺栓A和B	3	操作不当扣2分			
		30	复查发电机充电电路	3	操作不当扣2分			

续上表

评价内容	分值	序号	具体指标	分值	扣分标准	学生自评	小组评分	教师评分
职业素养	10	31	操作前使用实训指导书	2	酌情扣分			
		32	学员之间配合默契	2	酌情扣分			
		33	在规定时间内完成	2	酌情扣分			
		34	填写工单	2	酌情扣分			
		35	7S 工作	2	酌情扣分			
			总分	100	实际得分			

十 思政课堂

中国汽车发展史

1 启蒙阶段(1949—1965)

建国后,我国百废待兴,汽车行业也是如此,国家开始派遣技术人员前往苏联学习,更是把华东野战军步兵99师改编成建筑工程第五师,这支部队可以说是新中国第一批建设者之一,放下枪杆子,拿起镐把子可不仅仅是说说而已。

2 创立阶段(1965—1980)

我国要从计划经济体制向市场经济体制转型,在当时,我们国家引进了很多国外车企,像奔驰,奥迪,都开始进入到国内市场了,甚至奥迪都成为官方用车了。

3 成长阶段(1981—2000)

自从改革开放开始之后,以轿车为首的工业开始起步了, 1983 年德国大众和上海汽车厂合作生产出来的,并且之后的很多车型,都是通过这款桑塔纳为蓝本制造出来的。

在 1988 年的 5 月 17 日,一汽与奥迪签署了一份合同,签署完成之后,一汽也正式开始组装生产奥迪 100 车型,这份合同是我国历史上第一个高档轿车的技术转让合同,我国的合资汽车品牌正式成立。

4 飞跃阶段(2000—2010)

老百姓对于自主品牌的车型印象不是很好,但是由于其价格较低,加上比较实用,所以在销量方面倒是比较可观的,不过口碑一直没有太大的反响,反而是德系车以及日系车在老百姓心目中的地位,愈发成稳,但是在大环境的影响下,车变成了家家户户的必需品,甚至成为了消耗品,所以自主品牌仍然呈现一个上升的趋势。

5 崛起阶段 (2010—2015)

在前几年有一款非常火热的车型,哈弗H6,这款车刚出现就直接打败了当时非常火热的合资品牌旗下汽车,途观和 CR-V,就好像大部分自主品牌都在一瞬间设计出来的车辆,都非常符合国内消费者的审美,并且用料和动力各个方面都非常扎实,而哈弗 H6 的存在也从侧面证明了,自主品牌正在悄悄崛起。

6 全新风口—新能源时代(2015—至今)

靠着全新研发的混动、纯电动力系统,大刀阔斧式的更新设计,全新的车辆外观加上不俗的动力系统,整个自主品牌和造车新势力的销量都非常不错,在这其中以比亚迪最为突出,没有之一,靠着旗下的 DM-i 动力系统和王朝家族,直接打破了 30 多年来,自主品牌不能登顶销量榜首的魔咒!

十一 知识拓展

1 交流发电机的分类

汽车用发电机可分为直流发电机和交流发电机,由于交流发电机在许多方面优于直流发电机,目前所有汽车均采用交流发电机。交流发电机按照不同的分类方法分为以下几类。

1)按总体结构分类

(1)普通交流发电机,又称“硅整流发电机”(使用时需要配装电压调节器的发电机),例如 JF132(东风汽车用)。

(2)整体式交流发电机(发电机和调节器制成一个整体的发电机),例如别克轿车的发动机上装配的是 CS 型发电机(包括 CS-121、CS-130 和 CS-144 三种不同的型号)。

(3)带泵交流发电机(带泵交流发电机安装的泵是真空泵而不是真空助力泵,真空助力泵是汽车制动系统上的)。

(4)无刷交流发电机(不需要电刷的发电机)。

(5)永磁交流发电机(磁极为永磁铁制成的发电机)。

2)按整流器结构分类

(1)六管交流发电机,例如 JF1522(东风汽车用)。

(2)八管交流发电机,例如 JFZ1542(天津夏利汽车用)。

(3)九管交流发电机(日本日立、三凌、马自达汽车用)。

(4)十一管交流发电机,例如 JFZ1913Z(奥迪、桑塔纳汽车用)。

3)按磁场绕组搭铁形式分类

(1)内搭铁型交流发电机,磁场绕组的一端(负极)直接搭铁(和壳体相连)。

(2)外搭铁型交流发电机,磁场绕组的一端(负极)接入调节器,通过调节器后再搭铁。

2 交流发电机的型号

交流发电机型号

根据中华人民共和国汽车行业标准《汽车电气设备产品型号编制方法》(QC/T 73—1993)的规定,汽车交流发电机型号组成如下。

1)产品代号

产品代号用中文字母表示,例:JF——普通交流发电机,JFZ——整体式(调节器内置)交流发电机,JFB——带泵的交流发电机,JFW——无刷交流发电机。

2)电压等级代号

电压等级代号用一位阿拉伯数字表示,例:1 表示 12V 系统,2 表示 24V 系统,6 表示 6V 系统。

3)电流等级代号

电流等级代号	1	2	3	4	5
电流(A)	≤19	20 ~ 29	30 ~ 39	40 ~ 49	50 ~ 59
电流等级代号	6	7	8	9	
电流(A)	60 ~ 69	70 ~ 79	80 ~ 89	≥90	

4)设计序号

设计序号按产品的先后顺序,用阿拉伯数字表示。

5)变形代号

交流发电机以调整臂位置作为变形代号,从驱动端看,调整臂在左边用Z表示,调整臂在右端用Y表示,调整臂在中间不加标记。

3 影响发电机运行的因素

1)转速

发电机的转换能量密度随着转速的上升而提高,因此,发动机曲轴与发电机的传动比应该尽可能得高;但应当注意的是,在发电机达到最高转速时,发电机不应超过其允许的最高转速。轿车典型的传动比在1:2.2 ~ 1:3之间。

2)温度

在机械能转化为电能过程中发生的能量损耗会导致发电机零部件发热。降低零部件温度的合理措施是引入新鲜空气或冷却液。

3)振动

发电机振动加速度的大小由发电机安装条件和振动特性决定。因此发电机的定位及各部件相互间的固连非常重要。

4)其他影响因素

此外,发电机的运行还会受到其他一些不利因素的影响,如溅水、污物、冬天路上的融雪盐。为了避免在导电部件之间产生漏电通道,发电机必须采取防腐蚀措施。

4 对车载发电机的要求

(1)为所有连接的负载直流供电。

(2)即使接入所有的持续耗电负载,也有足够的预留功率来保证蓄电池的快速充放电。

(3)无论在何种负载状态下,发电机在发动机的全部转速区间内都保持恒定的电压。

(4)坚固耐用,能够承受各种外界影响,如振动、高环境温度、温度剧烈变化、污染以及潮湿等。

(5)使用寿命与车用发动机相当。

(6)质量轻。

(7)结构易于安装。

(8)工作噪声小。

(9)效率高。

十二 课堂练习

(一)填空题

1. 汽车充电系统的作用是给起动系统之外的所有用电设备供电,并给________充电。
2. 发电机主要由转子、________总成、整流器、风扇、电刷、前后端盖等部件组成。

3. 交流发电机产生的是频率相同、幅值相等、相位差________(电角度)的交流电动势。

4. 整流电路是利用二极管的________特性,便可把交流电变为直流电。

5. 交流发电机调节器的电压调节的原因是当________或用电设备数量变化时,电压将会以较大幅度变化,不加以限制可能会烧坏车载用电设备或使蓄电池亏电。

(二)单项选择题

1. 充电系统可将________能转换成为电能。

A. 化学　　B. 原子　　C. 机械能　　D. 热能

2. 下面发电机图示中与“a”部件相对应的名称是________。

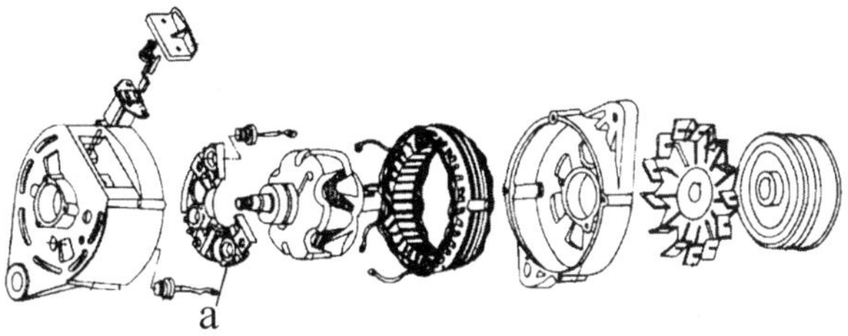

A. 转子　　B. 后机壳　　C. 整流器座　　D. 驱动端盖

3. 发电机上的电缆直接与蓄电池相连,这里采取了一项措施来防止短路。选择关于此措施的正确的说明是________。

A. 在发电机的电缆的末端缠绕了绝缘胶带

B. 在发电机的电缆的末端附带有防短路继电器

C. 在发电机的电缆的末端附带有防短路罩壳

D. 在发电机的电缆的末端附带有防短路熔断丝

4. 下列不属于交流发电机的电压调节器种类的是________。

A. 电磁振动式调节器　　B. 机械弹簧调节器

C. 晶体管调节器　　D. 集成电路调节器

5. 三相交流发电机至少需要________个二极管进行整流。

A. 3　　B. 4　　C. 5　　D. 6

(三)判断题

1. 用数字万用表可以直接测量发电机的输出电流。 (　　)

2. 按二极管数量的多少,交流发电机可分为六管、八管、九管、十二管交流发电机。 (　　)

3. 交流发电机的转子磁场绕组的励磁方式有自励和他励两种。 (　　)

4. 交流发电机是通过改变发电机的转速来控制发电机的输出电压的。 (　　)

5. 如果发电机的传动带和带轮之间磨损严重,即使张力合适,也仍然因为松动产生尖叫。 (　　)

任务 2　汽车起动系统认知与起动机更换

一　情景导入

一辆丰田卡罗拉 GL 型轿车，行驶里程为 50000km。故障现象：将点火开关转到起动挡，起动机不转。根据维修手册检测确认该起动机损坏，必须更换起动机。

二　知识链接

1　起动系统

汽车发动机由静止状态转为运转状态的过程称为起动，发动机进入正常工作循环之前，必须借助外力来起动。现代汽车发动机的起动任务大都由电磁控制式起动系统来完成。一般由蓄电池、点火开关和起动机三部分组成。

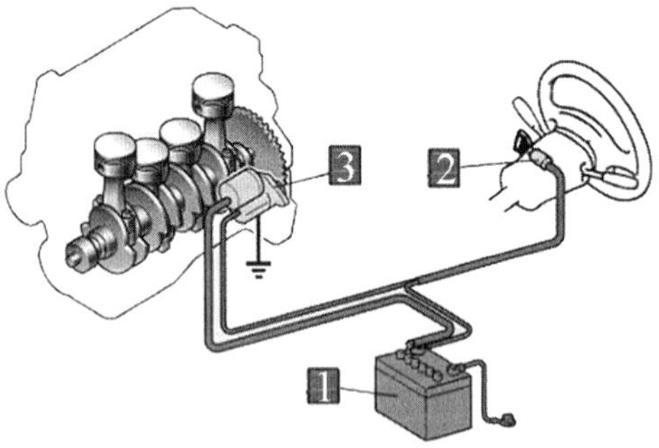

起动系统组成

1-蓄电池；2-点火开关；3-起动机

2　起动机的组成

起动机由直流电动机、传动机构和控制机构（电磁开关）三部分组成。

起动机组成

（1）直流电动机的作用是将蓄电池输入的电能转换为机械能，产生转矩。直流电动机由机壳、磁极、电枢、换向器及电刷等主要部件构成。

如串励式电动机的起动机，励磁绕组（串励绕组）与电枢绕组串联，起动转矩大，负载对转速的影响大。起动时电动机直接驱动起动机的小齿轮，小齿轮通过继电器和啮合传动机构与发动机齿圈啮合或与变矩器壳上齿圈啮合。为克服摩擦阻力并使发动机部分质量加速，起动机需要较大的转矩。通过小齿轮与齿圈的大传动比可以提供较大的转矩。

（2）传动机构由单向离合器和移动拨杆等组成。

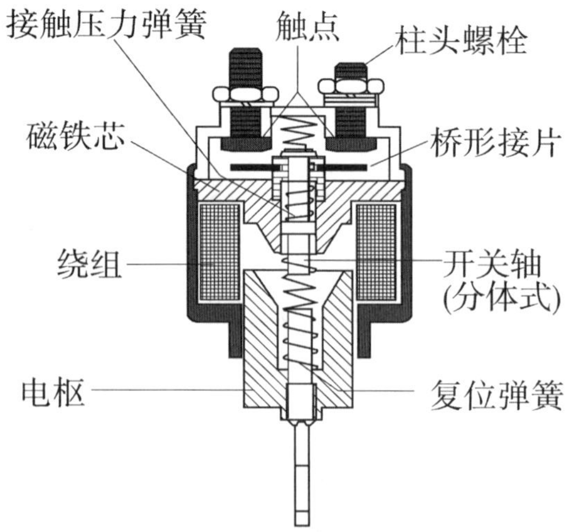

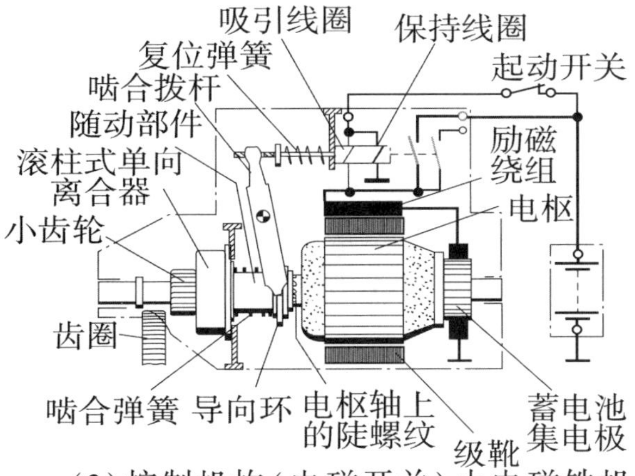

(3)控制机构(电磁开关)由电磁铁机构和电动机开关组成。

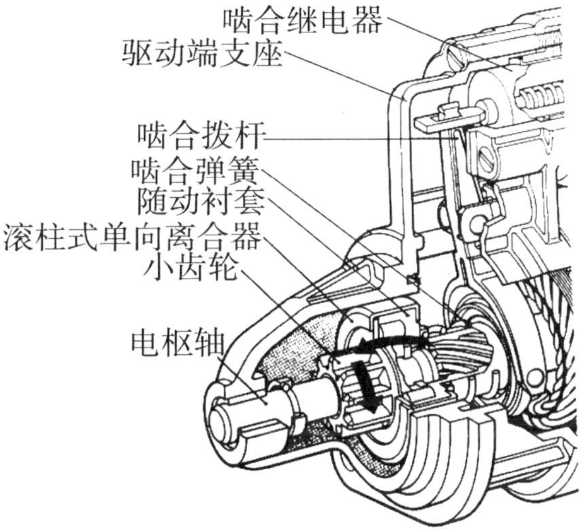

3 起动机工作原理

1)啮合

操作起动开关时,吸引线圈和保持线圈同时接通。啮合继电器克服复位弹簧力吸引啮合拨杆。啮合拨杆通过导向环和啮合弹簧将带有小齿轮的随动衬套推向发动机飞轮的齿圈。

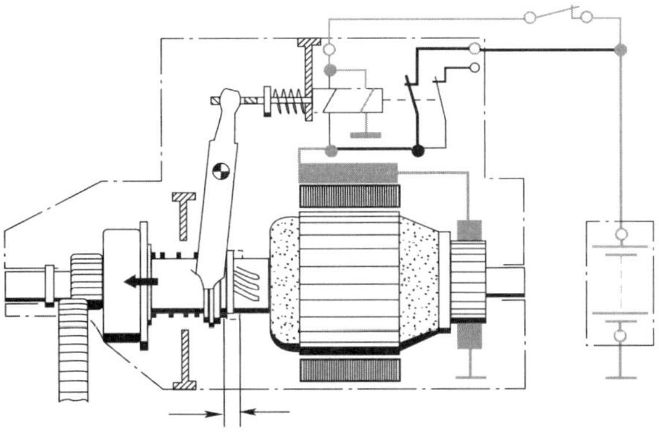

2)齿轮嵌入齿槽

小齿轮嵌入齿槽时,齿轮与飞轮齿圈啮合,小齿轮保持啮合状态,直至桥形接片靠在继电器内的触点上。吸引线圈和保持线圈接通,起动机通电且开始转动。

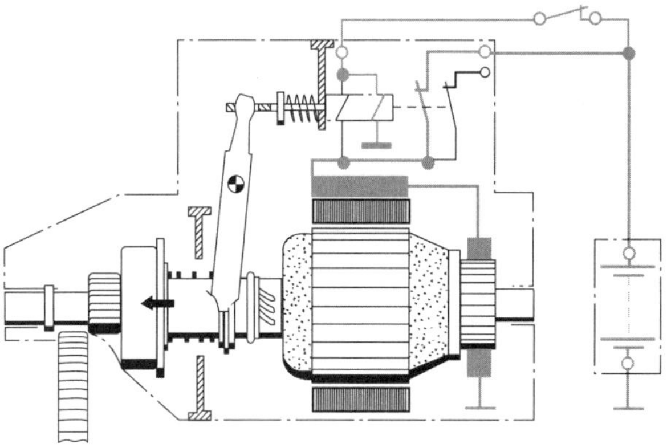

3)轮齿碰到轮齿上

小齿轮碰到齿圈的轮齿上时,啮合拨杆通过导向环使啮合弹簧压缩并使接触开关闭合。吸引线圈断电,主电路电流流动。起动机开始转动。

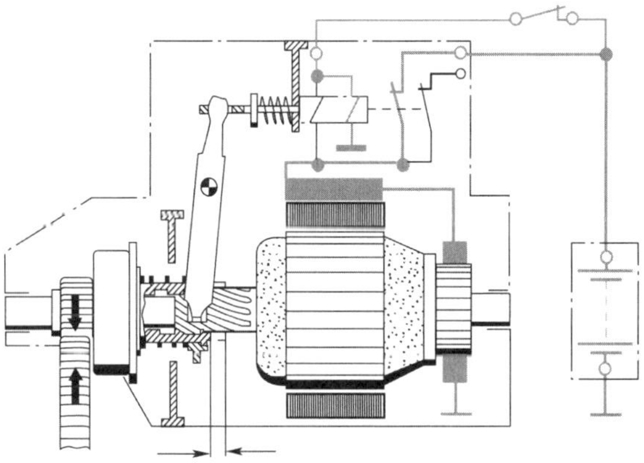

4)发动机转动

旋转的起动机使嵌入在齿圈内的小齿轮在陡螺纹上螺旋运动,直至其靠在电枢处的挡圈上,通过滚柱式单向离合器和随动衬套与电枢轴建立动力传递连接。起动机此时才带动发动机转动。吸引线圈断电。

5)脱开

如果正在起动的发动机转速大于起动机转速,滚柱式单向离合器就会脱开小齿轮与电枢轴之间的动力传递。如果关闭起动开关,则啮合拨杆、随动衬套和小齿轮在复位弹簧力的作用下返回初始位置。

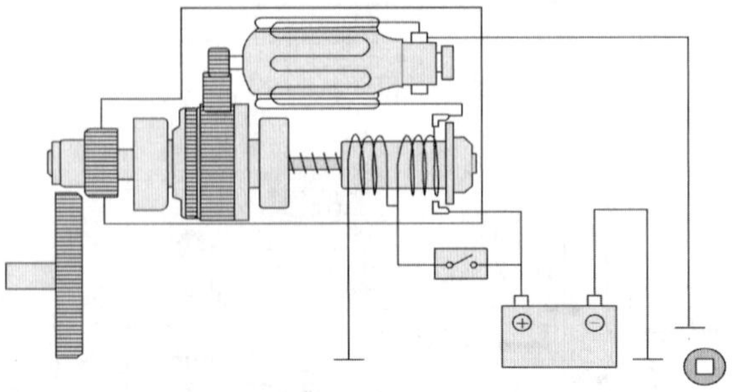

4 电路分析原理

(1)第一级控制电路。当点火开关置于START位置时,蓄电池正极→7.5AAM_1熔断丝→点火开关2→点火开关1→驻车/空挡位置开关或离合器起动开关→起动继电器1→起动继电器线圈→起动继电器2→E_1搭铁点搭铁。此时起动继电器线圈得电,触点闭合,1号继电器盒中的起动继电器5和3导通。

(2)蓄电池正极→30AAM_2熔断丝→点火开关8→起动继电器5→起动继电器3→起动机B_1后分两路:一路径经吸引线圈搭铁;另一路经保持线圈起动机搭铁。此时线圈得电使电磁开关闭合。主电路:蓄电池正极→起动机A_1→电磁开关→起动机→起动机搭铁→蓄电池负极,此时起动机通电起动。

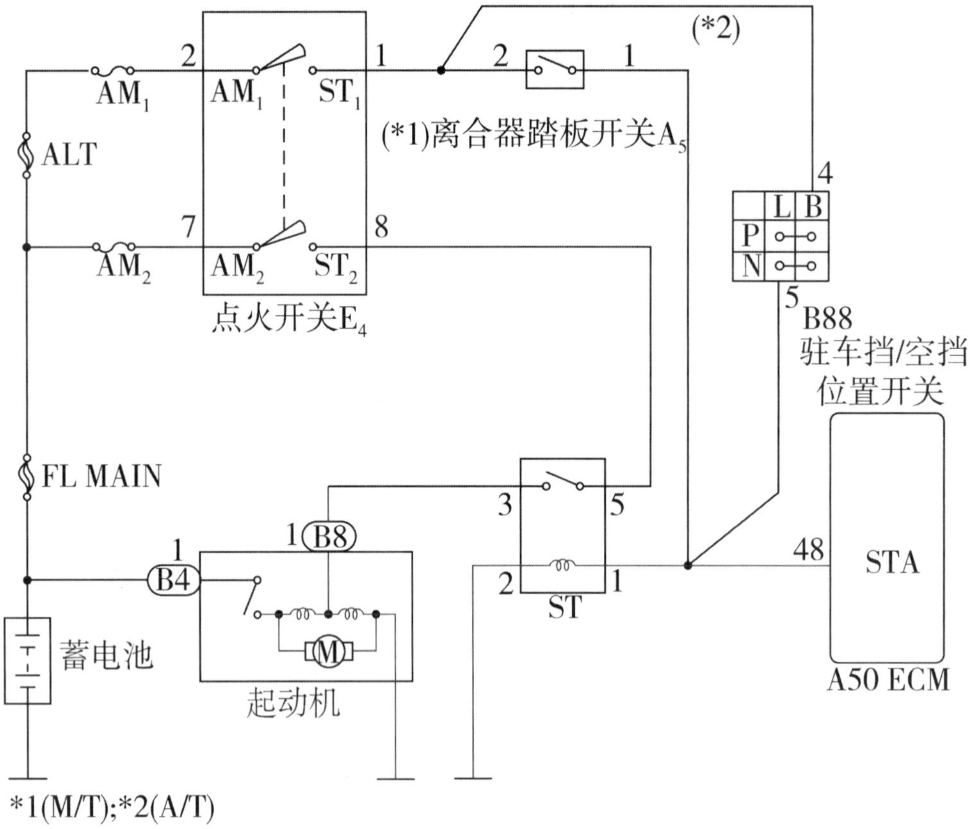

5 故障诊断流程

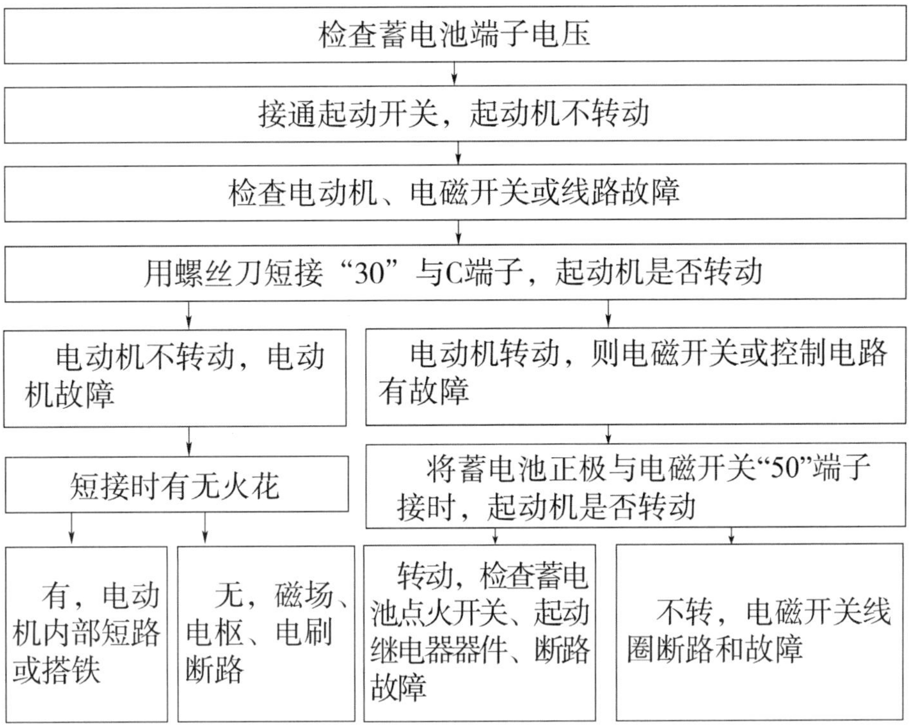

三 实训时间

实训时间为40min,考核时间为40min。

四 实训教学目标

1 知识目标

(1)能说出起动机的结构、类型、功用;

(2)能根据示意图说出起动机及系统电路的工作原理。

2 技能目标

(1)能正确地查阅汽车技术资料;

(2)能规范进行起动机及系统电路的一般检测;

(3)掌握更换起动机的工艺流程及拆装方法。

3 素养目标

(1)通过合作教学,培养学生的配合和沟通能力;

(2)通过服务案例分析,培养顾客至上的职业素养和为客户提供精细化服务的意识。

五 技术标准与要求

(1)安装丰田卡罗拉轿车配套使用的起动机。

(2)拆卸起动机前断开蓄电池负极电缆。

(3)起点系统电路正常,蓄电池电压为12V。

六 实训器材

丰田卡罗拉轿车、万用表、台虎钳、短接杆、棘轮扳手、跨接线、备用蓄电池、组合工具、翼子板护裙及驾驶室内保护罩等其他工具及器材。

ϕ10mm 套筒

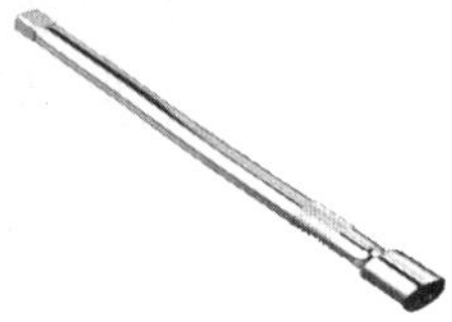

短接杆

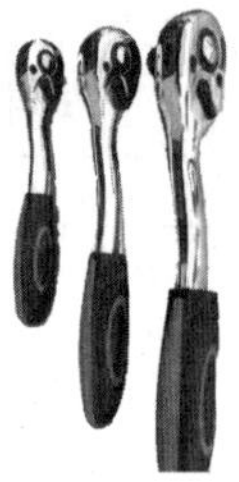

棘轮扳手

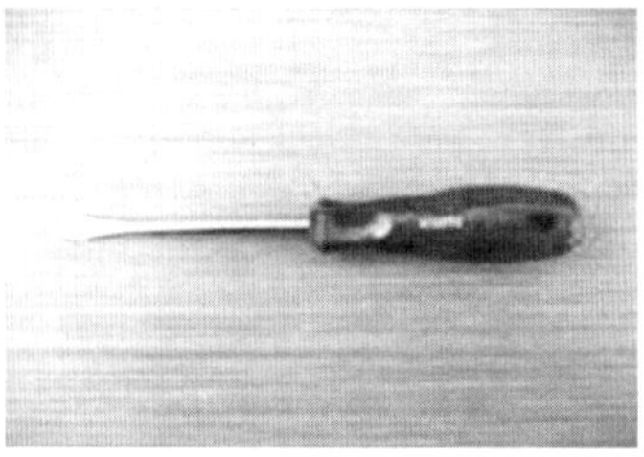

一字螺丝刀

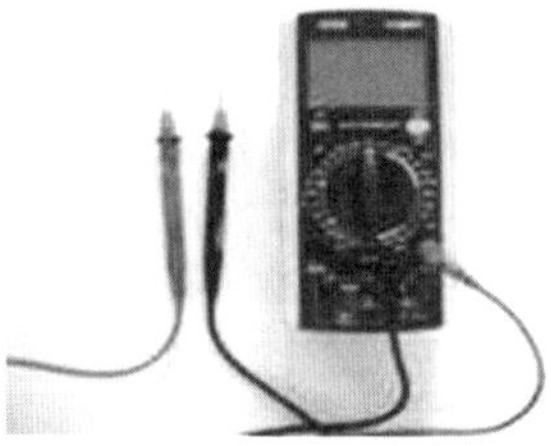

万用表

故障诊断仪

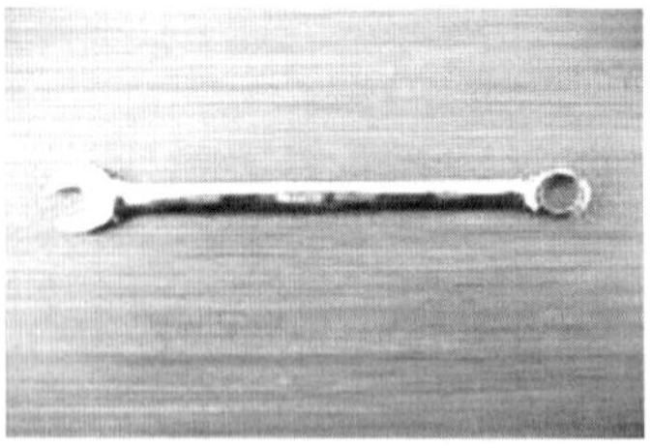

ϕ10mm 开口-梅花两用扳手

胶带

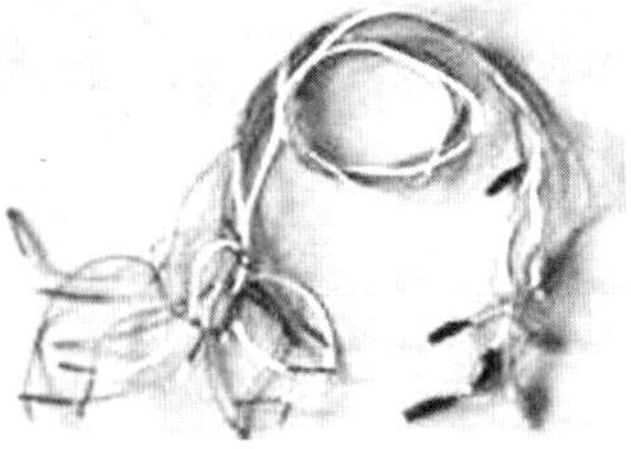

跨接线

七 教学组织

1 教学组织形式

本课程为“工艺化”实训课,建议教学时实训教师1名,学生24名,实训工位6个(也可以用卡罗拉轿车电气实训台代替实车进行操作),按照4人1个工位编组。如实训工位配置不足或师生比较高,可把学生分成两批,一批学生观看操作视频,并进行操作过程的流程补缺填充和相关理论知识的学习，另一批学生按“工艺化”要求进行实操。另考虑到完成整个项目实操所需时间较长，可把本项目按流程分成几个阶段性小项目，两组轮流操作，尽量使所有学生都能理、实结合地学习。

2 学生的站位分工和要求

每组有4名学生，一人操作，一人辅助，一人观察(执有作业流程表)，一人评分(执有考核细则表)。学生按规定的工位站立，教师下达指令后，各组同时进行操作。

3 实训教师职责

(1)讲解操作任务的作业流程、操作步骤、技术规范和注意事项。

(2)组织、管理学生进行合作学习。

(3)在实训中检查、指导，纠正学生的错误。

(4)实训结束时反馈、评比各组的作业情况。

4 学生职责

(1)明确教学目标。

(2)开展合作学习，操作、辅助、观察和评分各工位依次进行循环。

(3)实训期间严格按“7S”要求进行，并及时记录作业中的错误之处。

八 操作步骤

第一步 前期准备

1 学生将工位清理干净，准备好相关的工具、物品等。

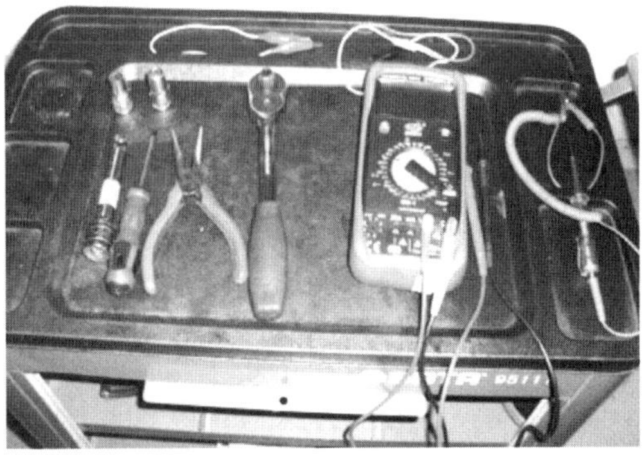

提示

培养良好的工作习惯，做好事前准备，有利于安全操作和提高工作效率。

2 将车辆停到工位的正确位置。

提示

如果学生没有机动车驾驶证，可以几个人推车，但绝对不允许起动车辆停靠到正确的位置。

3 打开汽车左前门,拉紧驻车制动器手柄,并将变速器操纵杆置于P挡位。

提示

为保证车辆在工位上的可靠停驻,防止出现溜滑,造成安全事故。因此,要拉紧驻车制动器手柄并将变速器操纵杆置于P挡位。

4 安装车轮挡块。

提示

在车辆前轮前部、后轮后部都要安装挡块,防止车辆向两个方向移动。

第二步 询问故障信息

1 车辆故障分析。

提示

分析车辆目前所出现的故障及所处的外界环境原因。

2 记录车辆的基本信息和状况。

提示

记录维修车辆的信息,以便日后统计,同时必须记录车厢储物盒及行李舱内的物品,必要时把所记录的信息让车主确认并请其签字。

第三步 拆卸起动机

1 断开蓄电池负极。

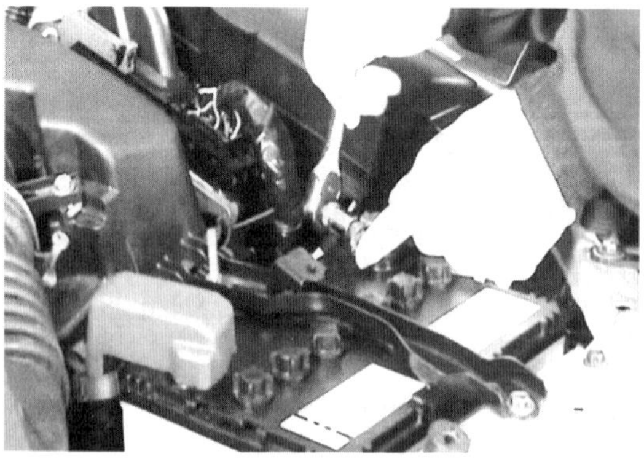

提示

应保持点火开关处于"OFF"状态。

2 拆下散热器上空气导流板上6个卡子，取下空气导流板。

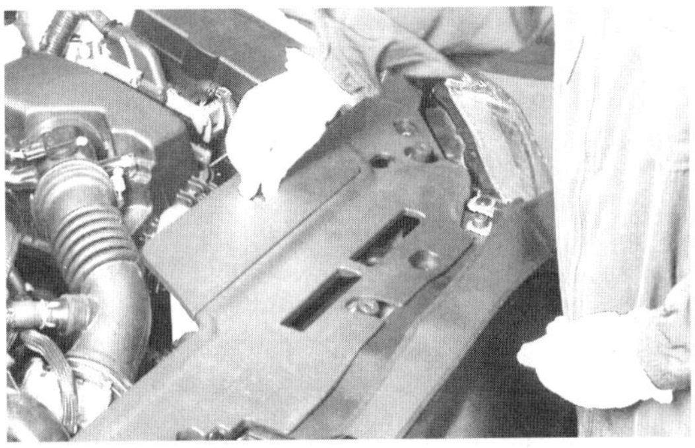

提示

用十字螺丝刀撬开螺栓扣子时，应注意方位和角度，以便更容易操作。

3 举升车辆至适合操作的高度。

提示

举升机的使用方法、操作要领和要求要严格按规范执行。

4 拆下端子盖。

5 用ϕ14mm套筒拧松30号主供电端子上螺母，用手取下，移出主供电导线。

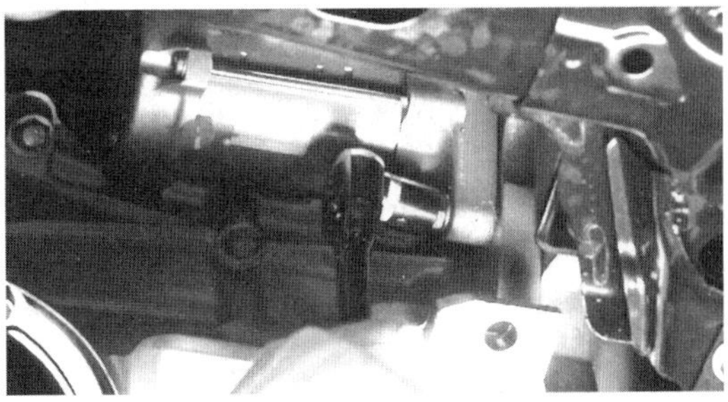

提示

螺栓所处的位置隐蔽且空间狭小，应注意拆卸的方位。

6 用手断开吸拉线圈的连接器。

提示

按下解开连接器的锁扣，适当用力往外拔。

7 用ϕ14mm梅花套筒扳手拧松起动机上部紧固螺栓。

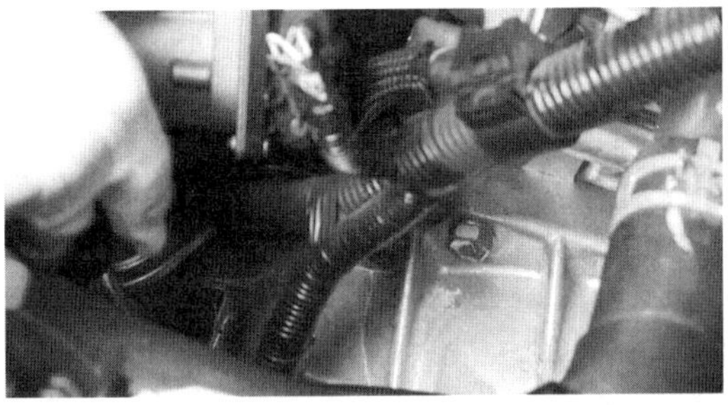

提示

螺栓所处的空间较狭小，使用工具操作

时要注意方位,要注意发动机其他线夹位置,避免产生影响。

8 用 ϕ14mm 套筒拧松起动机左下侧螺栓。

9 向发动机前方拆下起动机总成。

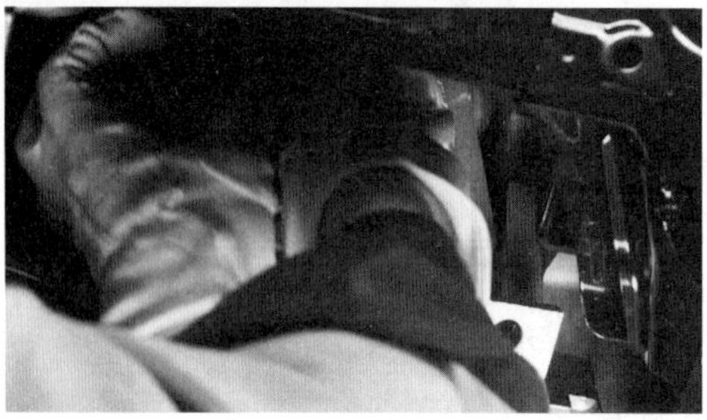

提示

起动机所处的位置较隐蔽,且空间较小。取出时,应适当调整起动机在安装空间中的位置,禁止发生碰撞,以免损伤起动机。

第四步 检查测试新起动机

1 检查新起动机的规格和零件号是否正确。

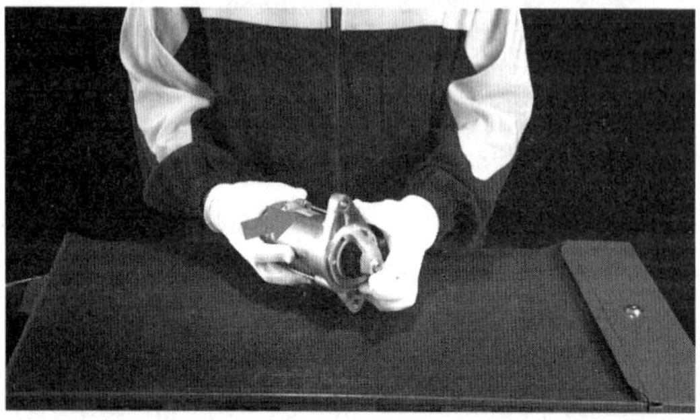

提示

检查新起动机的外观是否损坏与腐蚀,用整车的蓄电池测试起动机的工作性能,由一名学生进行空载操作测试。

2 将新起动机夹在台虎钳中。

提示

将垫布垫于起动机外壳和台虎钳之间,防止损坏。起动机牢固可靠地安装在台虎钳上,防止其脱落伤人和损坏机件。

3 将蓄电池正极与起动机"30"端子连接,蓄电池负极与起动机壳体连接。

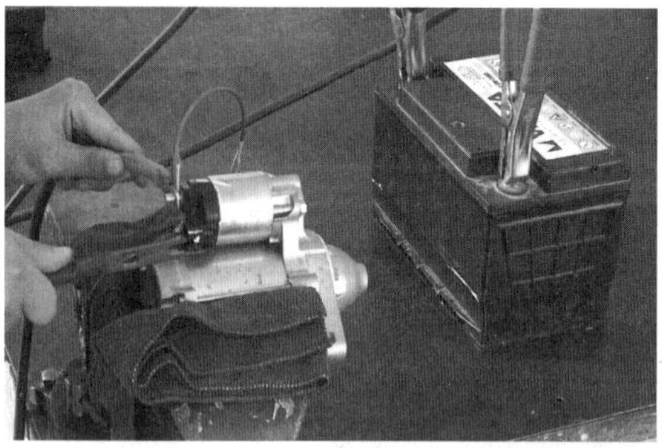

提示

检查并保证接线牢靠,注意实训时的安全。

4 用夹线电缆将端子“50”与端子“30”连接。

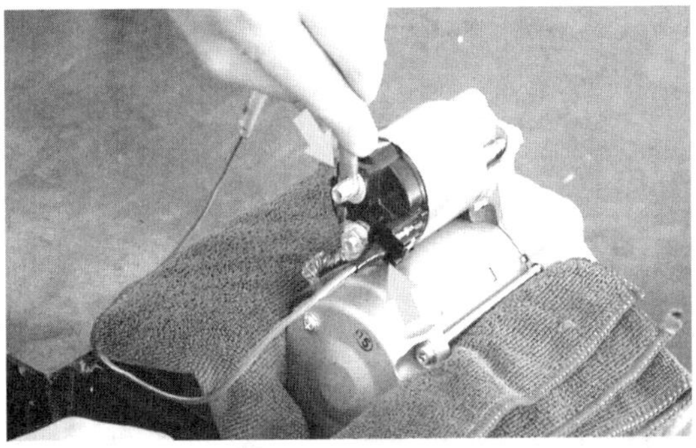

5 驱动齿轮应向外伸出，起动机应平稳运转。

提示

检测过程尽量在3～5s内完成，以免烧坏导线。

第五步 安装新起动机

1 举升车辆至适合操作的高度。

提示

严格按照举升机的使用方法、操作要领和要求进行操作。

2 将新起动机插入飞轮座孔并对准安装螺孔。

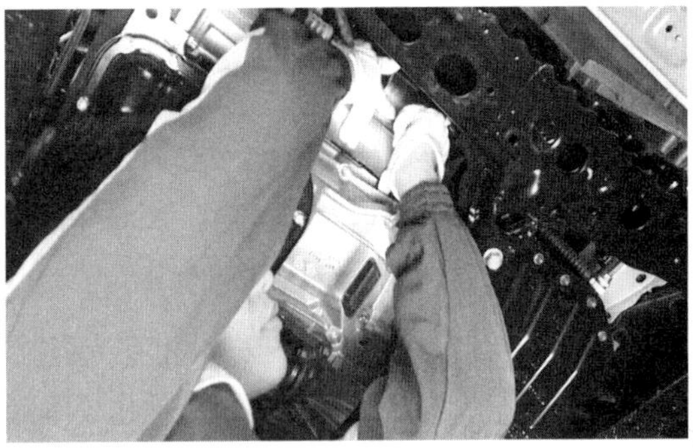

提示

起动机所处位置较隐蔽，且空间较小。取出时，应适当调整起动机在安装空间中的位置，禁止发生碰撞，以免损伤起动机。

3 用手将下部固定螺栓旋入，用ϕ14mm套筒扳手拧紧起动机下部螺栓，标准力矩:37N·m。

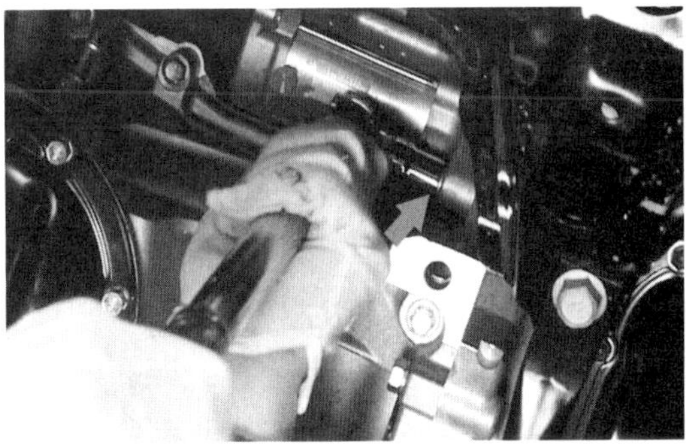

提示

螺栓位置隐蔽且空间狭小，应注意安装的方位。

4 用手插入吸拉线圈的连接器,并保证连接可靠。

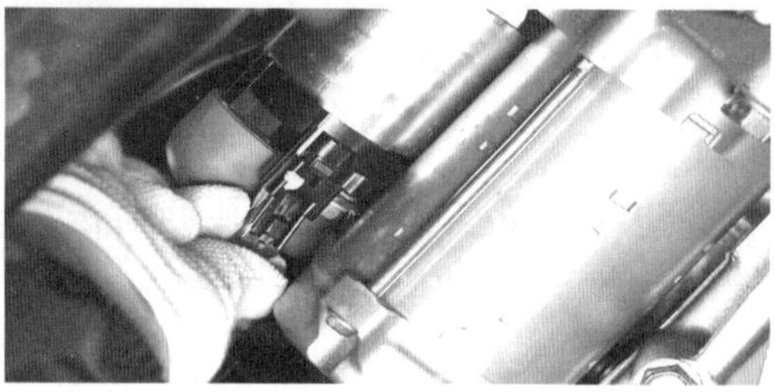

提示

适当用力往内推,应能听到连接器的锁扣发出“咔嗒”声响,保证连接可靠。

5 将30号主供电导线套入主供电螺栓,用手旋入固定螺母,用 ϕ14mm 套筒扳手拧紧30号主供电导线上的螺母,标准力矩:9.8N·m。

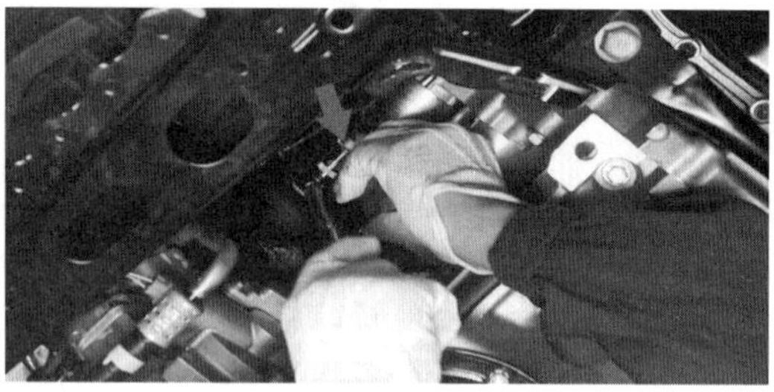

提示

螺母位置隐蔽且空间狭小,应注意安装的方位。

6 用手旋入起动机上部螺栓,用 ϕ14mm 套筒扳手预紧。用 ϕ14mm 套筒扳手拧紧起动机上部螺栓,标准力矩:37N·m。

提示

螺栓所处的位置较狭窄,使用工具要注意方位,要注意发动机其他线夹位置,避免产生影响。

7 连接蓄电池负极,用 ϕ10mm 套筒扳手拧紧。

提示

标准力矩:5.4N·m。

8 安装散热器上空气导流板上6个卡子,安装空气导流板。

9 起动发动机,检查起动机性能是否正常。

九 考核标准

评价内容	分值	序号	具体指标	分值	扣分标准	学生自评	小组评分	教师评分
仪容仪表	10	1	工作服、鞋穿戴整洁规范	2	酌情扣分			
		2	发型、指甲等符合工作要求	3	酌情扣分			
		3	不佩戴首饰、手表等	5	酌情扣分			
工作安全	20	4	工具、器材无落地现象	5	酌情扣分			
		5	操作过程沉着冷静	5	酌情扣分			
		6	车辆的安全操作过程	5	操作不当扣5分			
		7	无人员受伤及设备损伤事故	5	操作不当扣5分			
工作过程	60	8	准备好相关的工具、物品等	2	操作不当扣2分			
		9	将车辆停到工位的正确位置	2	操作不当扣2分			
		10	打开汽车左前门，拉紧驻车制动器手柄，并将变速器置于P挡位	2	操作不当扣2分			
		11	安装车轮挡块	2	操作不当扣2分			
		12	车辆故障分析	2	操作不当扣2分			
		13	记录车辆的基本信息和状况	2	操作不当扣2分			
		14	断开蓄电池负极	2	操作不当扣2分			
		15	拆下散热器上空气导流板上6个卡子，取下空气导流板	2	操作不当扣2分			
		16	举升车辆至操作合适的高度	2	操作不当扣2分			

续上表

评价内容	分值	序号	具体指标	分值	扣分标准	学生自评	小组评分	教师评分
工作过程	60	17	拆下端子盖,拧松30号主供电端子上螺母,用手取下,移出主供电导线	2	操作不当扣2分			
		18	用手断开吸拉线圈的连接器	2	操作不当扣2分			
		19	拧松起动机上部紧固螺栓,拧松起动机左下侧螺栓	2	操作不当扣2分			
		20	向发动机前方取下起动机总成	2	操作不当扣2分			
		21	检查新起动机的规格和零件号是否正确	2	操作不当扣2分			
		22	将新起动机夹在台虎钳中	2	操作不当扣2分			
		23	将蓄电池正极与起动机"30"端子连接,蓄电池负极与起动机壳体连接	2	操作不当扣2分			
		24	用夹线电缆将端子"50"与端子"30"连接	2	操作不当扣2分			
		25	驱动齿轮应向外伸出,起动机应平稳运转	3	操作不当扣3分			
		26	举升车辆至合适的高度	2	操作不当扣2分			
		27	将新起动机插入飞轮座孔并对准安装螺孔	2	操作不当扣2分			
		28	拧紧起动机下部螺栓	2	操作不当扣2分			
		29	用手插入吸拉线圈的连接器,并保证连接可靠	2	操作不当扣2分			
		30	将30号主供电导线套入主供电螺栓,拧紧30号主供电导线上的螺母	2	操作不当扣2分			

续上表

评价内容	分值	序号	具体指标	分值	扣分标准	学生自评	小组评分	教师评分
工作过程	60	31	拧紧起动机上部螺栓	2	操作不当扣2分			
		32	连接蓄电池负极	2	操作不当扣2分			
		33	安装散热器上空气导流板上6个卡子，安装空气导流板	3	操作不当扣2分			
		34	起动发动机，检查起动机性能是否正常	3	操作不当扣2分			
		35	维修后的试车	3	操作不当扣2分			
职业素养	10	36	操作前使用实训指导书	2	酌情扣分			
		37	学员之间配合默契	2	酌情扣分			
		38	在规定时间内完成	2	酌情扣分			
		39	填写工单	2	酌情扣分			
		40	7S工作	2	酌情扣分			
			总分	100	实际得分			

十 知识拓展

1 起动机的类型

在起动机的三个组成部分中，电动机部分一般没有本质的差别，按照所用直流电动机的形式可分为普通起动机和永磁起动机；控制装置和传动机构则有很大差异，因此，一般是按控制装置和传动机构的不同来分类的。

起动机常见类型

1）按控制装置分类

（1）直接操纵式起动机：它是由脚踏或手拉杠杆联动机构直接控制起动机的主电路开关来接通或切断主电路，也称机械式起动机。这种方式虽然结构简单、工作可靠，但由于要求起动机、蓄电池靠近驾驶室，而受安装布局的限制，且操作不便，已很少采用。

（2）电磁操纵式起动机：它是由按钮或点火开关控制继电器，再由继电器控制起动机的主开关来接通或切断主电路，也称电磁控制式起动机。这种方式可实现远距离控制，工作方便，在现代汽车上广泛采用。

2）按传动机构的啮合方式分类

（1）惯性啮合式——已淘汰。

(2)强制啮合式——工作可靠、操纵方便、广泛应用。

(3)电枢移动式——结构较复杂,大功率柴油车应用。

(4)齿轮移动式——电磁开关推动啮合杆。

(5)减速式——质量小,体积小,结构工艺复杂。

2 起动机的型号

根据中华人民共和国汽车行业标准《汽车电气设备产品型号编制方法》(QC/T73—1993)的规定,汽车起动机型号由五部分组成:

(1)产品代号:起动机的产品代号主要有 QD、QDJ、QDY 三种,分别表示起动机、减速型起动机和永磁式起动机。

(2)电压等级代号:由 1 位阿拉伯数字表示,1、2、6 分别代表 12V、24V 和 6V。

(3)功率等级代号:由 1 位阿拉伯数字表示,其含义见下表。

代号	1	2	3
功率(kW)	0 ~ 1	1 ~ 2	2 ~ 3
代号	4	5	6
功率(kW)	3 ~ 4	4 ~ 5	5 ~ 6

(4)设计序号:按产品设计先后顺序,由 1 ~ 2 位阿拉伯数字表示。

(5)变型代号。

例如:QD124 表示起动机其额定电压 12V、功率 1 ~ 2kW、第四次设计。

3 对起动系统的基本要求

(1)起动机的功率应和发动机起动所必需的功率相匹配,以保证起动机产生的电磁力矩大于发动机的起动阻力矩,带动发动机以高于最低起动转速的转速运转。

(2)蓄电池的容量必须和起动机的功率相匹配,保证为起动机提供足够大的起动电流和必要的持续时间。

(3)起动电路的连接要可靠,起动主电路导线电阻和接触电阻要尽可能小,一般都在 0.01Ω 以下。因此,起动主电路的导线截面积比普通的导线大得多,并且连接要非常牢固、可靠。

(4)发动机起动后,起动机小齿轮自动与发动机飞轮退出啮合或滑转,防止发动机带动起动机运转

十一 课堂练习

(一)填空题

1. 汽车的起动系统一般由蓄电池、点火开关和________三部分组成。
2. 起动机由直流电动机、________和电磁开关三部分组成。
3. 传动机构由________和移动拨叉组成。

4. 不管起动机的磁场是电磁式还是永磁式，只要起动机安装了________，就是电磁控制式起动机。

5. 串励式直流起动机的励磁绕组和________绕组是串联的，低转速时转矩很大，随着转速升高，其转矩逐渐减小。

（二）单项选择题

1. 起动机的型号为“QD1225”，则下列对它的解释不正确的是________。

A. 普通型起动机　　B. 电压等级为24V

C. 功率为1～2kW　　D. 第25次设计

2. 采用________制作的铁芯可以减小电枢中的涡流损失。

A. 塑料　　B. 硅　　C. 铜　　D. 叠层硅钢片

3. 永磁式起动机________。

A. 没有电刷　　B. 没有换向器

C. 有励磁绕组　　D. 有减速机构

4. 下列对起动过程的描述中不正确的是________。

A. 起动机不工作时，驱动齿轮与飞轮是啮合的

B. 当起动机的驱动齿轮与飞轮完全啮合时，起动机主开关接通，电枢绕组通有大电流

C. 发动机起动后，如果驱动齿轮仍处于啮合状态，则单向离合器打滑，电动机不会被飞轮反拖高速旋转

D. 起动完毕后，驱动齿轮退出飞轮的啮合

5. 点火开关转向起动位置的瞬间________。

A. 保持线圈和吸引线圈均通电

B. 只有保持线圈通电

C. 只有吸引线圈通电

D. 起动机驱动齿轮和飞轮啮合之前，起动电动机已经开始旋转。

（三）判断题

1. 拆卸起动机前不用断开蓄电池负极电缆。（　）

2. 起动机按传动机构的啮合方式可分为惯性啮合式、强制啮合式、电枢移动式、齿轮移动式和减速式。（　）

3. 检查和测试新起动机时应夹在台虎钳上完成。（　）

4. 蓄电池充电不足不会产生起动机转动无力。（　）

5. 在检查测试起动机时应将蓄电池正极与起动机“30”端子连接，负极与起动机壳体连接，并用夹线电缆接通“50”与“30”端子。（　）

任务3　汽车前照灯总成认知与更换

一 情景导入

一辆丰田卡罗拉 GL 型轿车，行驶里程为50000km。故障现象：两只前照灯的亮度不同，如果接通前照灯后，不论是远光还是近光，均只是一侧前照灯灯光较亮，而另一侧前照灯灯光暗淡。该故障的主要原因：灯光暗淡一侧的前照灯的灯头与灯架间、灯泡与灯头间、灯架与车架间接触不良或锈蚀，接触电阻增大；灯光暗淡一侧的前照灯的反射镜发生了氧化或积有灰尘。可用导线短接法迅速判断故障部位，并予以排除。

二 知识链接

1 汽车前照灯的组成及类型

汽车前照灯又称前大灯，安装于汽车头部两侧，用于夜间行车道路的照明。前照灯的照明效果直接影响夜间行车和交通安全，因此，世界各国交通管理部门多以法律形式规定了其照明标准。

（1）组成：汽车前照灯由光源（灯泡）、反射镜、前透镜三部分组成。

（2）类型：汽车前照灯一般有白炽灯、卤素灯、氙气灯等类型。随着汽车技术的不断发展，白炽真空灯已被淘汰。

2 汽车前照灯的功用

前照灯是汽车的“眼睛”。它有两种功能：一是照明，二是装饰。汽车灯具是国家强制性检测的产品，是保障行车安全的重要部件之一。如果其质量不合格，不但不能为驾驶人提供良好的照明，有些还会使对面的驾驶人和行人产生强烈的刺眼感觉，直接危及人身安全。

前照灯作用

3 氙气灯特点

（1）亮度高。一般55W 卤素灯只能产生1000lm 的光，而35W 氙气灯能产生3200lm 的强光，亮度提升300%，拥有超长及超广角的宽广视野，可大大降低行车事故率。

（2）寿命长。氙气灯是利用电子激发气体发光，并无钨丝存在，因此，寿命较长，约为3000h，大幅超过汽车夜间行驶的总时数。而卤素灯的寿命通常只有500h。

(3)节电性强。氙气灯只有35W,而发出的是55W卤素灯3.5倍以上的光,大大减轻汽车电力系统的负荷,电力损耗节省40%,相应提高了车辆性能,节约能源。

(4)色温性好。其色温为4300~12000K(6000K接近日光),属于驾驶人舒适的范围。卤素灯只有3000K,光色暗淡发红。

(5)更可靠。当汽车的供电系统和蓄电池出现故障时,整流器自动关闭并停止工作。

4 前照灯的使用

(1)保持前照灯有良好的密封性,以防灰尘和潮气侵入使反射镜生锈。若发现配光玻璃与反射镜之间的衬垫密封不良或配光玻璃破损,应及时更换。

(2)保持反射镜清洁。更换灯泡或前透镜时手指不要触及反射镜镜面,以免手指上的汗渍或油污污染反射镜而使其失去光泽,降低反射效率。反射镜镜面上有灰尘时,应用压缩空气吹净,不宜用布或毛刷擦拭,以免破坏镜面光泽;也不要用口吹气,以免唾液溅到镜面上。当反射镜镜面上有油污时,可按以下方法清除:对于镀铅反射镜,可用蘸过酒精的清洁棉纱,由反射镜中心向外部呈螺旋形方向擦拭干净;对于镀银反射镜,其镀层不能擦拭,只能用热水冲洗,待晾干后才能装复使用。

(3)保持接线良好。各接线、搭铁线应牢固接触,各接线柱不得存在虚接或氧化锈蚀现象,否则将导致前照灯不亮或发光微弱。

(4)保持装配正确。一般在前透镜上有定位装置或标有L(左)、R(右)等记号,装复前照灯时应注意前透镜的安装位置不得装错,不得倒置或歪斜,应保持棱面垂直,防止其松动移位。应定期检查和调整前照灯光束,以保证前照灯照射距离符合要求,两侧前照灯光束上下一致。另外,当前照灯灯丝损坏时应及时换装相同规格的灯泡。

三 实训时间

实训时间为40min,考核时间为40min。

四 实训教学目标

1 知识目标

(1)能说出前照灯总成的组成、类型和功能;

(2)知道前照灯维护的方法。

2 技能目标

(1)能规范地进行前照灯总成的更换;

(3)能进行前照灯常见故障的分析与诊断。

3 素养目标

(1)通过合作教学,培养学生的配合和沟通能力;

(2)通过学习中国一汽的发展史,培养学生的民族自豪感和凝聚力。

五 技术标准与要求

(1)参训学员必须穿戴相应的劳保用品,以免发生意外事故。

(2)拆卸前照灯时要拆卸前保险杠,拆卸时尽量避免划伤保险杠面漆。

(3)拆卸过程中,要特别注意掌握合适的力度,禁止野蛮操作。

(4)前照灯的灯泡、镜面为玻璃制品,如更换灯泡,禁止用手触摸。

六 实训器材

丰田卡罗拉轿车、ϕ10mm 套筒、长接杆、棘轮扳手、十字螺丝刀、ϕ10mm 开口扳手、卡扣专用拆卸工具、翼子板护裙及驾驶室内保护罩等其他工具及器材。

ϕ10mm 套筒

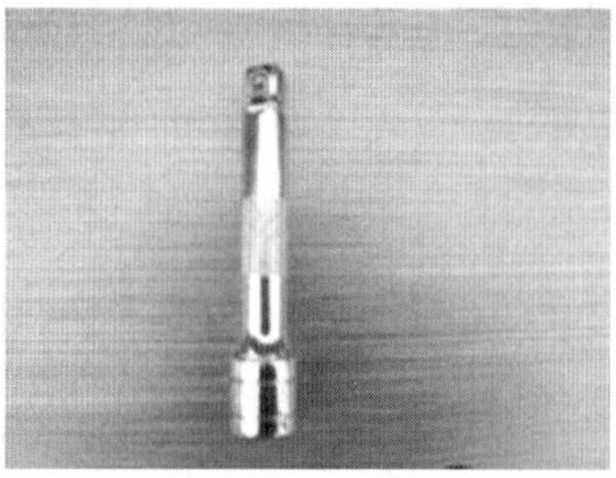

长接杆

棘轮扳手

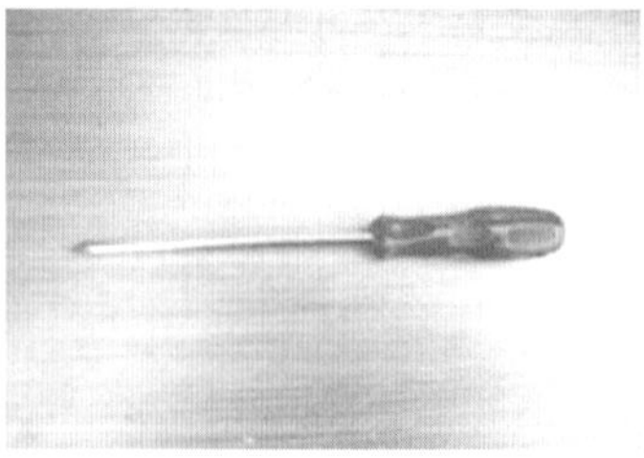

十字螺丝刀

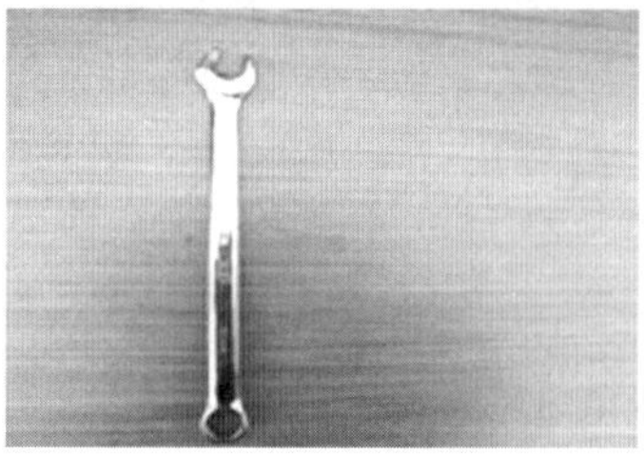

ϕ10mm 开口扳手

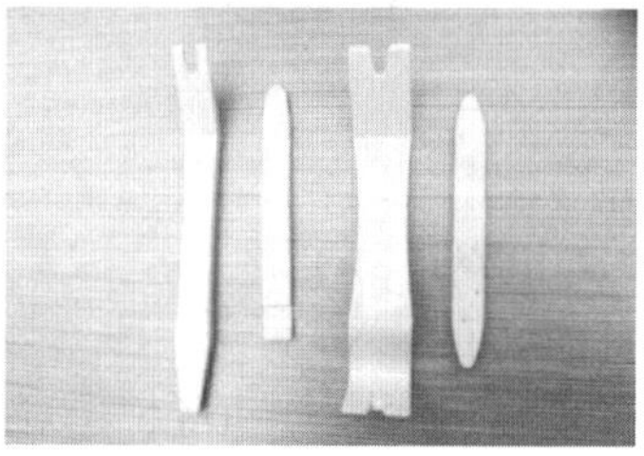

卡扣专用拆卸工具

七 教学组织

1 教学组织形式

本课程为"工艺化"实训课,建议教学时实训教师1名,学生24名,实训工位6个(也可以用卡罗拉轿车电气实训台,代替实车进行操作),按照4人1个工位编组。如实训工位配置不足或师生比较高,可把学生分成两批,一批学生观看操作视频,并进行操作过程的流程补缺填充和相关理论知识的学习,另一批学生按"工艺化"要求进行实操。另考虑到完成整个项目实操所需时间较长,可把本项目按流程分成几个阶段性小项目,两组轮流操作,尽量使所有学生都能理、实结合地学习。

2 学生的站位分工和要求

每个小组有4名学生,一人操作,一人

辅助,一人观察(执有作业流程表),一人评分(执有考核细则表)。学生按规定的工位站立,教师下达指令后,各组同时进行操作。

3 实训教师职责

(1)讲解操作任务的作业流程、操作步骤、技术规范和注意事项。

(2)组织、管理学生进行合作学习。

(3)在实训中检查、指导,纠正学生的错误。

(4)实训结束时反馈、评比各组的作业情况。

4 学生职责

(1)明确教学目标。

(2)开展合作学习,操作、辅助、观察和评分各工位依次进行循环。

(3)实训期间严格按“7S”要求进行,并及时记录作业中的错误之处。

八 操作步骤

第一步 操作准备

1 拉紧驻车制动器手柄,并将变速器操纵杆置于P挡位。

提示

保证车辆在工位上可靠停驻,防止出现溜滑而造成安全事故。

2 拉起发动机舱盖锁控制拉杆分总成。

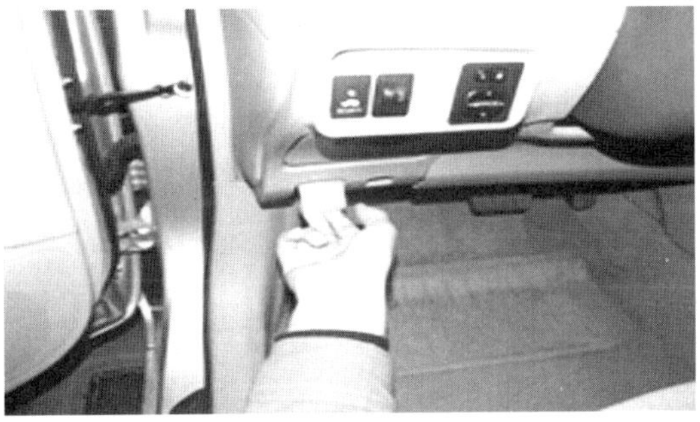

提示

发动机舱盖锁控制拉杆为塑料件,拉起时用力要适度,防止将拉杆拉断,造成器件损坏。

3 用手撑起发动机舱盖,并将发动机支撑杆插入发动机舱盖支撑孔内。

提示

将支撑杆插入发动机舱盖支撑孔时,要保证接触可靠。否则,发动机舱盖滑落,会造成人身伤害。

4 使用扳手断开蓄电池负极端子上的电缆。

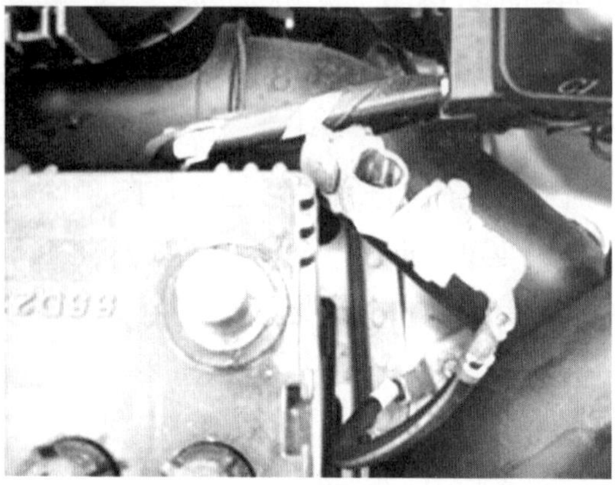

提示

断开蓄电池电缆后重新连接时,某些系统需要初始化。

第二步 拆卸散热器上空气导流板

1 使用卡扣拆卸专用工具撬起卡扣,并将卡扣取下。

提示

散热器上空气导流板卡扣共3只;将专用工具扣入卡扣并撬起,撬起卡扣时用力要适度,防止损坏卡扣。

2 使用十字螺丝刀拆卸散热器格栅防护罩。

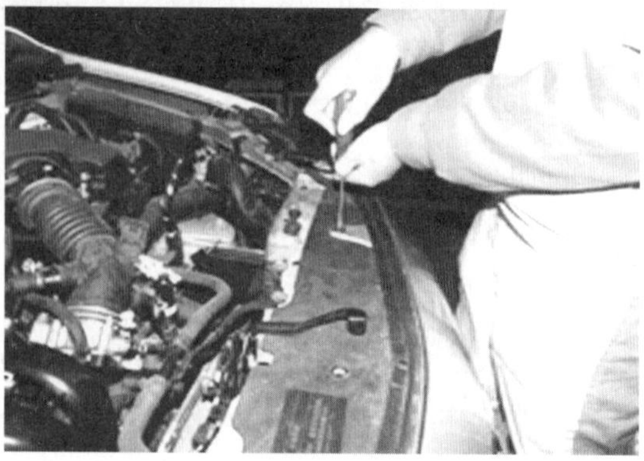

提示

散热器格栅防护罩连接螺栓有4只;拧松螺栓时,要使十字螺丝刀与螺栓保持垂直,防止螺栓在拧松时偏斜,损坏螺栓孔。

第三步 拆卸前保险杠总成

1 使用十字螺丝刀拧松前翼子板外接衬板连接螺栓,并将其取下。

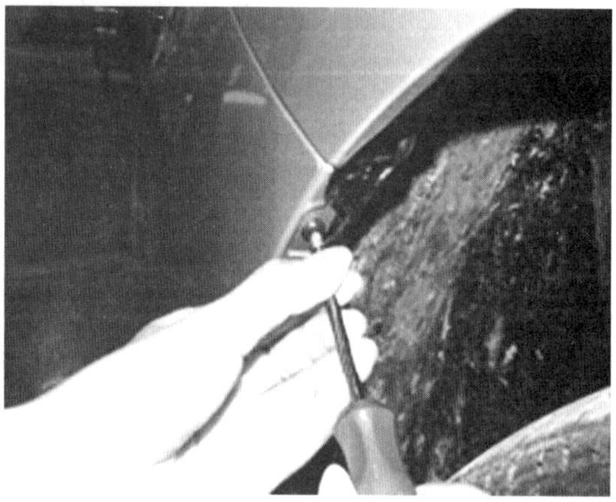

提示

前翼子板外接衬板连接螺栓有2只,左右各1只;拧松螺栓时,要使十字螺丝刀与螺栓保持垂直,防止螺栓在拧松时偏斜,损坏螺栓孔。

2 使用 ϕ10mm 套筒、接杆、棘轮扳手，拧松发动机底盖板的 6 只螺栓，并将螺栓取下。

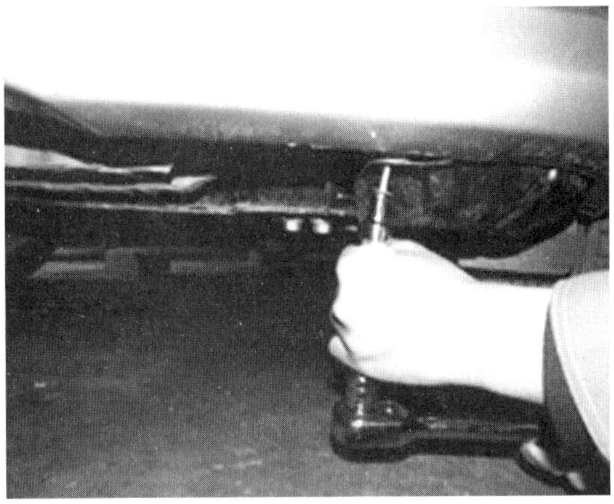

提示

拧松螺栓时，要使十字螺丝刀与螺栓保持垂直，防止螺栓在拧松时偏斜，损坏螺栓孔。

3 双手扶住保险杠总成端脚，往外侧轻拉，将总成与保险杠支撑脱离。

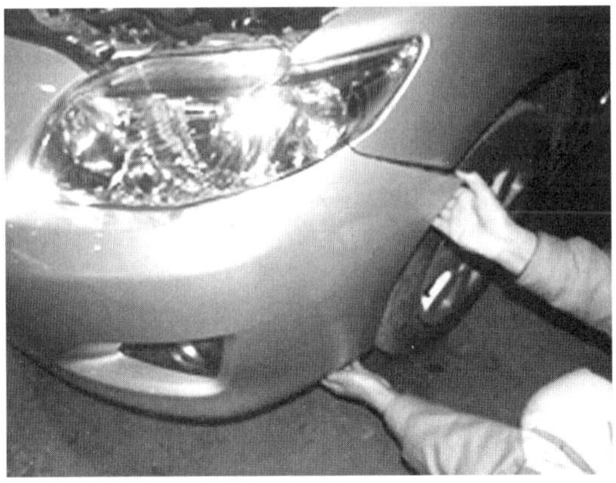

提示

保险杠总成为塑料件，拉动时用力要适度，防止损坏保险杠总成；用力点应是位于保险杠上端的手，轻轻往外侧拉动。

4 将保险杠总成从车头部位处水平移出。

提示

移出时，二人应配合默契，不能一快一慢；雾灯连接线长度有限，不能移出过多，所用的力度应适宜。

5 拔出雾灯插接器的插头。

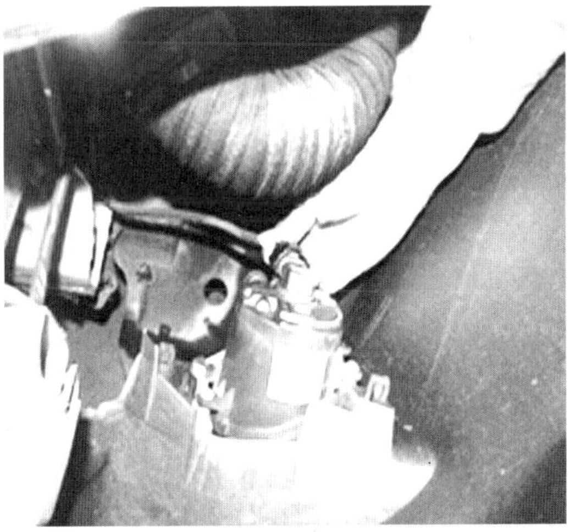

提示

将保险杠总成反转 90°，使雾灯插头朝上。用一只手扶住保险杠总成，另一只手拔出雾灯插接器的插头。

6 拆卸前保险杠减振器。

提示

减振器为泡沫材料,取下时要防止其损坏。

第四步 拆卸前照灯总成

1 使用 ϕ10mm 套筒、接杆、棘轮扳手,拧松3只前照灯总成固定螺栓,并取下。

提示

拧松螺栓时,要使十字螺丝刀与螺栓保持垂直,防止螺栓在拧松时偏斜,损坏螺栓孔。螺栓固定位置:侧面有1只,散热器支架上有2只。

2 双手托住前照灯总成,往车头相反方向微微拉出前照灯总成。

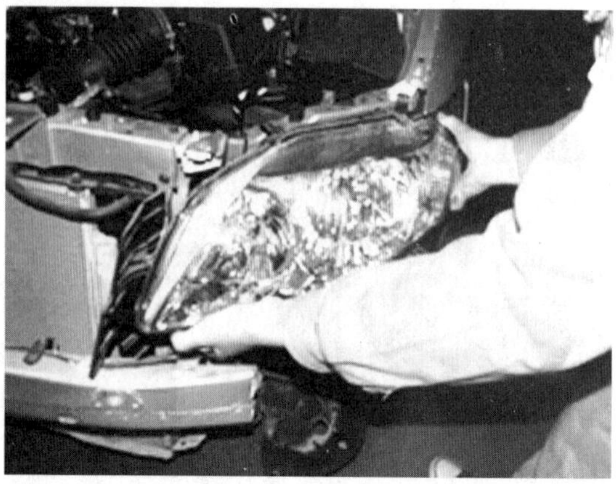

提示

先用一只手轻轻扳开定位卡扣,然后再拿出前照灯总成。前照灯总成为塑料件,不能硬拉,拆卸过程中要小心操作,防止其损坏。

3 断开前照灯插接器,并取下前照灯总成。

提示

一只手将前照灯总成扶住,另一只手将插接器插头一一拔出。插接器插头有卡扣卡入，拔出时，要看准位置，按下锁扣后，才能拔动。不能硬拔插接器。

第五步 安装前照灯总成

1 用一只手扶住前照灯总成，并将前照灯总成插接器插入相应端口。

提示

插接器插头只能插入相应端口内，不能插错。插接器安装到位时，能听到卡扣"嗒"的响声。

2 将前照灯总成定位卡扣扣入定位槽。

提示

安装定位卡扣时，首先要将前照灯总成缓慢地推入前照灯安装位置，然后再将定位卡扣装入槽内。定位卡扣为塑料件，不能用力去扳，防止损坏前照灯总成。

3 使用 ϕ10mm 套筒、接杆、棘轮扳手，拧紧 3 只前照灯总成固定螺栓。

提示

拧松螺栓时，要使十字螺丝刀与螺栓保持垂直，防止螺栓在拧松时偏斜，损坏螺栓孔。将螺栓分次拧紧后，要求前照灯总成不能有松动现象。拧紧力矩为 5N·m。

4 将蓄电池负极电缆临时连接到蓄电池负极上。

提示

蓄电池通电，主要为检查前照灯总成是否能正常运行。检查完前照灯总成运行情况后,立即将蓄电池负极电缆拆除。

5 将点火钥匙置于“ON”挡,并打开前照灯开关,操控远近光灯、转向灯控制开关。

提示

如果有任何一盏前照灯或转向灯不亮,需由电工检查,待故障排除后再安装。

第六步 安装前保险杆总成

1 将前保险杠减振器扣于保险杠上。

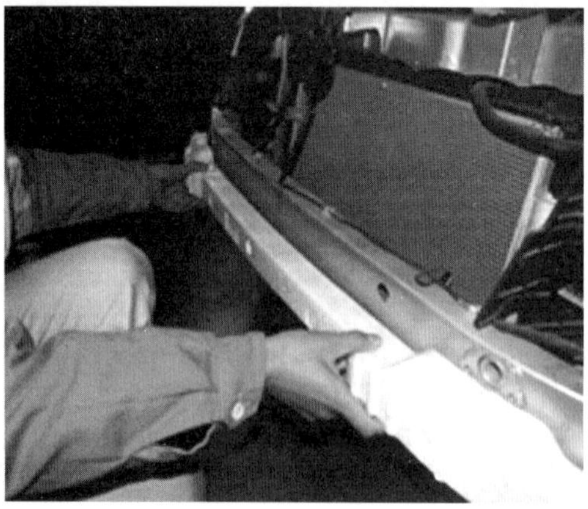

提示

保险杠减振器有3个凸起点,将3点位置扣入保险杠定位点时,注意区分上下位置。减振器为泡沫材料,放入时,防止损坏。

2 插入雾灯插接器的插头。

提示

将保险杠总成反转90°,使雾灯插头朝上。用一只手扶住保险杠总成,另一只手插入雾灯插接器的插头。安装到位时,能听到“嗒”的声响。

3 将保险杠总成装配至车头准确位置。

提示

装入时,先将散热器格栅扣在散热器支架上,用一只手扶住,然后另一只手握住端部，将上边扣入侧支撑部件中。

4 双手扶住保险杠总成端角，往内侧轻按，将保险杠总成卡爪装入前保险杠支撑架内。

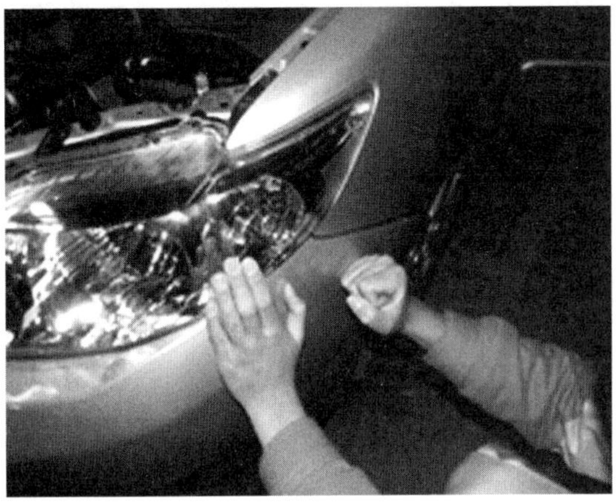

提示

卡爪装入支撑架时能听到“嗒”的声响。保险杠总成安装到位后，应与翼子板、前照灯总成保持在同一平面上。

5 蓄电池负极电缆临时连接到蓄电池负极上。

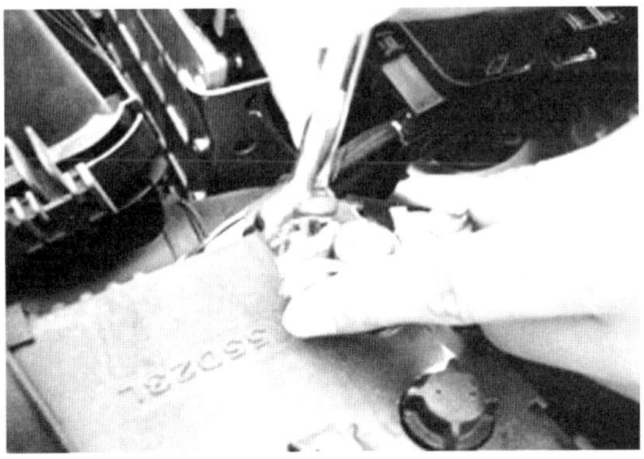

提示

蓄电池通电，主要为检查雾灯总成是否正常运行。检查完雾灯总成运行情况后，立即将蓄电池负极电缆拆除。

6 将点火钥匙置于“ON”挡，并打开前照灯和雾灯控制开关，观察雾灯是否点亮。

7 检查前保险杠总成与前翼子板总成的配合间隙。

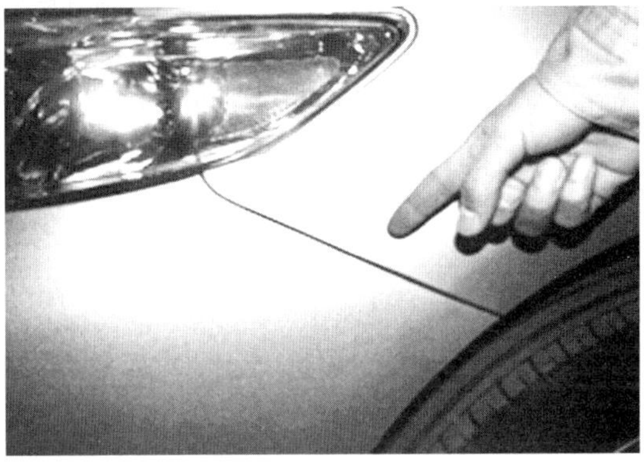

提示

安装到位后，前保险杠总成与前翼子板总成的间隙应小于3mm。

8 使用ϕ10mm套筒、接杆、棘轮扳手，拧紧发动机底盖板的6只螺栓。

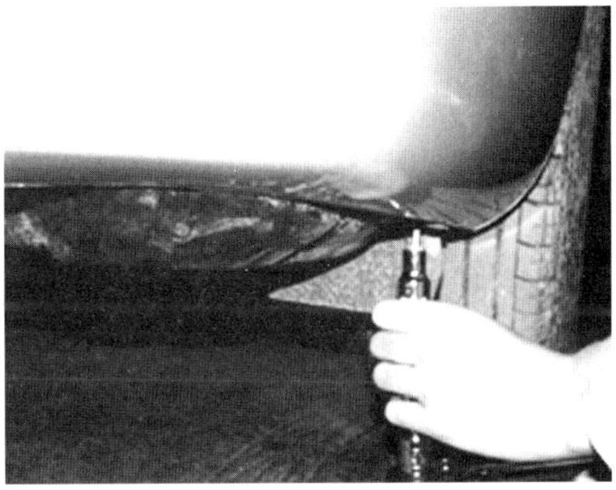

提示

装入时,先将散热器格栅扣在散热器支架上,用一只手扶住,然后另一只手握住端部,将上边扣入侧支撑部件中。

9 使用十字螺丝刀拧紧前翼子板外接衬板连接螺栓(左右各有一只)。

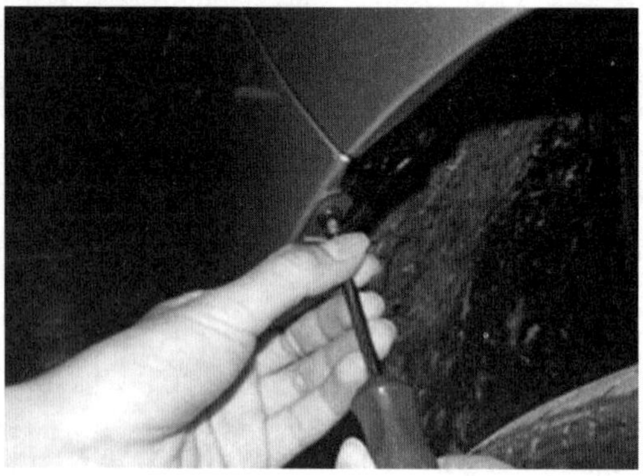

提示

装入时,先将散热器格栅扣在散热器支架上,用一只手扶住,然后另一只手握住端部,将上边扣入侧支撑部件中。

第七步 安装散热器上空气导流板

1 使用十字螺丝刀拧紧散热器格栅防护罩连接的4只螺栓。

提示

拧紧螺栓时,要使螺栓保持垂直,防止拧紧过程中发生偏斜,损坏螺栓孔。

2 安装卡扣。

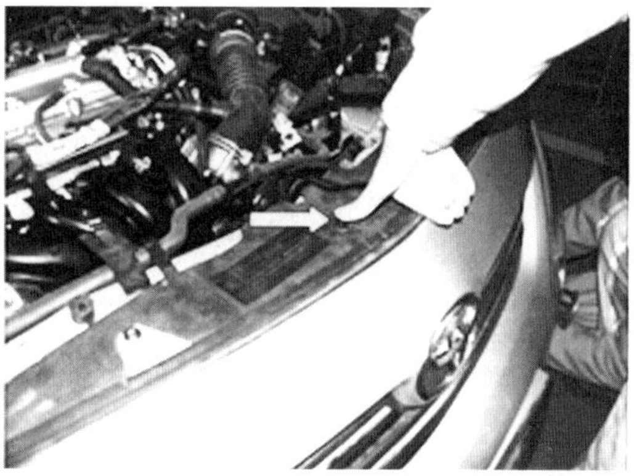

第八步 整理工位

清理、整理工具等;清扫地面卫生。

九 考核标准

评价内容	分值	序号	具体指标	分值	扣分标准	学生自评	小组评分	教师评分
仪容仪表	10	1	工作服、鞋穿戴整洁规范	2	酌情扣分			
		2	发型、指甲等符合工作要求	3	酌情扣分			
		3	不佩戴首饰、手表等	5	酌情扣分			
工作安全	20	4	无工具、器材落地现象	5	酌情扣分			
		5	操作过程中沉着冷静	5	酌情扣分			
		6	汽车的安全操作过程	5	酌情扣分			
		7	无人员受伤及设备损伤事故	5	酌情扣分			
工作过程	60	8	准备好相关的工具、物品等	2	操作不当扣2分			
		9	将车辆停到工位的正确位置	2	操作不当扣2分			
		10	拆卸蓄电池负极电缆	2	操作不当扣2分			
		11	拆卸散热器上空气导流板固定卡扣	3	操作不当扣3分			
		12	拆卸前保险杠固定螺栓	3	操作不当扣3分			
		13	拆卸前保险杠总成	6	操作不当扣6分			
		14	拆卸雾灯插接器	2	操作不当扣2分			
		15	拆卸前照灯总成固定螺栓	4	操作不当扣4分			
		16	拆卸前照灯总成	4	操作不当扣4分			
		17	拆卸前照灯总成插接器	3	操作不当扣3分			
		18	安装前照灯总成插接器	4	操作不当扣4分			
		19	安装前照灯总成	4	操作不当扣4分			
		20	安装前照灯总成固定螺栓	4	操作不当扣4分			
		21	安装雾灯插接器	2	操作不当扣2分			
		22	安装前保险杠总成	6	操作不当扣6分			
		23	安装前保险杠固定螺栓	3	操作不当扣3分			

续上表

评价内容	分值	序号	具体指标	分值	扣分标准	学生自评	小组评分	教师评分
工作过程	60	24	安装散热器上空气导流板固定卡扣	3	操作不当扣3分			
		25	检查前照灯总成工作情况	3	操作不当扣3分			
职业素养	10	26	操作前使用实训指导书	2	酌情扣分			
		27	学员之间配合默契	2	酌情扣分			
		28	在规定时间内完成	2	酌情扣分			
		29	填写工单	2	酌情扣分			
		30	7S 工作	2	酌情扣分			
			总分	100	实际得分			

十 思政课堂

中国一汽介绍

中国第一汽车集团有限公司前身是1953年成立的中国第一汽车制造厂,总部位于吉林省长春市,是中国汽车行业中最具实力的汽车公司之一。

业务领域包括汽车的研发、生产、销售、物流、服务、汽车零部件、金融服务、汽车保险、移动出行等。

中国一汽集团直接运营红旗品牌,同时拥有自主品牌一汽解放、一汽奔腾等品牌 。

过去五年,中国一汽在公益方面投入3.6亿元人民币,支持了一百多个企业社会责任项目,覆盖了西藏、青海、四川等西北、西南诸多贫困地区,直接或间接帮助超过10万余人脱离了贫困,受益人群超过150万人。

2022年,一汽在南非生产的第9000辆整车正式下线,并有望在年内实现累计产销1万辆的历史性跨越。

十一 知识拓展

1 前照灯的维护

一般来说,车辆每行驶50000km或者2年左右,前照灯灯泡的亮度就会减弱,此时最好到4S店进行检测,如果确实有亮度不足的情况,最好更换灯泡。建议左右两边同时更换,以免出现两侧亮度不一样的情况。

2 前照灯常见故障及检修方法

1)前照灯不亮

故障现象:打开前照灯开关,前照灯不亮。

故障诊断与排除:

(1)灯泡损坏,更换灯泡。

(2)熔断丝熔断,更换熔断丝。

(3)灯光开关损坏,用万用表检查开关各挡位的通断情况,若与要求不符,应更换灯光开关。

(4)继电器损坏,将继电器线圈直接供电,如不能正常工作,应更换继电器。

(5)线路短路或断路故障等,用万用表或试灯逐段检查线路,以便找出短路或断路故障的部位。

①如果只有一只灯泡不亮,一般为该灯的灯丝熔断,可将灯泡拆下后检查。

②如果是几只灯泡都不亮,可按喇叭,喇叭也不响,则是熔断器熔断。

③如果同属一个熔断丝的灯泡都不亮,则可能是该支路的熔断丝被熔断。

处理熔断器熔断故障时,在总熔断器复位或更换新的熔断丝之前,应查找出超负荷的原因。其方法是:将熔断丝所接各灯的接线从灯座上拔掉,用万用表电阻挡测量灯端与搭铁之间的电阻,若电阻较小或为零,则可断定线路中有搭铁故障。

排除故障后,再把熔断器复位或更换新的熔断丝。

④如果前照灯均不亮。

a. 检查继电器。将继电器线圈直接供电,可检查出继电器是否能正常工作,如不能正常工作,应更换继电器。

b. 检查灯光开关。可用万用表检查开关各挡位的通断情况,若与要求不符,应更换灯光开关。

c. 检查线路。在检查线路时,可用万用表或试灯逐段检查线路,以便找出短路或断路故障的部位。

2)灯泡频繁烧坏

故障现象:灯泡经常烧坏。

故障诊断与排除:

(1)电压调节故障或失调,使发电机输出电压过高,更换电压调节器。

(2)前照灯灯座接触不良,更换前照灯灯座或总成。

3)左右前照灯亮度不一致

故障现象:左右前照灯发光强度不一致。

故障诊断与排除:

(1)左右前照灯的反射镜有一个灰暗。

(2)左右前照灯有一个灯泡老化。

(3)左右前照灯有一个线路接触不良或搭铁不良。

维修方法:检查发光强度偏低的前照灯的反射镜是否灰暗,灯泡是否老化,质量是否符合要求,如果正常,一般多为线路接触不良或搭铁不良。

3 LED 前照灯

作为新一代节能光源,LED 照明产品得到广泛应用,许多传统照明公司也纷纷加入 LED 照明产品的竞争。从产品优势来说,LED 照明比氙气灯照明优势更大,体现在更节能、寿命长、没有延迟性。其中没有延迟性这点是最大的优势,因为目前的氙气灯产品从点亮到达到最亮一般需要 4s 以上的时间,而 LED 照明产品没有这个问题。

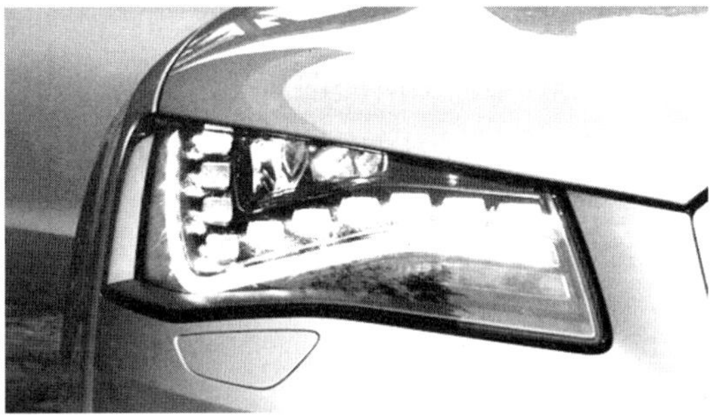

十二 课堂练习

(一)填空题

1. 前照灯(前大灯)安装于汽车头部两侧,用于夜间行车道路的________。

2. 汽车前照灯由光源(灯泡)、________、前透镜三部分组成。

3. 反射镜的作用是将灯泡的光线________并导向远方。

4. 为防止前照灯照射造成炫目,保证夜间行驶安全,汽车上使用了________和________。

5. 远、近光的切换一般由________通过变光开关控制。

(二)单项选择题

1. 前照灯应保证夜间车前有明亮而均匀的照明,使驾驶人能辨明________以内道路上的障碍物。

A. 50m　　B. 100m　　C. 300m　　D. 500m

2. 前照灯一侧灯光暗淡的原因,下列错误的选项是________。

A. 灯头与灯架接触不良　　B. 灯架与车架锈蚀

C. 灯丝脱落　　D. 反射镜氧化

3. 氙气灯的使用寿命为________。

A. 500h　　B. 3000h　　C. 5000h　　D. 10000h

4. LED 前照灯最大的优势是________。

A. 成本低　　B. 节能环　　C. 寿命长　　D. 没有延迟

(三)判断题

1. 现在汽车的前照灯以白炽灯为主。 (　　)

2. 前照灯质量不合格,会使对面的驾驶人和行人产生强烈的刺眼感觉。 (　　)

3. 反射镜面上有灰尘时,应立即用布或毛刷擦拭。 (　　)

4. 前照灯灯丝损坏时,应及时换装相同规格的灯泡。 (　　)

5. 安装前照灯时应注意前透镜安装位置,不得装错、不得倒置或歪斜,应保持棱面垂直,防止其松动移位。 (　　)

任务4　汽车转向与危险警告灯检测与维修

一　情景导入

一辆丰田卡罗拉1.6L轿车,车主反映操作左右转向灯开关时,转向灯正常点亮;而按下危险警告灯开关时,危险警告灯不亮。这种情况需检查危险警告灯电路。

二　知识链接

1　转向灯电路的组成及常见闪光器的分类

转向信号灯电路主要由转向信号灯、闪光器、转向灯开关等组成。转向信号灯的闪烁是由闪光器控制的。常见的闪光器有热线式、电容式、翼片式和电子式等。热线式闪光器结构简单、成本低,但闪光频率不够稳定,寿命短,信号明暗不明显,现已被淘汰;电容式闪光器和翼片式闪光器闪光频率较为稳定,翼片式闪光器还具有结构简单、体积小、工作时伴有响声可实现监控等特点;电子式闪光器具有性能稳定和工作可靠的特点,目前广泛应用。

2　危险警告灯系统组成

危险警告灯系统与转向系统共用转向灯,由转向灯开关、闪光继电器、危险警告灯开关、转向灯及转向指示灯等部件组成。

3　危险警告灯控制电路分析

蓄电池电压经10A转向-危险熔断丝后供电给闪光继电器的4脚,来自点火开关的电压经10A-2号ECU-IG熔断丝后供电给闪光器的1脚。

闪光继电器的7脚为搭铁脚,经E1搭铁。闪光继电器的8脚外接危险信号警告灯信号开关,当按下危险信号警告灯开关,闪光器的8脚搭铁,闪光继电器收到危险警告信号。

闪光继电器的5脚、6脚外接前照灯变光开关总成E8,当E8置于“左”挡时,闪光继电器内部左转向触点闭合,左转向灯亮起。同样可点亮右侧转向灯。转向灯的导通时间受转向闪光继电器的控制。

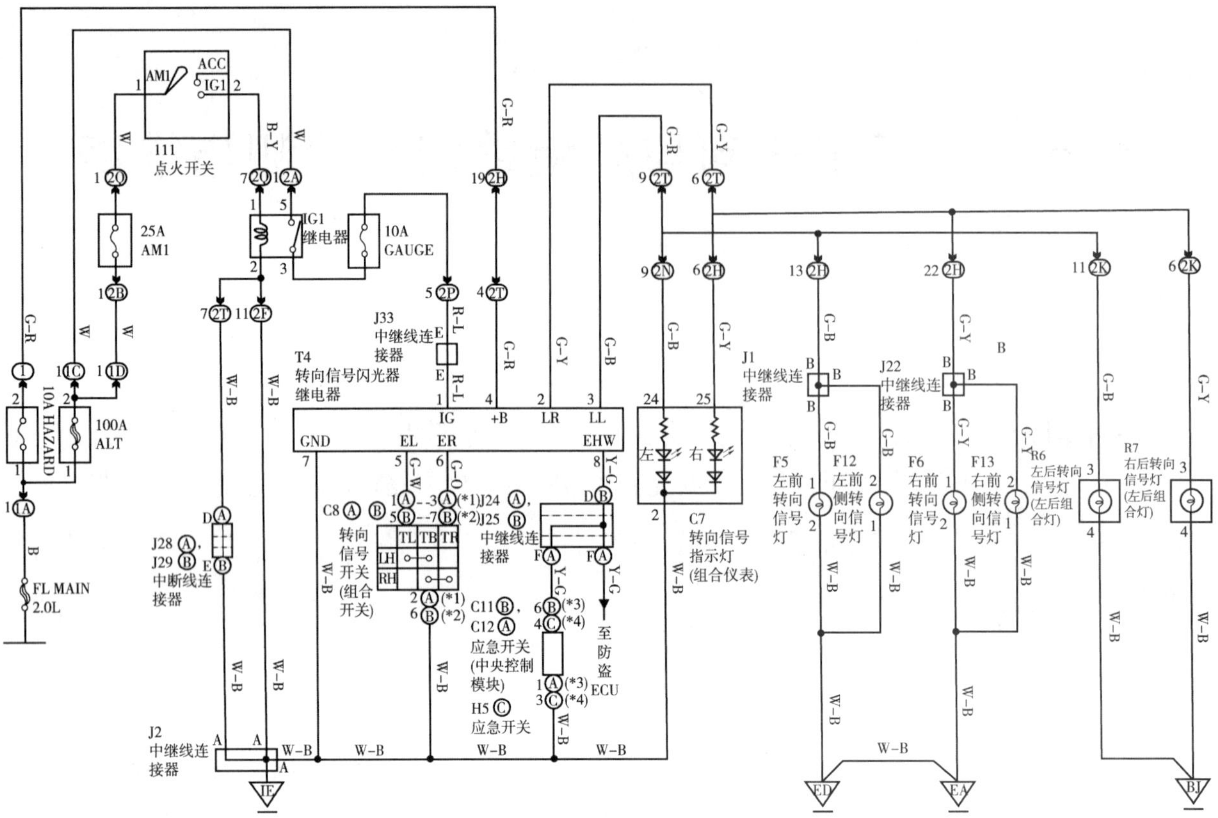

4 故障诊断作业流程

故障现象确认

↓

使用诊断仪检测

↓

危险警告灯开关检查

↓

检查闪光继电器

↓

检查闪光继电器到警告灯线路

三 实训时间

实训时间为40min,考核时间为40min。

四 实训教学目标

1 知识目标

(1)能说出转向灯和危险警告灯的组成与分类;

(2)知道转向灯和危险警告灯的常见故障类型。

2 技能目标

(1)能规范进行转向灯和危险警告灯的更换;

(3)能进行危险警告灯故障的分析与诊断。

3 素养目标

(1)通过汽车灯光相关交通规则的学习,培养学生安全意识;

(2)培养学生精益求精的工匠精神,弘扬劳动精神、奋斗精神、奉献精神。

五 技术标准与要求

(1)拆除蓄电池负极等待90s后,再拆除安全气囊装置。

(2)更换部件时,请使用相同的型号。

(3)考核时间与实训时间均为40min。

六 实训器材

丰田卡罗拉轿车(GL)、金德KT600诊断仪、万用表、试灯、跨接线、备用蓄电池、组合工具、翼子板布及驾驶舱内保护罩等其他器材。

ϕ10mm 套筒

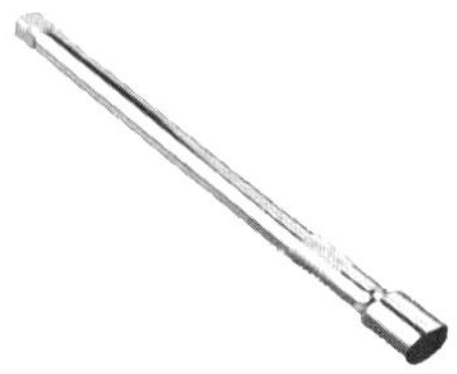

短接杆

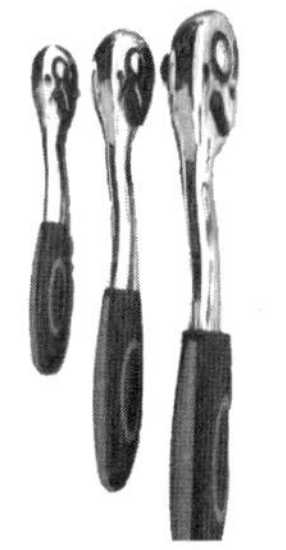

棘轮扳手

一字螺丝刀

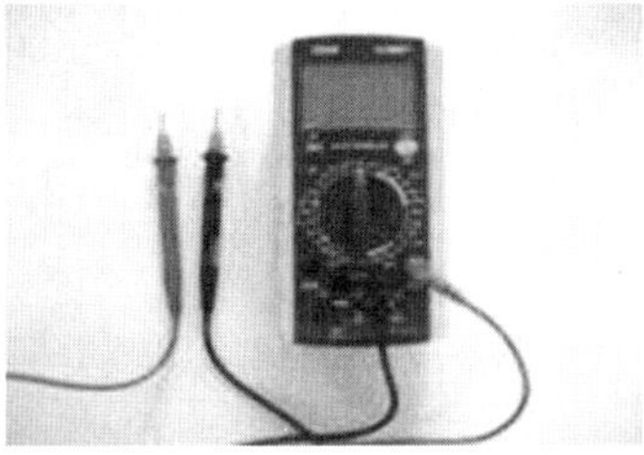

万用表

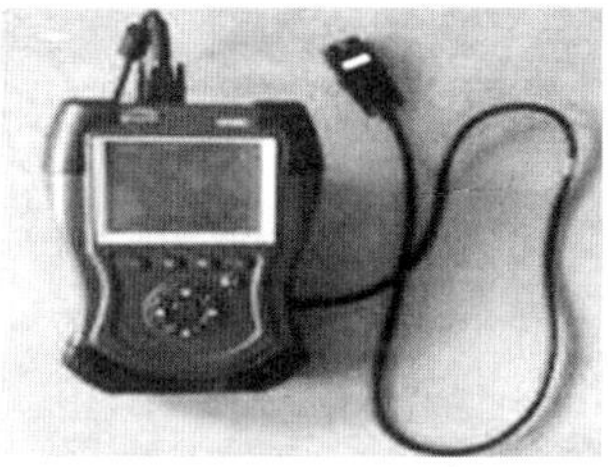

故障诊断仪

七 教学组织

1 教学组织形式

本课程为“工艺化”实训课,建议教学时实训教师1名,学生24名,实训工位6个(也可以用卡罗拉轿车电气实训台,代替实车进行操作),按照4人1个工位编组。如实训工位配置不足或师生比较高,可把学生分成两批,一批学生观看操作视频,并进行操作过程的流程补缺填充和相关理论知识的学习,另一批学生按“工艺化”要求进行实操。另考虑到完成整个项目实操所需时间较长,可把本项目按流程分成几个阶段性小项目,两组轮流操作,尽量使所有学生都能理、实结合地学习。

2 学生的站位分工和要求

每个小组有4名学生,一人操作,一人辅助,一人观察(执有作业流程表),一人评分(执有考核细则表)。学生按规定的工位站立,教师下达指令后,各组同时进行操作。

3 实训教师职责

(1)讲解操作任务的作业流程、操作步骤、技术规范和注意事项。

(2)组织、管理学生进行合作学习。

(3)在实训中检查、指导,纠正学生的错误。

(4)实训结束时反馈、评比各组的作业情况。

4 学生职责

(1)明确教学目标。

(2)开展合作学习,操作、辅助、观察和评分各工位依次进行循环。

(3)实训期间严格按“7S”要求进行,并及时记录作业中的错误之处。

八 操作步骤

第一步 前期准备

1 学生将工位卫生清理干净,准备好相关的工具、物品等。

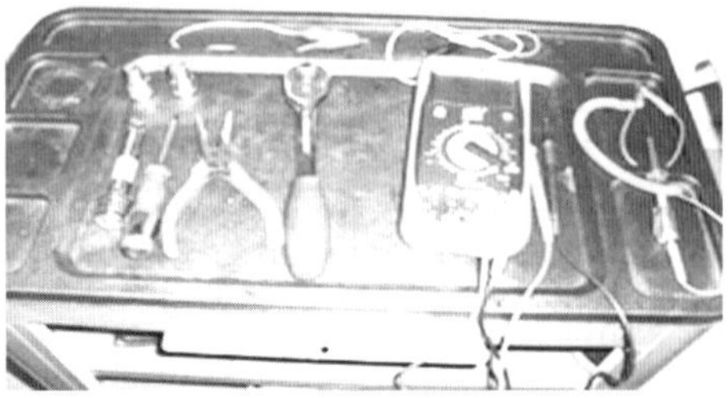

提示

培养良好的工作习惯,做好事前准备,有利于安全操作和提高工作效率。

2 将车辆停到工位的正确位置,便于维修时举升。

提示

如果学生没有机动车驾驶证,可几个人推车,但绝对不允许起动车辆停靠到正确的工位。

3 打开车辆左前门,拉紧驻车制动器手柄,并将变速器操纵杆置于空挡。

提示

保证车辆在工位上的可靠停驻,防止出现溜滑,造成安全事故。

4 安装车轮挡块。

提示

车辆前轮前部、后轮后部都要安装挡块,防止车辆向两个方向移动。

第二步 询问故障信息

1 与客户充分沟通,了解故障的基本情况。

提示

分析汽车目前所出现的故障及所处的外界环境原因。

2 记录汽车上物品。

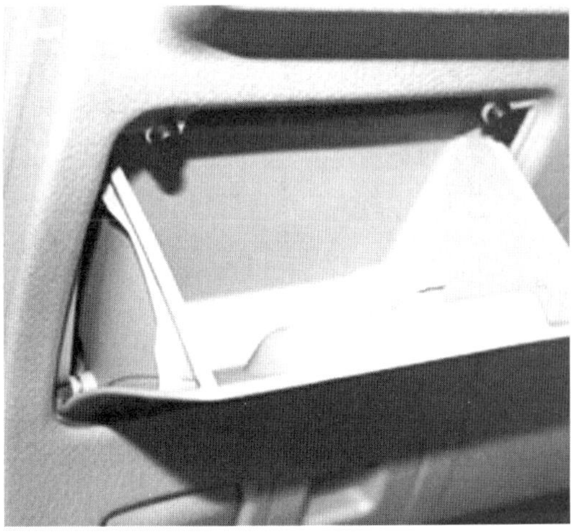

提示

记录储物盒和行李舱内的物品,并要求客户签字确认,以防维修后留下客户物品丢失的隐患。

3 车漆划痕及外观检查记录。

提示

绕车查看,要把车漆划痕的位置、大小等数据详细记录在记录表上。

4 记录车辆的基本信息和状况。

提示

记录维修车辆的信息,以便日后统计,同时必须记录车厢储物盒及行李舱内的物品,并要把所记录的信息让车主签字确认。

第三步 工具仪器准备

1 准备一个 LED 试灯。

提示

本试灯为双向试灯,只要有电流(无论电流方向如何)通过,试灯就会点亮。

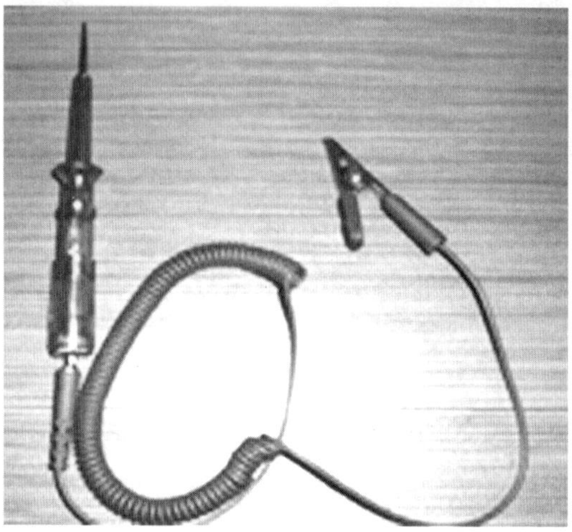

2 准备一块数字式万用表。

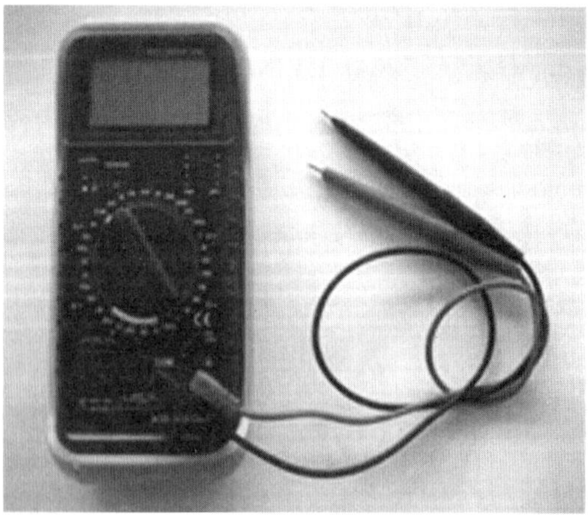

提示

用于汽车维修的一些检测仪器都是非常精密的,请爱护好。

3 准备一台金德 KT600 汽车诊断仪。

4 准备一个组合工具车。

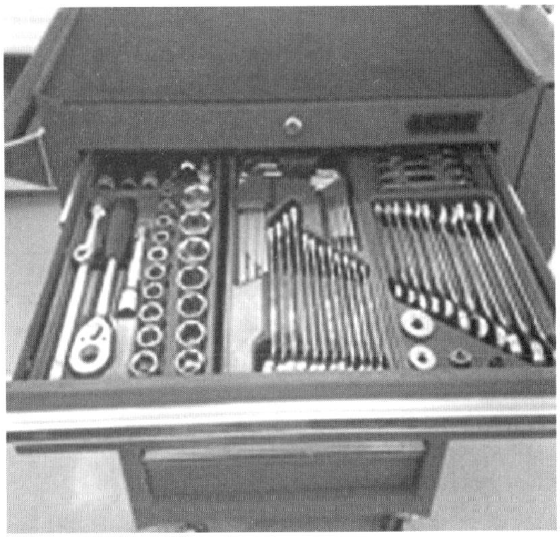

5 准备一个常用零件存放车。

6 准备一块备用蓄电池。

提示

备用的蓄电池与当前汽车使用的蓄电池电压必须一致。

第四步 安装防护设备

安装转向盘套、座椅套，铺设地板垫。

提示

转向盘套和座椅套是用薄塑料制成的，极易破损，在安装时要均匀用力，避免因用力过大造成损坏。其主要作用是在操作过程中保持驾驶室内清洁。

第五步 确认故障现象

1 向左侧或向右侧打转向灯开关,经检查,转向系统工作正常。

提示

转向灯开关的使用说明参见前照灯项目中组合开关的功能使用介绍。若转向灯不能正常显示,则要先排除转向灯的故障。

2 按下危险警告灯开关,两侧转向灯未出现双闪状态。

提示

危险警告灯开关位于中控仪表台的正上方,是一个红色的三角形标识。

3 确认故障现象,即危险警告灯工作不正常。

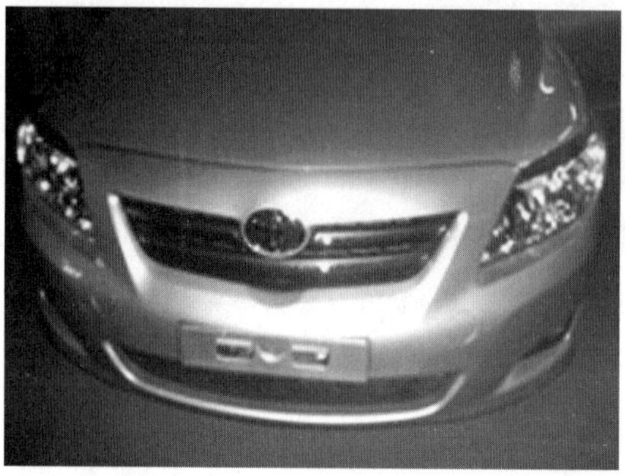

提示

此时显示两侧转向灯没有闪烁(转向系统无故障)。

第六步 使用诊断仪检测

1 组装金德 KT600 诊断仪。

提示

连接线与金德 KT600 诊断仪相连的时候，要注意诊断口上的梯形方向。

2 使用金德 KT600 诊断仪与车辆通信。

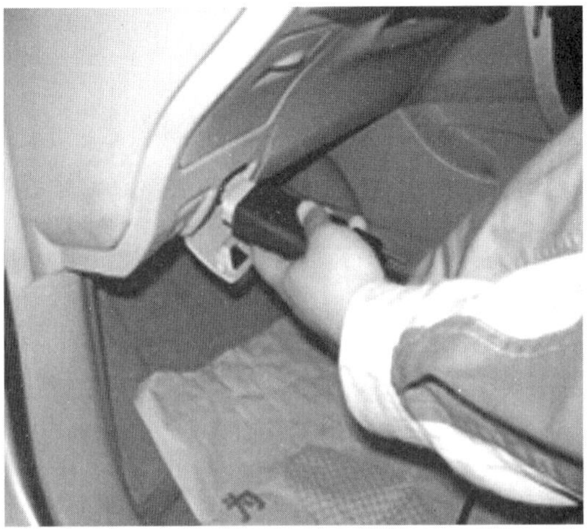

提示

连接好以后，要用手伸到诊断座下部查看指示灯是否亮。若金德 KT600 诊断仪与车辆无法通信，检查诊断端口的 16 号端子是否有 12V 的电压。

3 将点火开关置于“ON”位置。

4 打开金德 KT600 诊断仪电源。

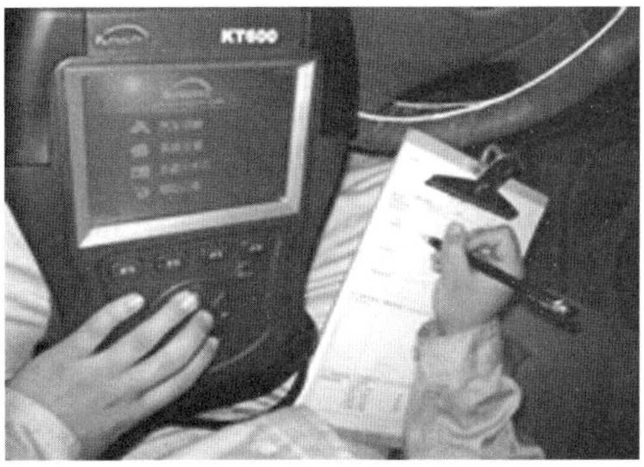

提示

金德 KT600 诊断仪的最左下角有一电源标识，轻轻往里按下就可以打开金德 KT600 诊断仪电源。

5 选择主菜单中的“汽车诊断”，系统进入第二菜单。

6 系统进入“中国车系”，选择第二菜单中的“TOYOTA”，按“OK”键。

7 选择菜单中的“带 CAN 系统车型”或“新车”,按“OK”键,系统进入下一菜单。

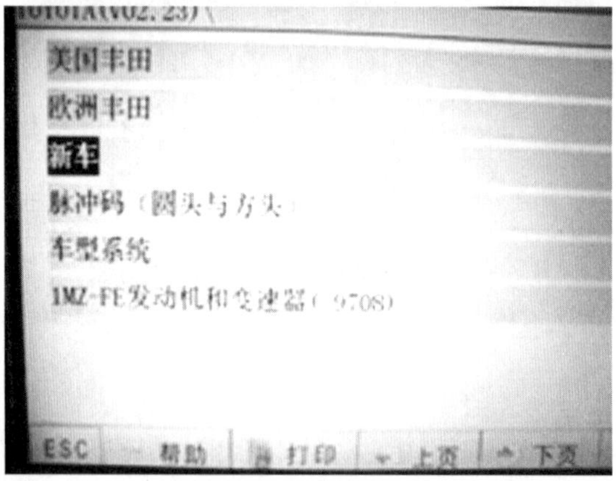

8 选择菜单中的“COROLLA”,按“OK”键,系统进入下一菜单。

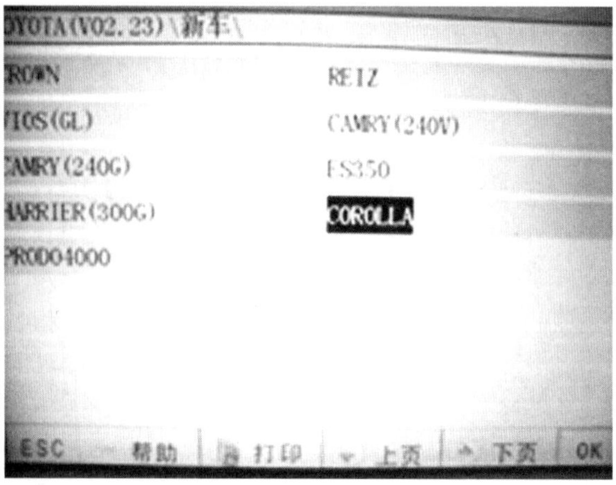

9 选择菜单中的“COROLLA(GL)”,按“OK”键,系统进入下一菜单。

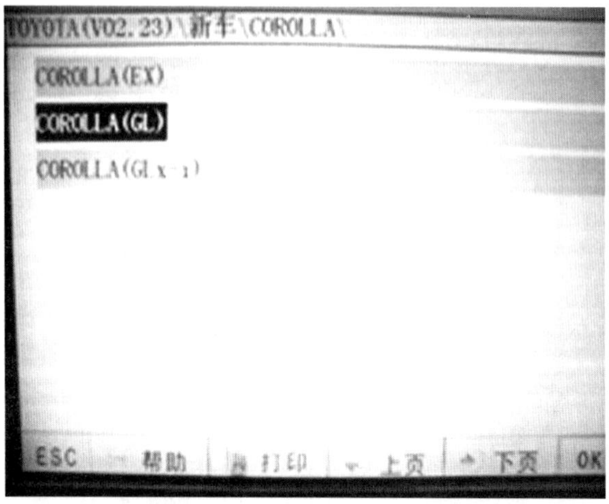

10 进入车身控制系统(MAIN BODY),按“OK”键,系统进入下一菜单。

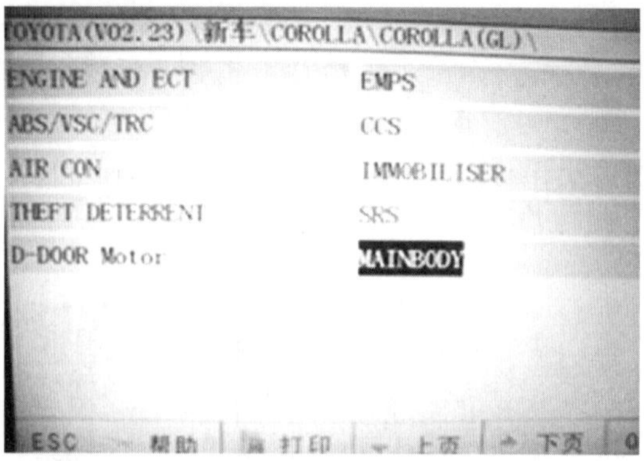

11 点击界面上的“Hazard”命令框。

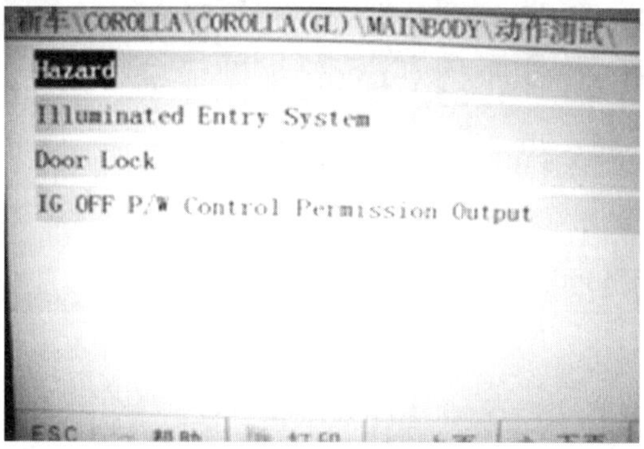

12 点击界面上的“动作测试”命令框。

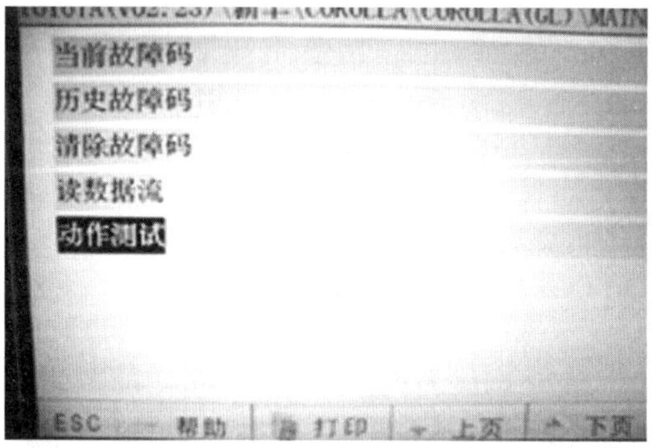

13 点击“Hazard”下的“ON”命令框。

14 两侧转向信号灯按规定频率闪烁。

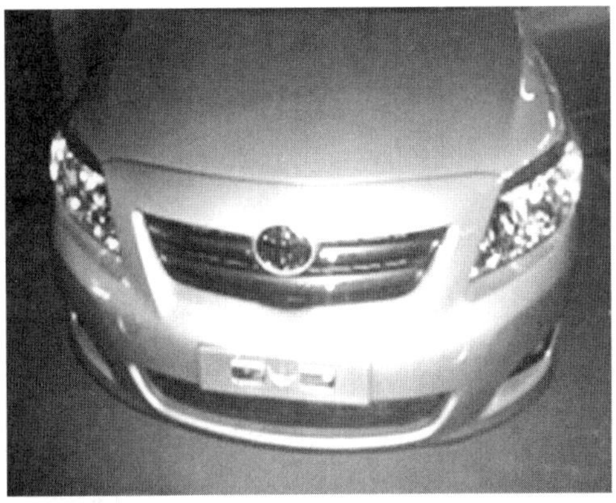

提示

如果转向灯没有闪烁，应检查闪光继电器的负极搭铁线路。

15 点击屏幕上的“退出”按钮。

16 关闭点火开关。

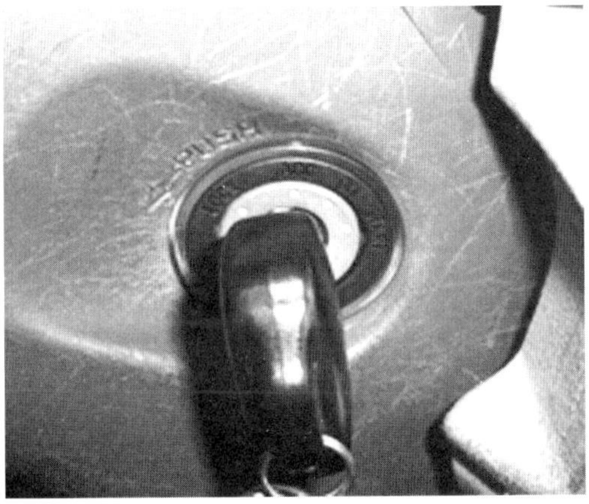

17 关闭金德 KT600 诊断仪电源。

提示

关闭金德 KT600 诊断仪电源前，先把金德 KT600 诊断仪的界面退回到原始界面。

18 整理金德 KT600 诊断仪。

第七步 检查危险警告灯开关

1 将点火开关置于 ACC 位置。

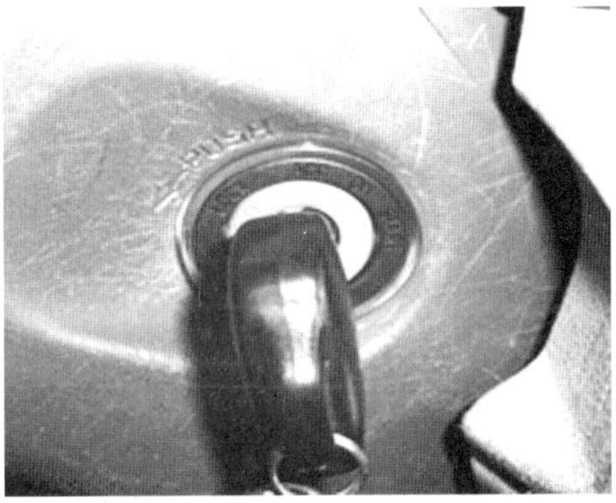

2 断开蓄电池负极

3 拆除仪表板两侧下装饰板。

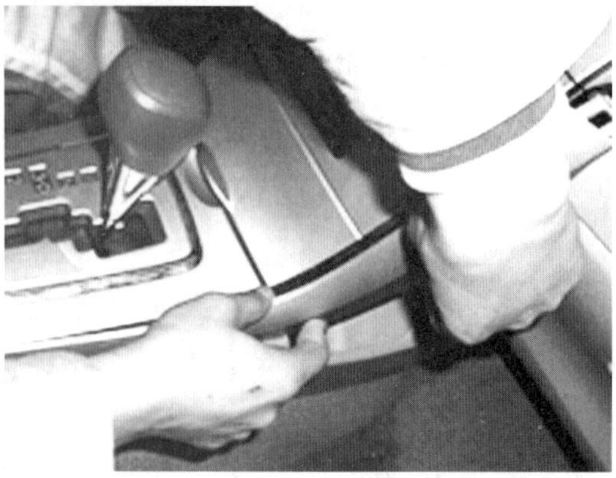

提示

装饰板是塑料制品，上面带有锁止机构，拆除时需要从下向上用些力，但防止强行掰开，以免损坏零件。

4 拆除仪表板两侧上装饰板。

提示

拆除的要求同上，也可以借助一字螺丝刀撬开锁止机构(螺丝刀头部必须缠一层软胶布)。

5 拆下中控仪表台出风口总成。

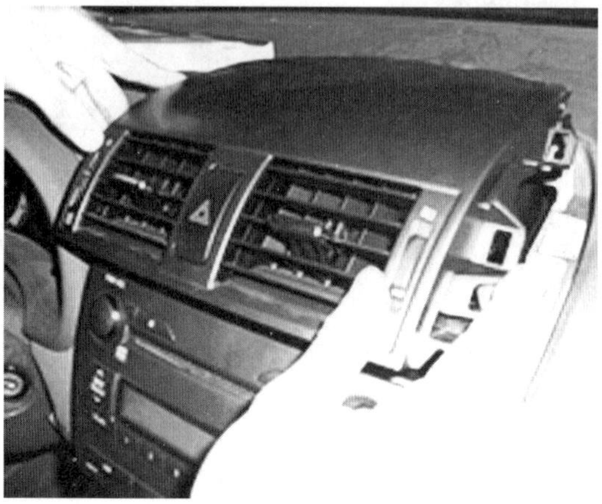

提示

取出中控仪表台出风口时要两边同时移出。

6 断开危险警告灯的连接器。

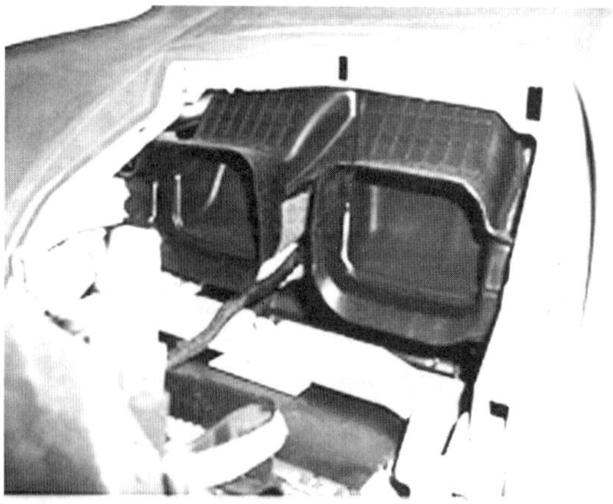

提示

断开连接器时，注意连接器锁扣装置，严禁强行拔拽。

7 拔下危险警告灯的连接器。

8 连接器孔端如下图所示。

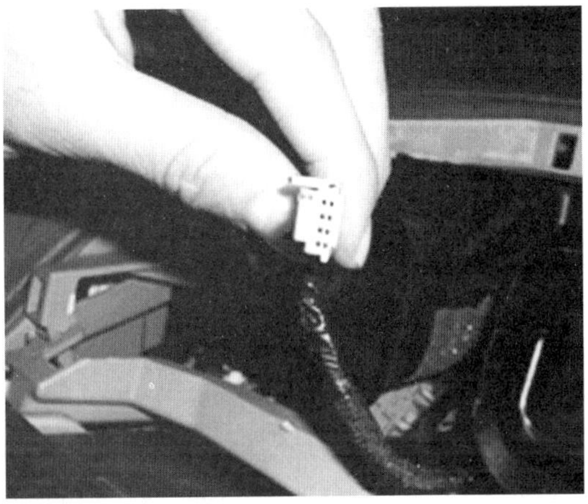

9 连接器针端。

提示

危险警告灯开关端子号如下图所示。

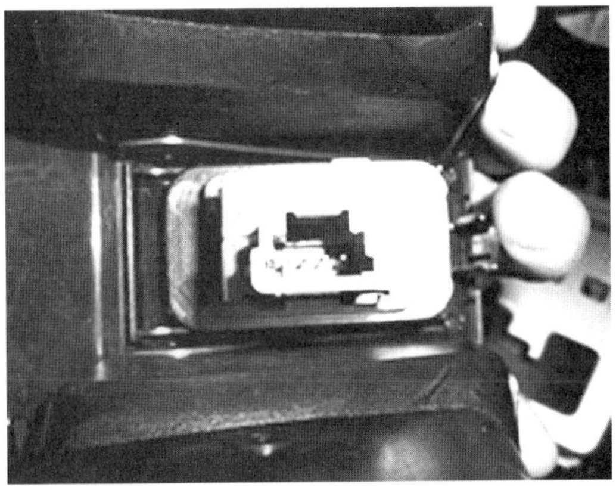

10 检查测量1～4号端子间电阻，危险警告灯开关正常。

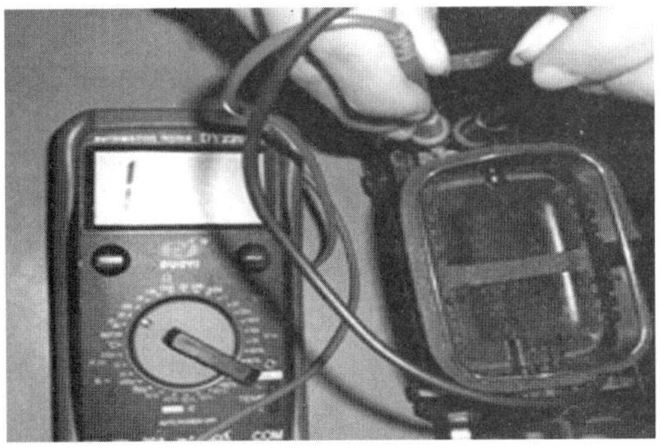

提示

此时危险警告灯开关处于OFF位置。万用表显示为无穷大，开关正常。若显示小于1Ω，则要更换危险警告灯开关。

11 按下危险警告灯开关，再次检查。

12 再次测量1～4号端子间电阻，危险警告灯开关正常。

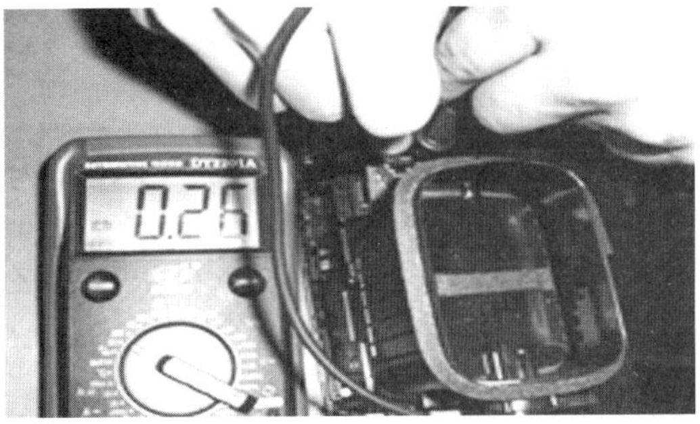

提示

此时危险警告灯开关处于OFF位置。万

用表显示小于1Ω,开关正常。若此时显示为无穷大,则要更换危险警告灯开关总成。

第八步 检查闪光继电器

1 点火开关处于 ACC 位置。

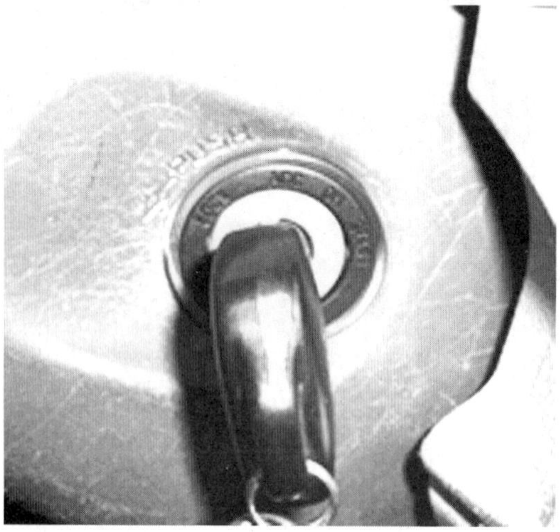

2 拆卸脚踏板下护罩。

3 拆卸仪表护罩。

4 拆卸左出风口总成。

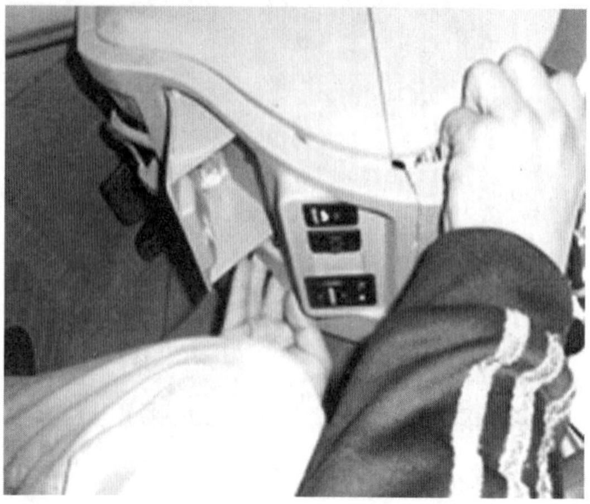

5 断开各个连接器。

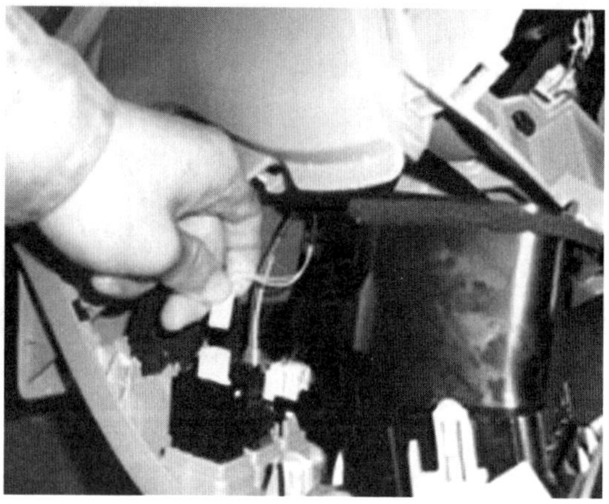

提示

所有的连接器上都带有自锁装置。

6 拔下闪光继电器。

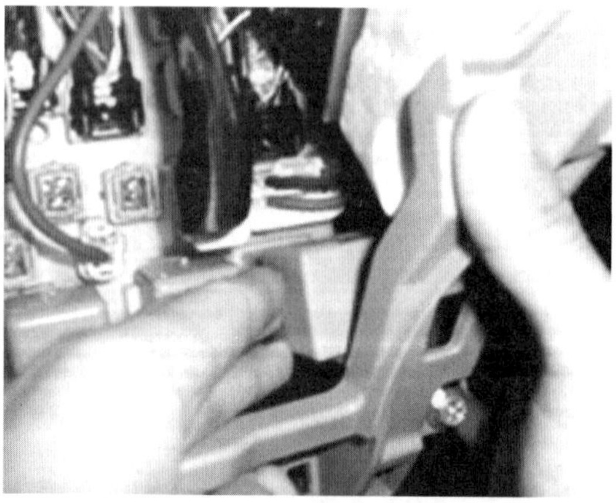

7 闪光继电器针端。

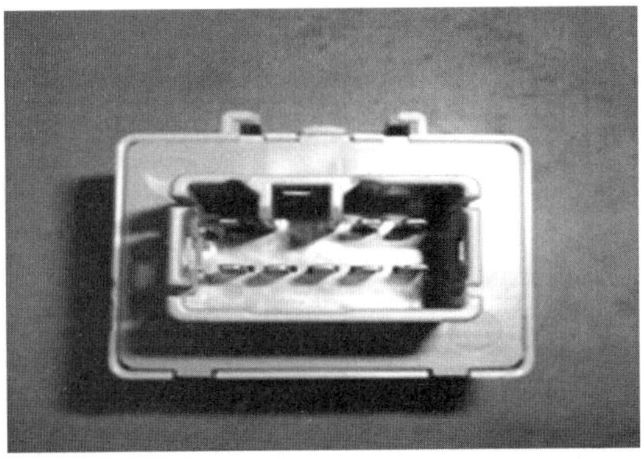

8 闪光继电器孔端。

提示

各孔位置解释如下。

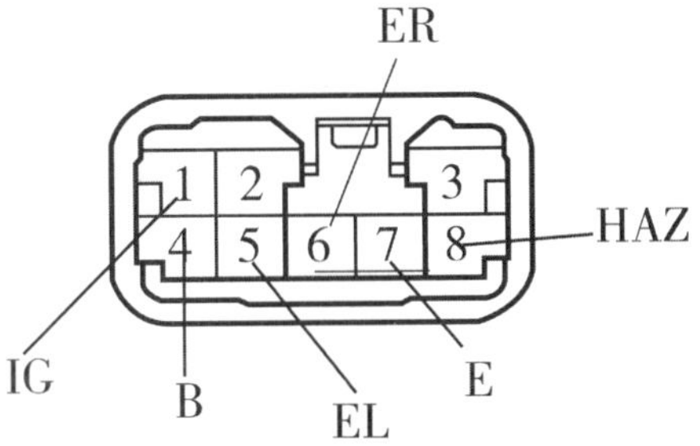

9 检查闪光继电器的供电电源,供电正常。

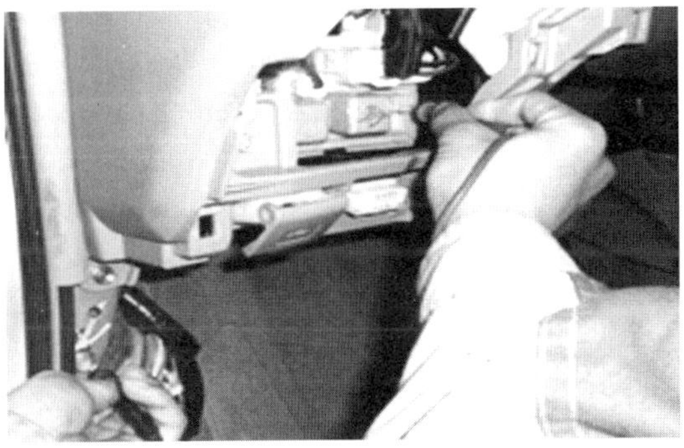

提示

将万用表打到电压挡,黑表笔接闪光继电器的4号端子,黑表笔搭铁,实测电压为11~14V,符合规定值。若检测结果不正常,则要检查闪光继电器的主供电线路。

10 将灯控开关拨到右转向位置。

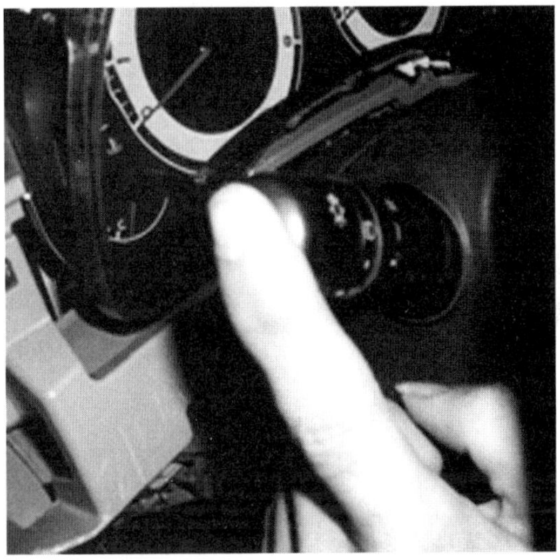

11 检查继电器孔端的6号端子与地的电阻,电阻阻值符合规定值。

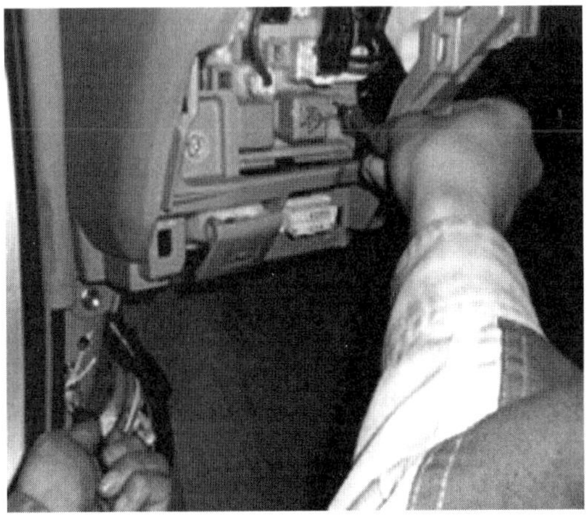

提示

转向灯开关置于OFF位置,标准电阻大

于 10kΩ,转向灯开关置于 RH 位置,标准电阻小于 1Ω。

12 将灯控开关拨到左转向位置。

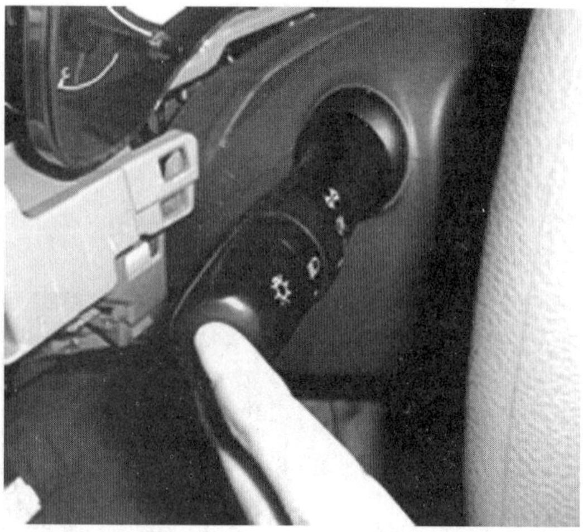

13 检查继电器孔端的 5 号端子与地之间的电阻,电阻符合规定值。

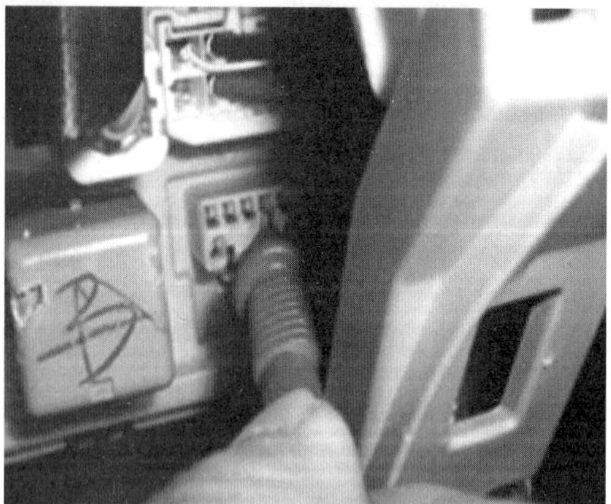

提示

转向灯开关置于 OFF 位置,标准电阻大于 10kΩ;转向灯开关置于 RH 位置,标准电阻小于 1Ω。

第九步 检查闪光继电器到危险警告灯线路的电阻

1 检查闪光继电器到危险警告灯线路的电阻。

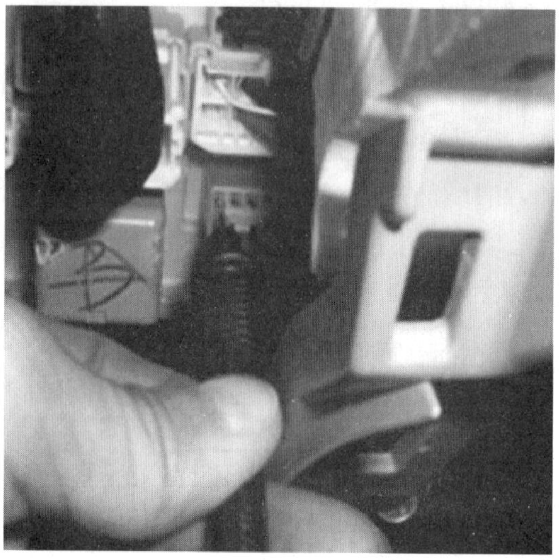

提示

闪光继电器孔端的 8 号端子与危险警告灯孔端的 1 号端子之间的标准电阻应小于 1Ω。

2 万用表显示电阻为无穷大,说明线路有断路现象。

3 维修线束,并安装从车上拆卸下来的零部件。

第十步 复查故障现象

再次按下危险警告灯开关,两侧转向灯出现双闪,故障得以排除。

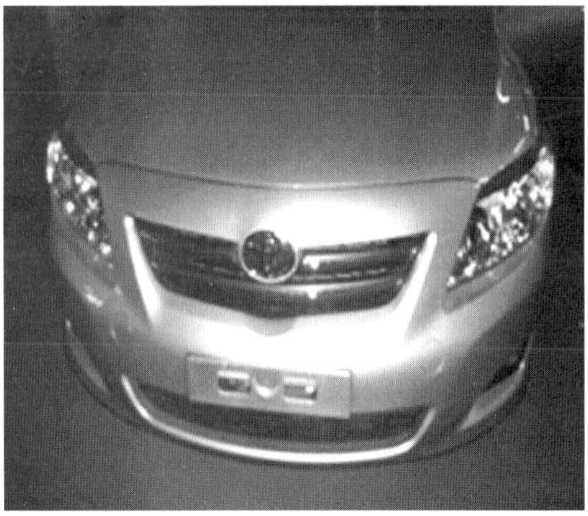

第十一步 整理场地交付车主

1 拆除发动机舱和驾驶舱的防护布,并用干净的布清洁车身。

2 用干净的抹布清洁车身。

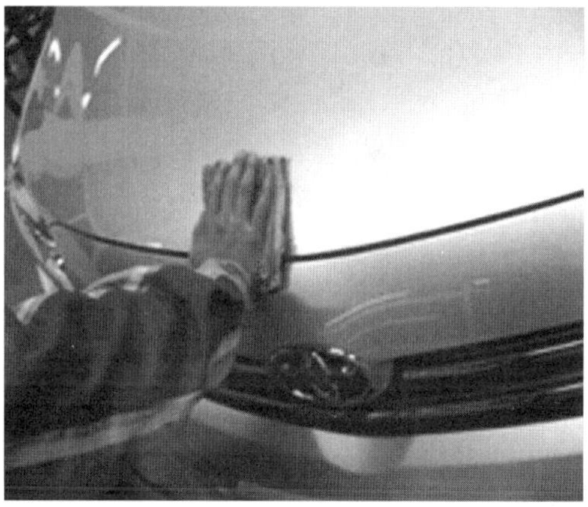

3 整理和清洁场地。

九 考核标准

评价内容	分值	序号	具体指标	分值	扣分标准	学生自评	小组评分	教师评分
仪容仪表	10	1	工作服、鞋穿戴整洁规范	2	酌情扣分			
		2	发型、指甲等符合工作要求	3	酌情扣分			
		3	不佩戴首饰、钥匙、手表等	5	酌情扣分			
工作安全	20	4	无工具、器材落地现象	5	酌情扣分			
		5	操作过程中沉着冷静	5	酌情扣分			
		6	汽车的安全操作过程	5	酌情扣分			
		7	无人员受伤及设备损伤事故	5	酌情扣分			
工作过程	60	8	规范使用试灯、万用表	4	操作不当扣4分			
		9	询问车主故障信息	3	操作不当扣3分			
		10	试车验证故障部位	2	操作不当扣2分			
		11	记录车辆铭牌信息	3	操作不当扣3分			
		12	维修前的防护工作	2	操作不当扣2分			
		13	维修前工具的准备	2	操作不当扣2分			
		14	将点火开关打到正确的位置	2	操作不当扣2分			
		15	维修前车辆的安全检查	4	操作不当扣4分			
		16	正确连接金德 KT600 诊断仪	4	操作不当扣4分			
		17	正确进入金德 KT600 诊断仪界面	4	操作不当扣4分			
		18	正确拆装危险警告灯开关	4	操作不当扣4分			
		19	正确拆装闪光继电器	4	操作不当扣4分			
		20	检查危险警告灯开关	3	操作不当扣3分			

续上表

评价内容	分值	序号	具体指标	分值	扣分标准	学生自评	小组评分	教师评分
工作过程	60	21	检查闪光继电器	4	操作不当扣4分			
		22	检查闪光继电器到危险警告灯的线路	3	操作不当扣3分			
		23	确认故障部位	3	操作不当扣3分			
		24	维修线路	4	操作不当扣4分			
		25	维修后的试车	3	操作不当扣4分			
职业素养	10	26	整理工具	2	酌情扣分			
		27	操作前使用实训指导书	2	酌情扣分			
		28	学员之间配合默契	2	酌情扣分			
		29	在规定时间内完成	2	酌情扣分			
		30	填写工单	2	酌情扣分			
		31	7S 工作	2	酌情扣分			
			总分	100	实际得分			

十 知识拓展

1 危险警告灯

危险警告灯，又称双闪灯或双跳灯，是一种提醒其他车辆与行人注意本车发生了特殊情况的信号灯。在驾车过程中遇到浓雾，能见度低于100m时，由于视线不好，不但应该开启前、后防雾灯，此时还应该开启危险警告灯，以提醒过往车辆及行人的注意，特别是后方行驶的车辆，保持应有的安全距离和必要的安全车速，避免紧急制动引起追尾。

危险警报灯作用

《中华人民共和国道路交通安全法》第五十二条规定：机动车在道路上发生故障，需要停车排除故障时，驾驶人应当立即开启危险警告灯，将机动车移至不妨碍交通的地方停放；难以移动的，应当持续开启危险警告灯，并在来车方向设置警告标志等措施扩大示警距离，必要时迅速报警。

按照有关规定，未按规定开启危险警告灯的要罚款200元。但是，机动车在道路上行驶时，不能随意开启危险警告灯。如果随意使用，按照现在的有关规定，机动车不按规定使用灯光的也要罚款100元。因此正确地使用“双蹦”而不乱用“双蹦”，是每个驾驶人都应该知道的常识。

危险报警闪光灯按钮开关

2 转向灯常见故障及检修方法

(1)灯光闪烁频率不一致的故障如何诊断与排除?

故障原因:

①转向灯灯泡功率选用不当。

②某转向灯灯泡损坏。

③闪光继电器调整不当。

④某侧搭铁线接触不良。

故障诊断与排除:

①检查闪光频率较高的一侧灯泡是否损坏,灯泡型号是否符合规定。

②检查搭铁线接触是否良好,插接件连接是否牢固。

不符合要求应更换或修整。

(2)转向灯工作正常而报警灯不工作的故障如何诊断与排除?

故障原因:

①熔断器断路。

②报警灯开关损坏。

③连接导线断路或插接件损坏。

故障诊断与排除:首先检查熔断器是否断路,若良好时,应检查报警灯开关是否正常,相关插接件是否松脱,报警灯开关接柱接触是否良好,并视情况予以更换或修理。

(3)汽车转向信号灯不亮怎么办?

故障现象:

打开点火开关(转向信号灯工作受点火开关控制的车辆),接通转向信号灯开关,转向信号灯不亮。

故障诊断:

①熔断器是否熔断、电源线路断路或灯系中是否有短路处。

②闪光继电器是否损坏。

③转向信号灯开关是否损坏。

排除方法:

①首先检查熔断丝是否熔断,如果熔断,应检查线路是否有短路搭铁处。

②检查闪光器是否正常,否则应更换。

③检查转向灯开关电源线是否有12V电压,如果有,则检查开关是否正常,否则应更换。

十一 课堂练习

(一)填空题

1. 汽车信号系统由________、声响信号装置和控制电路、开关组成,用于向其他车辆和行人发出警告,以引起注意,确保行车安全。

2. 汽车转向灯用于汽车转弯时发生明暗交替的________,使前后车辆、行人、交警知其行驶方向。

3. 汽车转向灯和危险警告灯系统一般由转向灯、转向灯开关、________组成。

4. 汽车危险警告灯开关位于中控仪表台的正上方，是一个红色的________标识。

5. 汽车危险警告灯是一种提醒其他车辆与行人注意本车发生了特殊情况的________。

(二)单项选择题

1. 汽车在行驶过程中遇到浓雾，能见度低于________时，不但要开启雾灯，还应该开启汽车危险警告灯。

A. 50m　　B. 100m　　C. 200m　　D. 500m

2. 诊断仪与车辆无法通信，检查诊断端口是否有________电压。

A. 12V　　B. 24V　　C. 36V　　D. 220V

3. 转向灯及危险报警灯闪光频率应为________。

A. 2 ±0.5　　B. 1 ±0.5　　C. 1.5 ±0.5　　D. 2.5 ±0.5

(三)判断题

1. 关闭仪器电源前，先把诊断仪的界面退回到原始界面。（　　）

2. 拆除装饰板时应从上往下用力，防止强行掰开，以免损坏零件。（　　）

3. 汽车危险警告灯装置共用转向灯装置，增加了其专门的控制开关。（　　）

4. 危险警告灯不管点火开关是否接通，都可以发出报警信号。（　　）

5. 闪光器直接通过报警开关与发电机连接。（　　）

任务5　汽车喇叭系统检测与维修

一　情景导入

一辆丰田卡罗拉 GL 型轿车，行驶里程为 20000km。故障现象：汽车按下喇叭按钮时，有较强的电流通过（拆下火线碰触接线柱查看），但喇叭无响声。该故障的主要原因是触点烧结不能分离或电容器短路。打开喇叭盖子，首先拨动触点，观察触点无烧结，检查触点间隙正常；触点能够彻底分离，且表面技术状况良好，电容器被击穿短路，更换电容器后，故障排除。

二　知识链接

1　汽车喇叭的功用

在行车时，汽车喇叭通过声音来警告行人和其他车辆。如果喇叭的作用发挥得好，可减少减速和制动的操作次数，而且大大提高了行车安全系数。

2　汽车喇叭控制电路

按下转向盘上的喇叭按钮，蓄电池经喇叭继电器线圈形成小电流，使继电器铁芯产生电磁吸力，将继电器开关侧的触点吸合，接通双音喇叭，喇叭发声。松开转向盘喇叭按钮时，喇叭继电器线圈断电，电磁吸力消失，触点在自身弹力作用下张开，切断电路，喇叭停止发声。

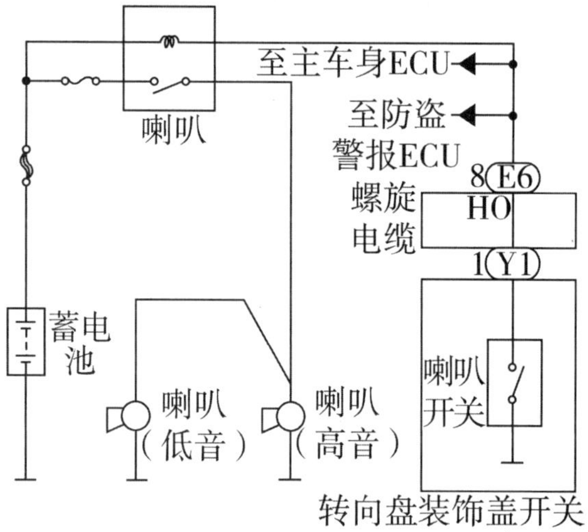

三　实训时间

实训时间为 20min，考核时间为 20min。

四 实训教学目标

1 知识目标

(1)能说出汽车喇叭的功用和相关法律;
(2)知道汽车喇叭的使用注意事项。

2 技能目标

(1)能规范地进行汽车喇叭的检测与更换;
(3)能进行汽车电喇叭的各项参数调整。

3 素养目标

(1)通过合作教学,培养学生的学习和自我约束能力;
(2)通过吉利汽车品牌的发展史学习,培养学生的民族自豪感和正确的质量强国意识。

五 技术标准与要求

(1)损坏后的失效形式:喇叭不响、喇叭常响、喇叭的音量不正常。
(2)更换损坏部件时,使用相同型号的零件。
(3)拆装机械部件时,尽量避免造成车的二次损坏。

六 实训器材

丰田卡罗拉轿车、备用蓄电池、工具存放车、数字式万用表、LED 试灯、组合工具车、翼子板布及驾驶舱内保护罩等其他器材。

备用蓄电池

工具存放车

数字式万用表

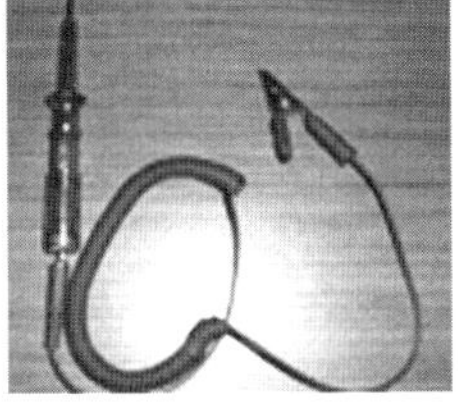
LED 试灯

组合工具车

七 教学组织

1 教学组织形式

本课程为"工艺化"实训课,建议教学时实训教师1名,学生24名,实训工位6个(也可以用卡罗拉轿车电气实训台代替实车进行操作),按照4人1个工位编组。如实训工位配置不足或师生比较高,可把学生分成两批,一批学生观看操作视频,并进行操作过程的流程补缺填充和相关理论知识的学习,另一批学生按"工艺化"要求进行实操。另考虑到完成整个项目实操所需时间较长,可把本项目按流程分成几个阶段性小项目,两组轮流操作,尽量使所有学生都能理、实结合地学习。

2 学生的站位分工和要求

每个小组4名学生,一人操作,一人辅助,一人观察(执有作业流程表),一人评分(执有考核细则表)。学生按规定的工位站立,教师下达指令后,各组同时进行操作。

3 实训教师职责

(1)讲解操作任务的作业流程、操作步骤、技术规范和注意事项。

(2)组织、管理学生进行合作学习。

(3)在实训中检查、指导,纠正学生的错误。

(4)实训结束时反馈、评比各组的作业情况。

4 学生职责

(1)明确教学目标。

(2)开展合作学习,操作、辅助、观察和评分各工位依次进行循环。

(3)实训期间严格按"7S"要求进行,并及时记录作业中的错误之处。

八 操作步骤

第一步 前期准备

1 学生将工位卫生清理干净,排除障碍物,准备好相关的工具、物品等。

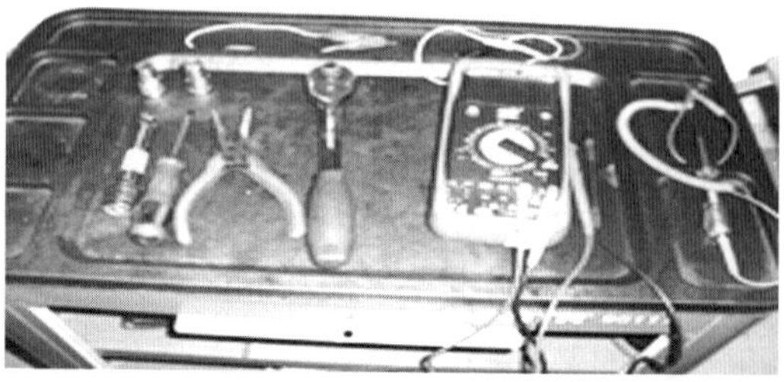

提示

培养良好的工作习惯,做好事前准备,有利于安全操作和提高工作效率。

2 将车辆停到工位的正确位置,便于维修时举升。

提示

如果学生没有机动车驾驶证,可几个人

推车，但绝对不允许起动车辆来停靠到正确的工位。

3 打开车辆左前门，拉紧驻车制动器手柄，并将变速器操纵杆置于空挡位置。

提示

保证车辆在工位上的可靠停驻，防止出现溜滑，造成安全事故。

4 安装车轮挡块。

提示

车辆前轮前部、后轮后部都要安装挡块，防止车辆向两个方向移动。

第二步 询问故障现象

1 分析汽车故障。

提示

分析汽车目前所出现的故障以及所处的外界环境原因。

2 记录车上物品。

提示

记录储物盒和行李舱内的物品，并请客户签字确认。

3 记录车漆划痕及外观检查情况。

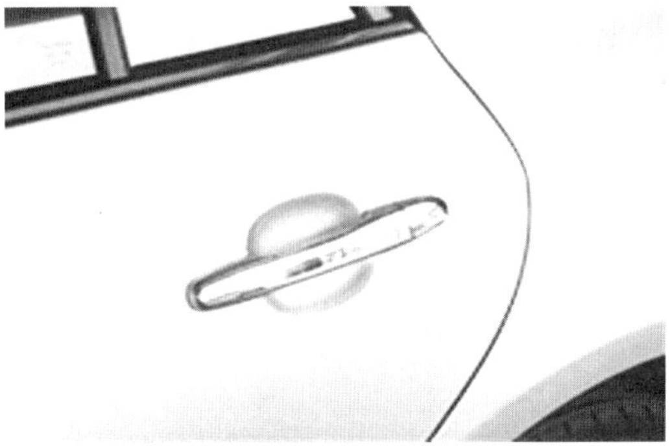

提示

绕车查看，要把车漆划痕的位置、大小等数据详细记录在记录表上。

4 记录车辆的基本信息和状况。

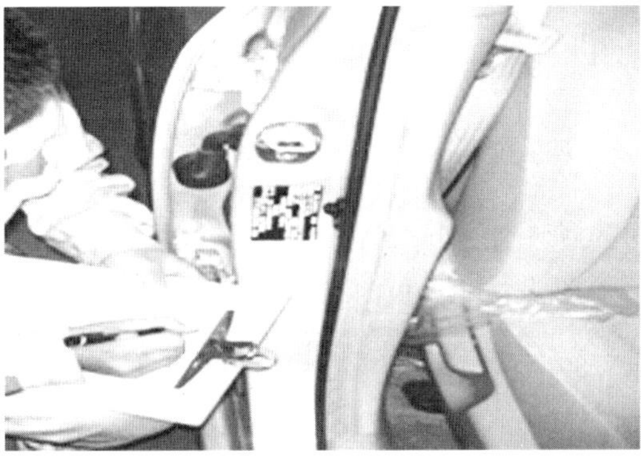

提示

记录维修车辆的信息,以便日后统计,同时必须记录车厢储物盒及行李舱内的物品,并要把所记录的信息让车主签字确认。

第三步 工具仪器的准备

1 准备一个 LED 试灯。

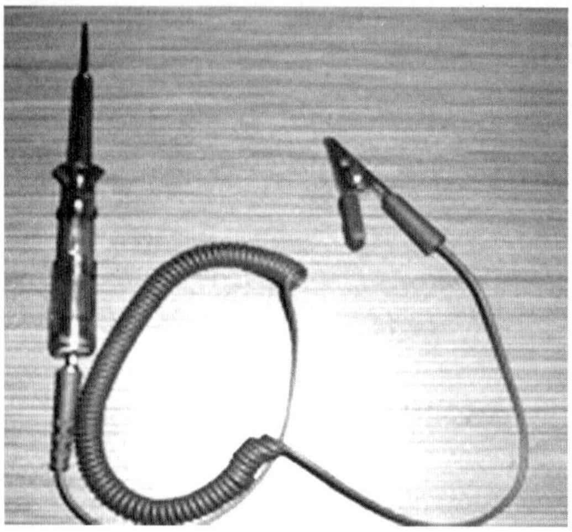

提示

本试灯为双向试灯,只要有电流(无论电流方向如何)通过试灯,试灯就会点亮 。

2 准备一个数字式万用表。

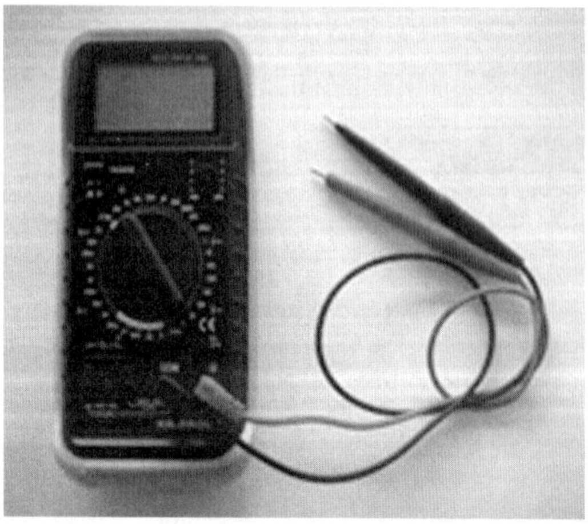

提示

用于汽车维修的一些检测仪器都是非常精密的,请爱护好。

3 准备一个组合工具车。

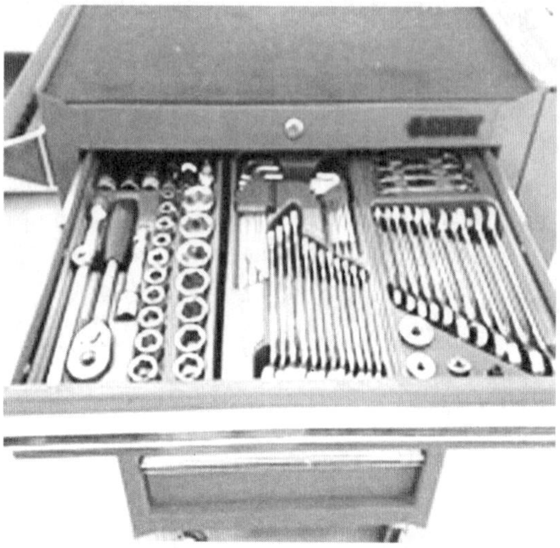

4 准备一个工具车存放常用工具。

5 准备一个备用蓄电池。

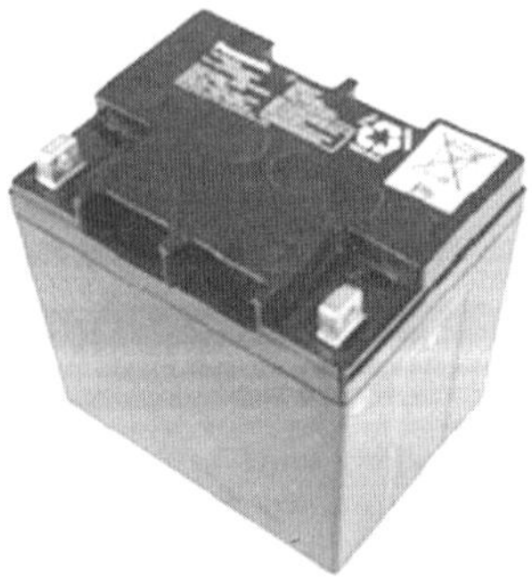

提示

备用蓄电池与当前汽车使用的蓄电池电压必须一致。

第四步 安装防护设备

安装转向盘套、座椅套、铺设地板垫。

提示

转向盘套和座椅套是用薄塑料制成的，极易破损，在安装时要均匀用力，避免因用力过大造成损坏。其主要作用是在操作过程中保持驾驶室内清洁。

第五步 确认故障现象

1 按下喇叭开关，喇叭不响。

提示

(1)按下喇叭开关，喇叭不鸣响，工作不正常，则接下一步操作。

(2)若按下喇叭开关，喇叭鸣响。整理工具，将车辆交付车主。

2 参考维修手册。

提示

参考丰田卡罗拉轿车维修手册中的车身电控部分。

3 参照正确的操作流程进行故障检测。

提示

喇叭不响的故障检测流程见下图。

汽车喇叭故障诊断流程图

- 喇叭有故障——不蜂鸣
- 喇叭有故障——常蜂鸣
- 喇叭有故障——音调不正常

第六步 检查喇叭的供电电源

1 打开发动机舱盖。

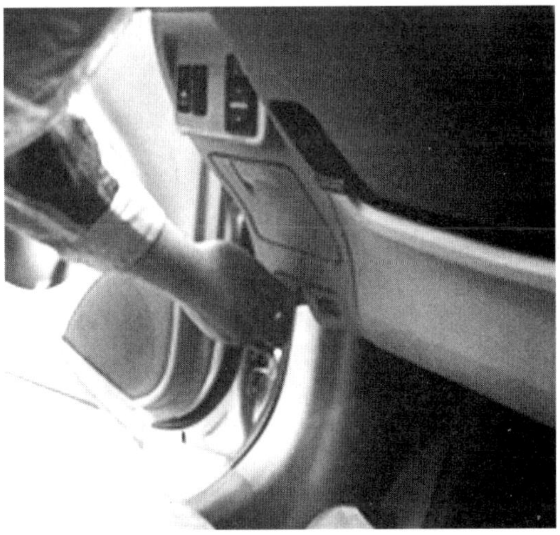

提示

发动机舱盖的开启有两层保险，下图为第一层保险，在驾驶舱的左下角。

2 打开第二层保险。

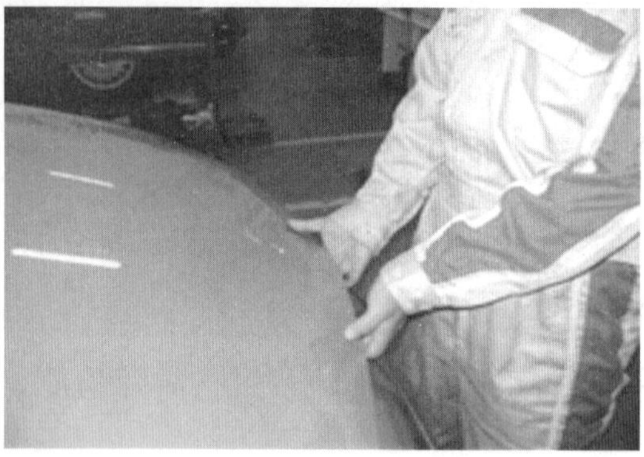

提示

双手托住发动机舱盖前边沿,将右手四指探到发动机舱里面,当触摸到锁止机构时,向右推开锁止机构。

3 拆下发动机前保险。

提示

按照下列的拆卸步骤操作。

4 使用合适的工具拆下发动机保险杠上部的螺栓。

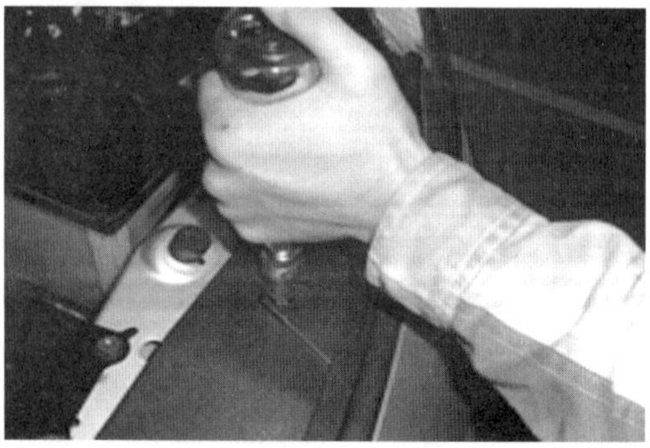

提示

共有 8 颗 M12 的螺栓。

5 松开塑料锁止螺栓。

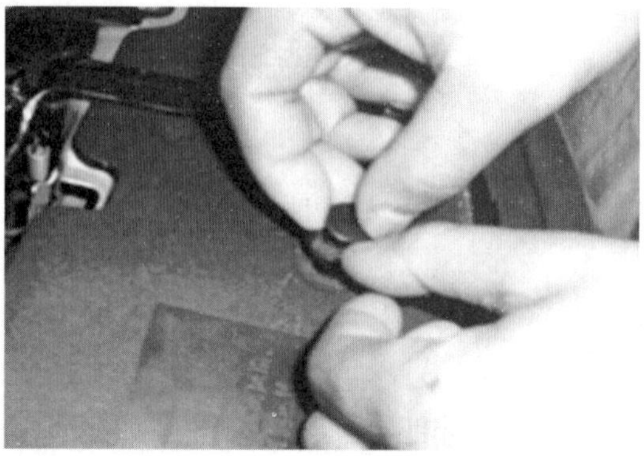

提示

螺栓有两重保险,先把最上部圆头拔出,然后双手拖住下面的部分将其拽出。

螺栓外形如下图所示。

6 拆下轮胎挡泥板上的锁止螺栓。

提示

方法同上,左右两轮两边各有2颗螺栓。

7 举升汽车。

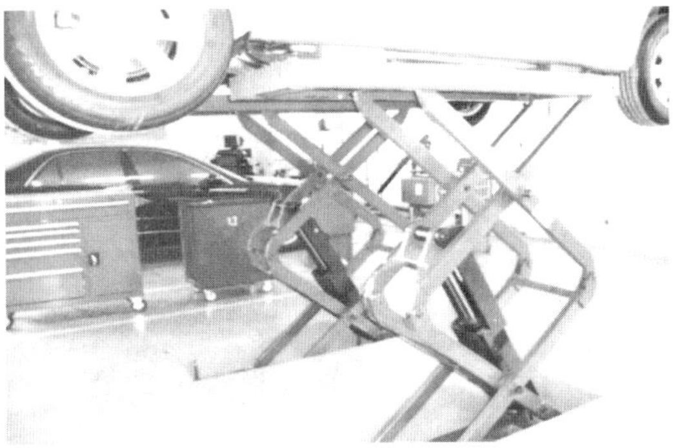

提示

举升高度到人的肩部为合适。

8 拆下发动机舱下部挡泥护罩的螺栓。

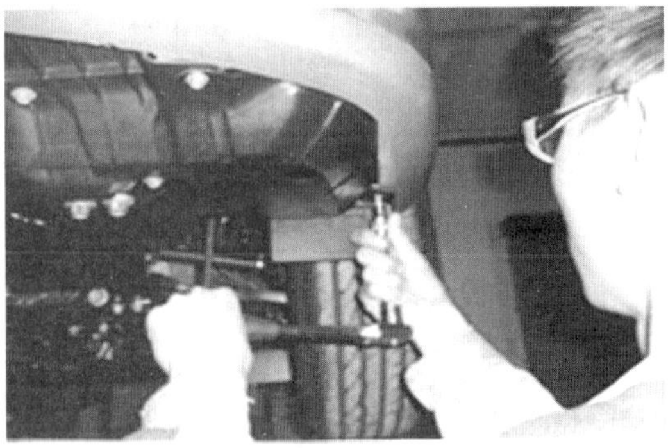

提示

共有8颗M14的螺栓。

9 断开雾灯的连接器。

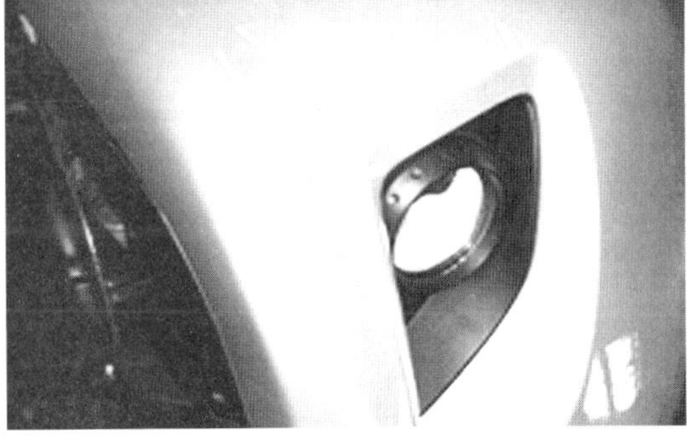

提示

该连接器在挡泥板的里面,位置比较隐蔽。

10 左右侧雾灯连接器都要断开。

11 移出汽车前保险杠。

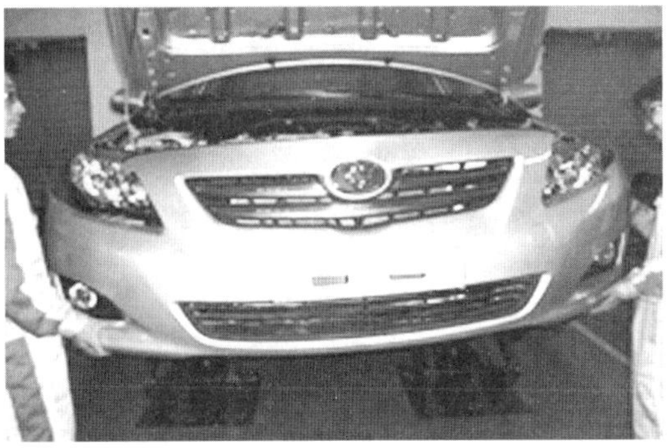

提示

两人同时平行地将前保险杠移出。

12 实车喇叭位置。

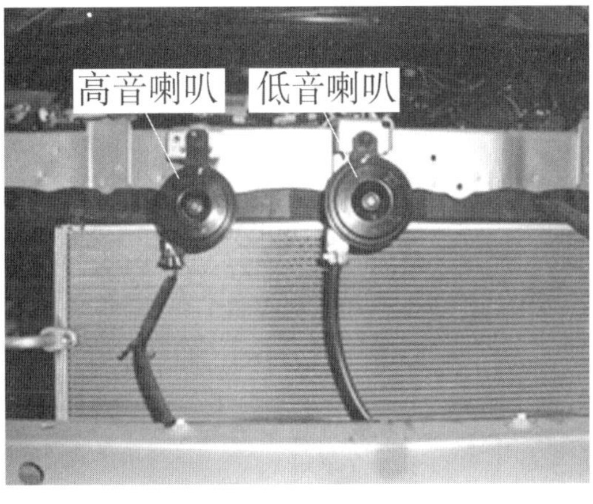

13 断开高低音喇叭的连接器。

14 车内学生按下喇叭。

提示

车内学生按下喇叭后一直到下列步骤检测完成。

15 用试灯检查喇叭供电电源,试灯不亮。

提示

按下喇叭电源后,试灯检测端子亮起,说明喇叭供电正常。若喇叭供电正常,喇叭不响,则要更换喇叭。

第七步 检查喇叭熔断丝

1 打开发动机舱继电器盒盖。

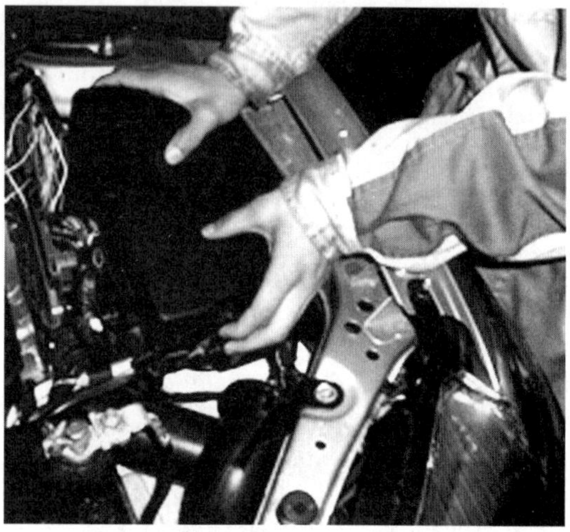

2 拔下喇叭熔断丝。

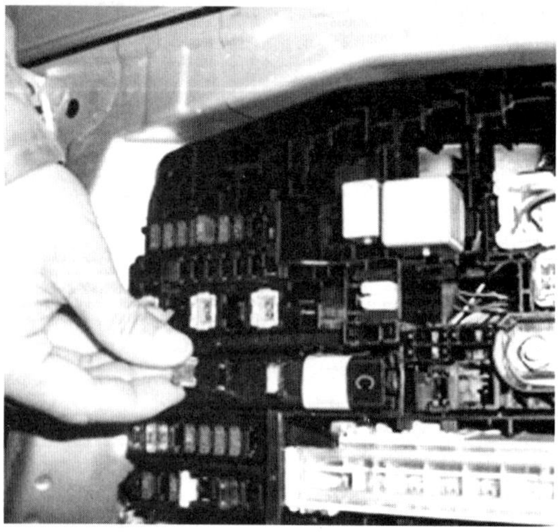

提示

如果用手不容易取下喇叭熔断丝,可以借助尖嘴钳夹下熔断丝。

3 检查熔断丝电阻,阻值符合规定值。

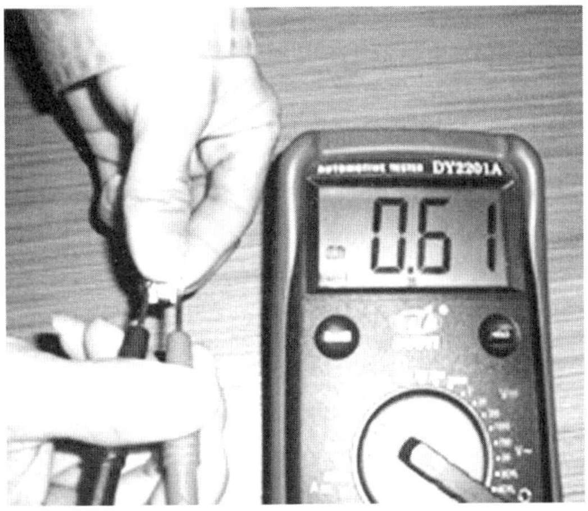

提示

观察熔断丝是否熔断,同时用万用表检查熔断丝电阻值是否为0.01Ω。若不正常,则更换熔断丝,并检查从熔断丝到喇叭的线路是否存在短路现象。

4 用试灯检查熔断丝插槽上的电源,显示供电正常。

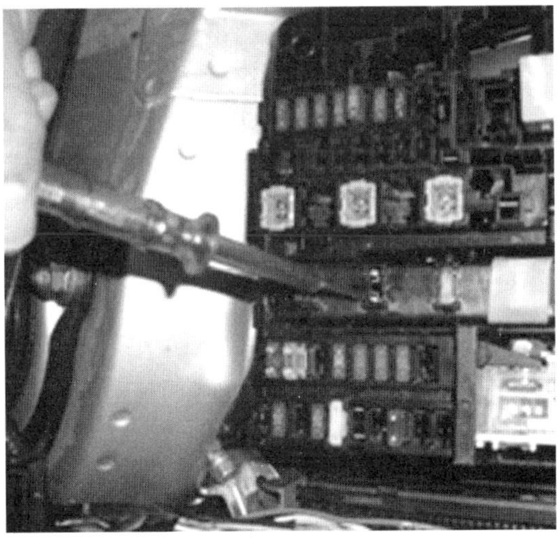

提示

试灯的鳄鱼夹侧夹在蓄电池负极端子上,表笔端接触熔断丝的孔端(靠电控单元一侧的孔端)正常为试灯亮起。若不正常,则要检查蓄电池到熔断器的线路。

第八步 检查继电器到喇叭间的线路

1 将点火开关置于ACC位置。

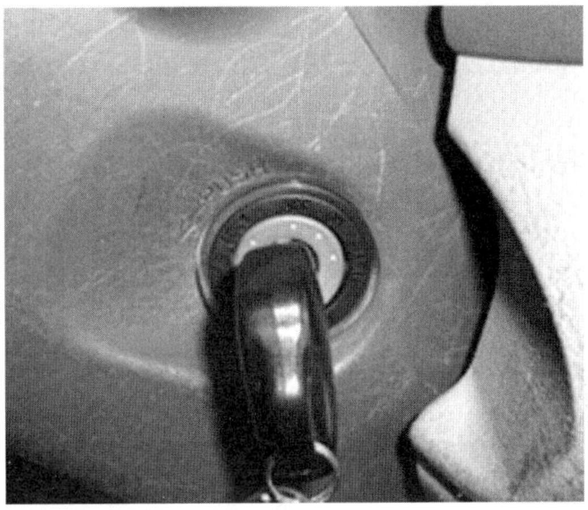

2 断开蓄电池负极。

提示

拆卸蓄电池电缆时,应按照先拆负极电缆、后拆正极电缆的要求进行。否则,容易引起正极电缆搭铁,导致电控单元因瞬时高电压而损坏。

3 用一字螺丝刀撬开主继电器总成。

提示

为了避免螺丝刀损坏塑料表面,在一字螺丝刀表面缠绕胶布后,再进行操作。

4 拔下喇叭继电器连接器。

提示

继电器总成上还包括主继电器,拆卸的时候要注意下面的连接线。

5 检查喇叭继电器到喇叭间的线路,测量结果显示线路正常。

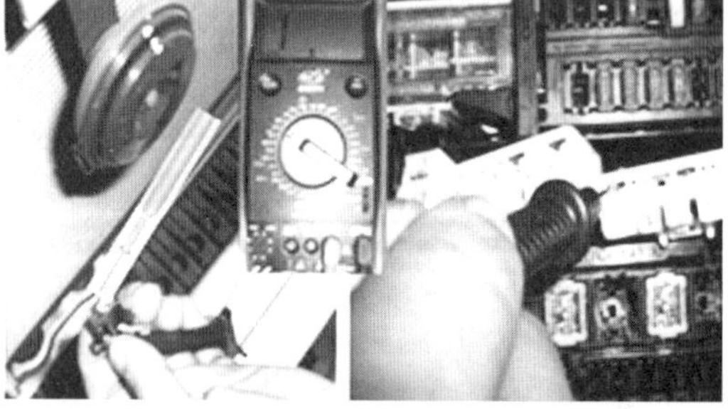

提示

万用表红表笔接喇叭连接器孔端,黑表笔接喇叭继电器孔端,测试时要使用大头针,严禁万用表笔直接插入测试孔内,显示阻值小于1Ω为正常。若不正常,则要维修线束。

第九步 检查喇叭继电器

1 将点火开关置于ACC位置。

2 取下喇叭继电器。

3 继电器端子位置。

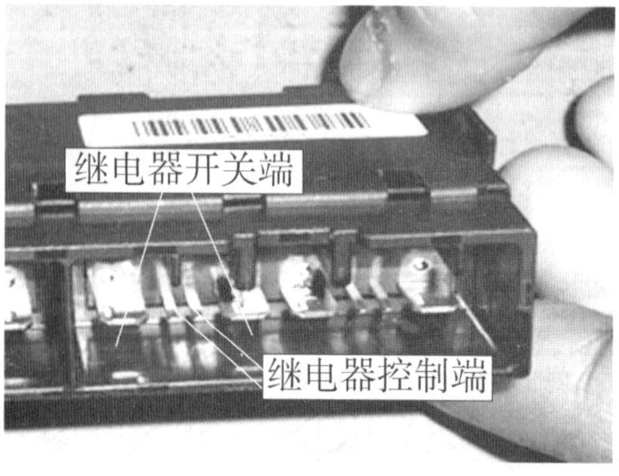

4 检查喇叭继电器开关端子间电阻值,显示正常。

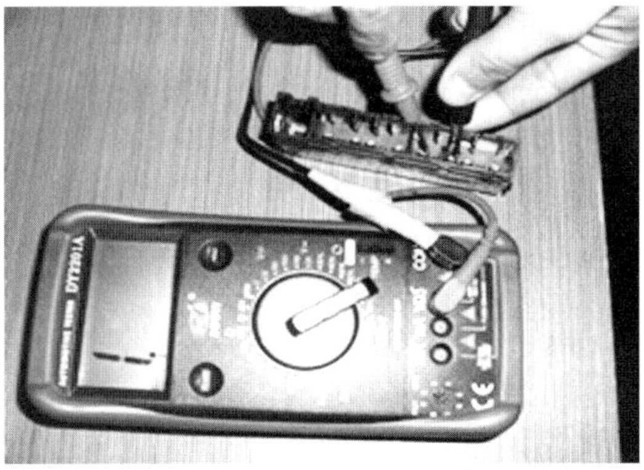

提示

把万用表调到电阻挡 1kΩ 位置,用红黑表笔分别去接触继电器开关端两侧,显示无穷大为正常。若不正常,则更换喇叭继电器总成。

5 检查喇叭继电器控制侧的线圈阻值,显示正常。

提示

把万用表调到电阻挡 1Ω 位置,用红黑表笔分别去接触继电器开关端两侧,显示在 100 ~ 200Ω 为正常。若不正常,则更换喇叭继电器总成。

6 检查喇叭熔断丝端到继电器的线路电阻,显示正常。

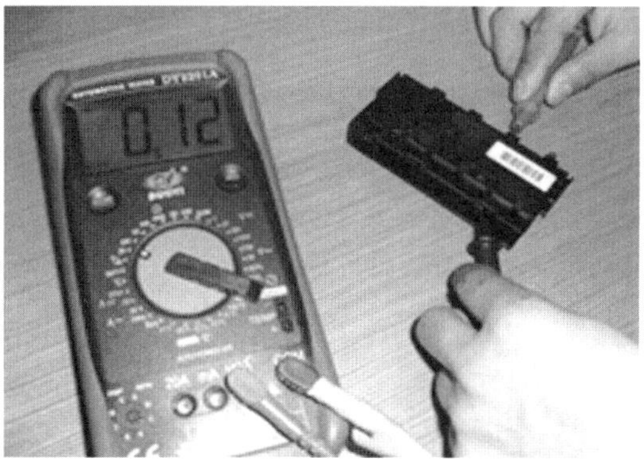

提示

把万用表调到电阻挡 1Ω 位置,用红黑表笔分别去接触继电器开关和熔断丝两侧,显示在小于 1Ω 为正常。若不正常,则更换继电器总成。

7 重新连接好各个拆卸下来的连接器。

第十步 检查喇叭开关搭铁线路

1 把点火开关置于 ACC 位置。

2 用手从蓄电池负极接线柱上取下电缆，并使之可靠离开负极接线柱。

提示

特别注意：等待90s以后开始执行下一步动作，以防不正当操作引爆安全气囊。

3 拆下转向盘总成。

提示

此时把转向盘打正。

4 不正当的操作会导致引爆安全气囊，危害人身安全。

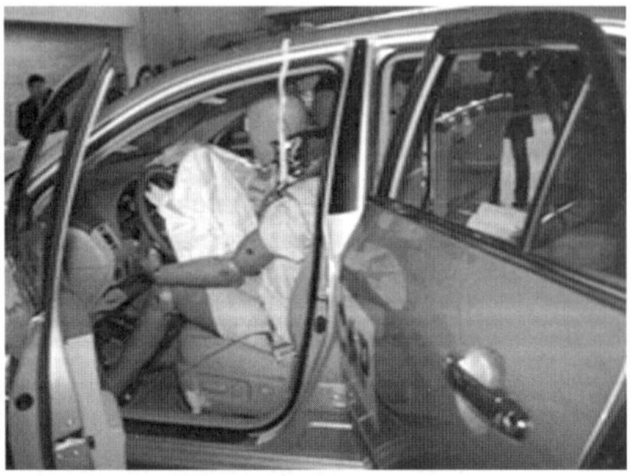

5 拆下转向盘下的螺栓护罩。

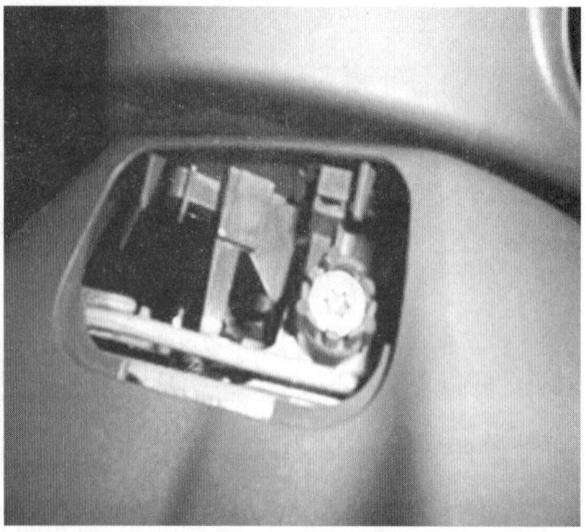

6 用内六角专用工具拧松螺栓。

提示

转向盘两侧都有内六角螺栓。

7 取下转向盘护罩。

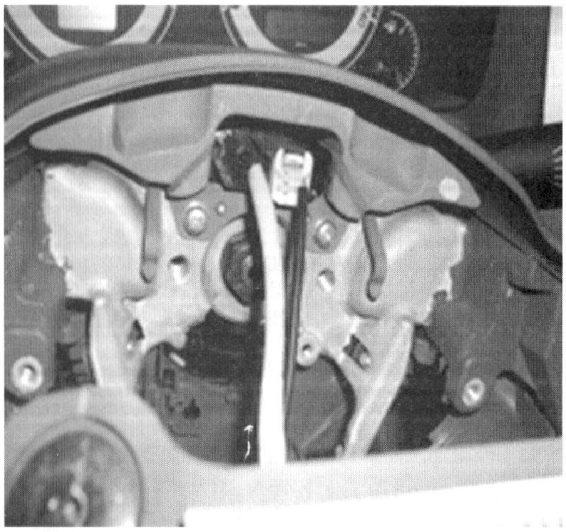

提示

要先松开两个连接器：①喇叭开关搭线；②安全气囊连接线（严禁用万用表去测试）。

8 安全气囊连接器的断开方法。

提示

先用胶布缠住一字螺丝刀头部，然后撬开安全气囊连接器的两层保险。

9 打开第二层保险，取下转向盘护罩。

10 检查喇叭继电器到喇叭开关的线路电阻。

提示

红表笔一端接喇叭开关连接器，黑表笔接喇叭继电器连接器的孔端。

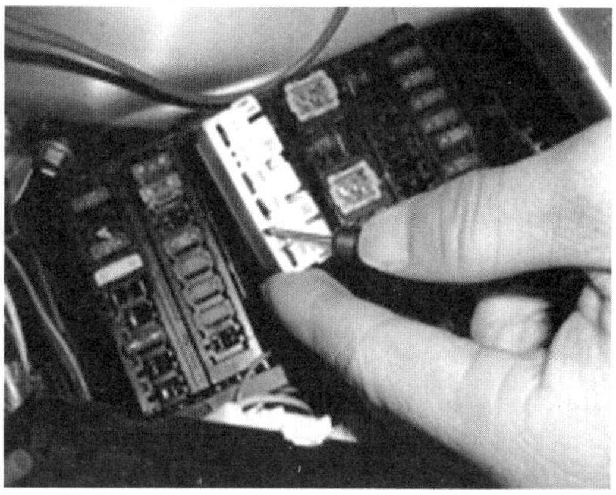

提示

显示小于 1Ω 为正常。若正常，则更换喇叭开关总成；若不正常，则维修线束。

11 维修线束，并安装从车上拆卸下来的零部件。

第十一步 复查故障现象

再次试车验证，此时按下喇叭开关，喇叭能蜂鸣。

第十二步 整理场地 交付车主

1 拆除发动机舱和驾驶舱的防护布,并用干净的布清洁车身。

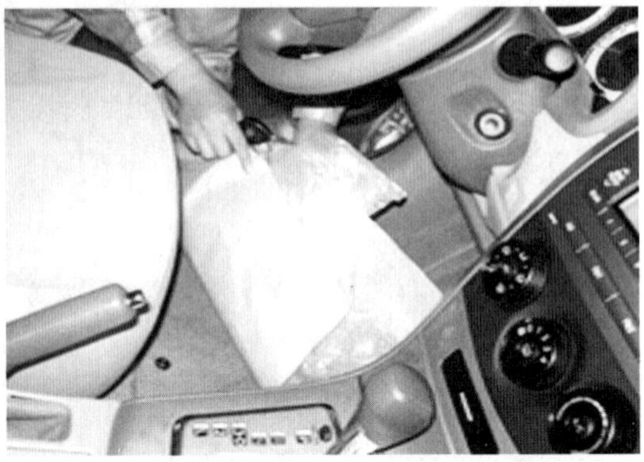

2 用干净的抹布清洁车身。

3 整理场地,将车辆交付车主。

九 考核标准

评价内容	分值	序号	具体指标	分值	扣分标准	学生自评	小组评分	教师评分
仪容仪表	10	1	工作服、鞋穿戴整洁规范	2	酌情扣分			
		2	发型、指甲等符合工作要求	3	酌情扣分			
		3	不佩戴首饰、钥匙、手表等	5	酌情扣分			
工作安全	20	4	无工具、器材落地现象	5	酌情扣分			
		5	操作过程中沉着冷静	5	酌情扣分			
		6	汽车的安全操作过程	5	酌情扣分			
		7	无人员受伤及设备损伤事故	5	酌情扣分			
工作过程	60	8	规范使用试灯、万用表	4	操作不当扣4分			
		9	询问车主故障信息	3	操作不当扣3分			
		10	试车验证故障部位	2	操作不当扣2分			
		11	记录车辆铭牌信息	3	操作不当扣3分			
		12	维修前的防护工作	2	操作不当扣2分			
		13	维修前工具的准备	2	操作不当扣2分			

续上表

评价内容	分值	序号	具体指标	分值	扣分标准	学生自评	小组评分	教师评分
工作过程	60	14	将点火开关打到正确的位置	2	操作不当扣2分			
		15	维修前车辆的安全检查	4	操作不当扣4分			
		16	检查喇叭熔断丝	4	操作不当扣4分			
		17	检查喇叭继电器	4	操作不当扣4分			
		18	检查继电器到喇叭元件间的线路	4	操作不当扣4分			
		19	检查喇叭元件	4	操作不当扣4分			
		20	检查喇叭开关的搭铁线路	3	操作不当扣3分			
		21	检查喇叭开关	4	操作不当扣4分			
		22	正确拆装机械元件	3	操作不当扣3分			
		23	确认故障部位	3	操作不当扣3分			
		24	维修线路	4	操作不当扣4分			
		25	维修后的试车	3	操作不当扣3分			
职业素养	10	26	整理工具	2	酌情扣分			
		27	操作前使用实训指导书	2	酌情扣分			
		28	学员之间配合默契	2	酌情扣分			
		29	在规定时间内完成	2	酌情扣分			
		30	填写工单	2	酌情扣分			
		31	7S 工作	2	酌情扣分			
			总分	100	实际得分			

十 思政课堂

吉利汽车

吉利汽车集团隶属于浙江吉利控股集团，总部位于中国浙江杭州，在浙江台州/宁波、湖南湘潭、四川成都、陕西宝鸡、山西晋中等地建有汽车整车和动力总成制造基地，并在白俄罗斯等国家和地区建有海外工厂。

吉利汽车集团是中国领先的汽车制造商，吉利轿车是我国首个民营轿车品牌，吉利汽车立志成为最具竞争力和受人尊敬的中国汽车品牌。

吉利汽车集团旗下现拥有吉利汽车品牌、领克品牌和几何品牌，拥有宝腾汽车49.9%的股份及全部经营管理权，以及豪华跑车品牌路特斯51%的股份。

2020年是吉利向“品牌和技术领先”进阶的关键一年，也是“科技吉利4.0时代”的全面开局之年。吉利汽车宣布从此前的“3.0精品车时代”进入“科技吉利4.0时代”。以BMA、CMA超级母体、SPA、SEA浩瀚架构为核心，进入“全面模块化架构造车时代”。

截至2020年10月底，吉利汽车全球累计销量突破1000万辆，成为首个实现乘用车产销1000万辆的中国品牌车企。

2022年1月，吉利进军换电产业 。7月，总销量为约12.26万部，较2021年同期增长约24%

十一 知识拓展

1 电喇叭的调整

电喇叭的调整包括音调调整和音量调整两部分，以盆型电喇叭为例。

(1)音调调整。音调的高低取决于膜片的振动频率。盆型电喇叭通过改变上、下铁芯之间的间隙就可以改变膜片的振动频率。将上、下铁芯之间间隙调小，可提高电喇叭的音调。调整方法是松开紧锁螺母，旋转铁芯，调至合适的音调时，旋紧锁紧螺母即可。

(2)音量调整。电喇叭的音量与通过电喇叭线圈的电流的大小有关，电喇叭的工作电流越大，电喇叭发出的音量就越大。电喇叭线圈电流可以通过改变电喇叭触点的接触压力来调整。压力增大，流过电喇叭线圈的电流增大，电喇叭音量增大，反之音量减小。调整时不要过急，每次调整1/10圈。

2 电喇叭的常见故障排除

电喇叭的常见故障有：①喇叭不响；②喇叭声音沙哑、发闷、刺耳或音量小等；③喇叭长鸣；④按下或放松喇叭按钮时，只响一声以后不再响。

电喇叭常见故障与排除见下表。

故障现象	故障原因	故障排除方法
喇叭音量小	喇叭搭铁不良或触点烧蚀	更换
	喇叭继电器触点烧蚀	更换
	喇叭调整不当	修复
	电源电压过低	修复
喇叭不响	喇叭熔断丝熔断	更换
	线路松脱或断路	修复
	继电器损坏	更换
	喇叭触点严重烧蚀或粘连	更换
	喇叭按钮不导电	修复

续上表

故障现象	故障原因	故障排除方法
喇叭长鸣	喇叭按钮弹簧过软或折断	更换
	喇叭继电器触点烧蚀黏结或触点臂弹力过弱	更换
喇叭声沙哑或刺耳	膜片锈蚀或破损	更换
	共鸣板固定不牢	修复
	喇叭调整不当	修复
喇叭声音不正常	蓄电池电压过低或喇叭电源线路接触不良	修复
	喇叭触点烧蚀接触不良	修复
	衔铁与铁芯间隙及触点压力不正常	修复
	振动膜片破裂或喇叭筒破裂	更换
	固定螺钉松动(搭铁不良)	修复
喇叭时响时不响	喇叭本身不良	更换
	喇叭接线松脱	修复
	按钮搭铁不良	修复
	继电器工作不良	修复
喇叭不响,但耗电量很大	电容(或电阻)短路	修复
	喇叭触点不能打开	修复
	喇叭线圈有搭铁处	电路
喇叭触点经常烧坏	装有灭弧电阻的喇叭,电阻值增大或断路	修复
	装有灭弧电容的喇叭,电容断路或其电容量过大或过小	修复
	喇叭触点间隙过小或线圈匝间断路,工作电流过大	修复
	发电机输出电压过高	修复

3 汽车喇叭使用注意事项

(1)洗车时切记防止喇叭被淋湿,发现喇叭进水要尽快用风枪吹干。

(2)尽量不要长时间按喇叭,这样容易造成喇叭触点过早烧蚀。

(3)喇叭出现故障后尽量寻求专业维修技师帮助,不要盲目更换喇叭,容易造成不必要的浪费。

4 汽车喇叭的相关法律

在交通法规里,对于汽车喇叭的使用,做了这样的规定:

(1)机动车驶近急弯、坡道顶端等影响安全视距的路段以及超车或者遇有紧急情况时,应当减速慢行,并鸣喇叭示意。

(2)机动车遇有前方车辆停车排队等候或者行驶缓慢时,应当停车等候或者依次行驶,不得进入非机动车道、人行道行驶,不得鸣喇叭催促车辆、行人。

也就是说,汽车喇叭的作用,是特殊路段的提前示警,是某些紧急状况下的警示,以保证交通安全。

十二 课堂练习

(一)填空题

1. 汽车采用的声响信号装置主要包括________、报警器等。

2. 汽车喇叭按声音动力分为气喇叭和________两种,气喇叭音量大,余音好,声音悦耳且传播较远,一般在大客车和重型货车上广泛应用。

3. 汽车喇叭按发声频率分高音喇叭和低音喇叭两种,大多数汽车为了得到音色更好的悦耳动听的音响效果,常常装用________和________两种喇叭。

4. 如果用喇叭按钮直接控制,大电流将很快把喇叭按钮烧坏,因此采用________。

5. 按钮控制继电器线圈中电流的________,再通过继电器触点控制喇叭。

(二)单项选择题

1. 喇叭连续发音不得超过________,以免损坏喇叭。

A. 5s　　B. 10s　　C. 15s　　D. 20s

2. 当喇叭声响不正常,可能的故障原因,下列表述错误的是________。

A. 喇叭线路接触不良　　B. 继电器触点接触不良

C. 喇叭固定螺栓松动　　D. 按钮搭铁紧固不到位

3. 当喇叭不响时,常见的故障部位,下列表述错误的是________。

A. 喇叭本身　　B. 喇叭开关触点

C. 喇叭线束　　D. 按钮未回位

4. 交通法规对汽车喇叭的使用规定,下列哪种情况不能鸣喇叭________。

A. 超车　　B. 急转弯

C. 停车排队等候　　D. 紧急情况

5. 喇叭继电器侧的线圈阻值应为________。

A. 1Ω　　B. 0 ~ 50Ω　　C. 50 ~ 100Ω　　D. 100 ~ 200Ω

(三)判断题

1. 电喇叭音量的大小与通过喇叭线圈的电流大小有关,电流越小,音量就越大。(　　)

2. 洗车时,不能用水直接冲洗喇叭筒,以免水进入喇叭筒而使喇叭不响。(　　)

3. 汽车喇叭的作用,是特殊路段或紧急情况下的警示,以保证交通安全。(　　)

4. 检查喇叭的鸣声,如果感到鸣声不清脆,低沉而弱,喇叭继电器损坏。(　　)

5. 汽车低速行驶时,喇叭的工作情况与蓄电池的工作情况有关,如果蓄电池的能量降低,则喇叭的声响也降低,要检查蓄电池蓄电量是否正常。(　　)

任务6　汽车电动后视镜认知与更换

一　情景导入

张先生的丰田卡罗拉轿车，左车外电动后视镜工作时而正常，时而失常，经诊断其电动机有故障需更换。

二　知识链接

1 汽车电动后视镜系统的作用与组成

（1）作用：汽车后视镜反映汽车后方、侧方和下方的情况，使驾驶人可以间接看清楚这些位置的情况，它起着"第三只眼睛"的作用，扩大了驾驶人的视野。电动后视镜则让驾驶人无需接触后视镜，只需在车内操纵相应的开关，就可调整后视镜的角度或状态。

（2）组成：汽车电动后视镜一般由镜片、驱动电动机、控制电路及操纵开关组成。在每个电动后视镜的背后安装两个可逆电动机和驱动机构，可操纵后视镜上下及左右转动。

电动后视镜组成

2 汽车后视镜的分类

后视镜按安装位置分类，分为外后视镜、下后视镜和内后视镜，外后视镜反映汽车后侧方，下后视镜反映汽车前下方，内后视镜反映汽车后方及车内情况。用途不一样，镜面结构也会有所不同。一般后视镜镜面主要有两种：

一种是平面镜。顾名思义，镜面是平的，用术语表述就是"表面曲率半径 R 无穷大"，这与一般家庭用镜一样，可得到与目视大小相同的映像，这种平面镜常用做内后视镜。

另一种是凸面镜，镜面呈球面状，具有大小不同的曲率半径，它的映像比目视小，但视野范围大，起到类似相机"广角镜"的作用，这种凸面镜常用做外后视镜和下后视镜。

轿车及其他轻型乘用车一般装配外后视镜和内后视镜，大型商用汽车（大客车和大货车）一般装配外后视镜和内后视镜。本项目中的电动后视镜指的是外后视镜。

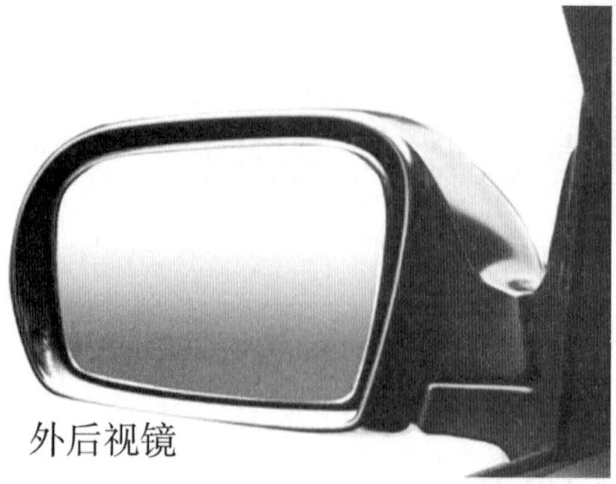

外后视镜

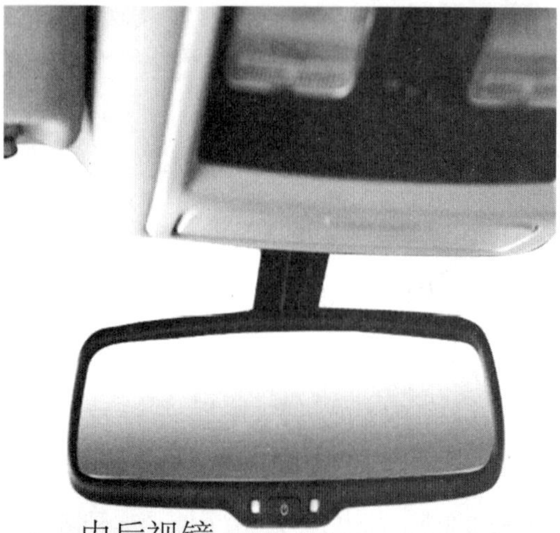

内后视镜

3 正确的后视镜位置

左侧后视镜调整要领:把水平线置于后视镜的中线位置,然后再把车身的边缘调到占据镜面影像的1/4。

右侧后视镜调整要领:把水平线置于后视镜的2/3位置,然后再把车身的边缘调到占据镜面影像的1/4。

中央后视镜调整要领:水平摆中间、耳际放左边。远方的水平线横置于中央后视镜的中线位置,然后再移动左右,把自己右耳的影像刚好放在镜面的左缘。

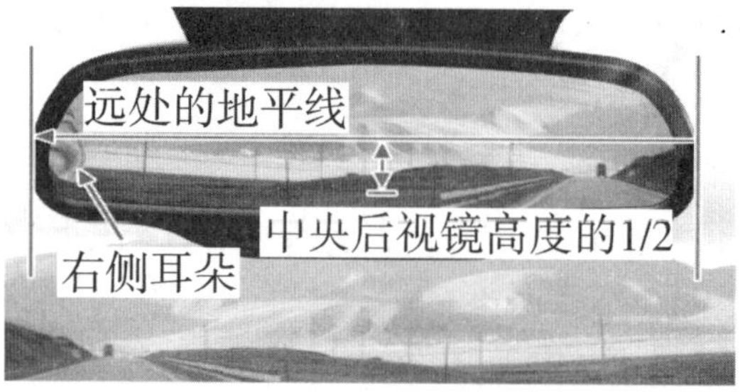

正常的驾驶人在仅转动眼球而不回头的情况下,可以看到前方200°左右的范围,换句话说,还有约160°是看不见的。左、右后视镜再加中央后视镜,只能再提供额外约60°左右的可视范围,那么剩下的这100°该怎么办呢?很简单,就回头去看吧!当然,在回头确认侧后方是否有来车之前,要先确定汽车前方安全无险情。这一瞬间的动作,在大部分的情况下都不会影响驾驶安全。虽然现在有很多新车都配备了双曲率后视镜,但这不过是把左、右后视镜的视角范围再加大一些,仍无法完全涵盖所有的区域。

另外市面上的汽车百货行都不难买到广角镜来换装,这或许能进一步消除一些死角,但是视角范围越广,后视镜影像的变形程度越大,同时对镜中物的距离越难拿捏,这是使用广角镜必须同时面临的"副作用"。

4 汽车后视镜的使用

要充分发挥汽车后视镜的作用，须从以下几个方面着手：

(1)行车前要调整好后视镜的位置和角度。行车中，由于车辆的行驶产生振动，易引起后视镜的位置和角度变化，对此应注意观察并及时调整。

(2)在一般道路上停车、起步、超车、转弯、掉头等行驶路线将要发生变化时，要先给出相应的行车信号同时一定要注意观察后视镜，及时了解两侧和后方的交通情况，防止出现突然情况时措手不及，造成交通事故。

(3)在通过集市、交叉路口等行人和车辆较多的地方，要缓慢行进，注意观察后视镜。

(4)在通过两边有非机动车或行人的窄路、窄桥时，要减速慢行，适当注意后视镜；要和非机动车或行人保持必要的横向间距。

(5)在高等级公路上行车时，不仅要注意和前车保持必要的安全距离，还要通过后视镜观察、判断后面车辆的跟车距离，在处理情况时做到心中有数，以免发生追尾事故。

(6)在通过交叉路口时，交通冲突较多，要降低车速，注意观察两侧行人和车辆情况，在保证安全的前提下顺利通过。

(7)在预见性制动前，要观察车后视镜，注意后面车辆的位置和相对行驶速度，再决定采取的制动措施，以防止制动时追尾。

三 实训时间

实训时间为30min，考核时间为30min。

四 实训教学目标

1 知识目标

(1)能说出汽车电动后视镜系统的组成和作用；

(2)知道汽车后视镜的分类和发展趋势。

2 技能目标

(1)能规范地拆装电动后视镜；

(2)能正确调整汽车后视镜。

3 素养目标

(1)通过合作教学，培养学生的沟通和协作能力；

(2)培养节约生产成本的好品质，弘扬勤俭节约精神。

五 技术标准与要求

(1)操作时，要保证车上电气线路处于断电状态(拆除蓄电池负极)。

(2)后视镜的材料是易碎品，在拆装和放置时必须保证按规范操作。

六 实训器材

丰田卡拉轿车、ϕ10mm 套筒、短接杆、棘轮扳手、一字螺丝刀、十字螺丝刀、扭力扳手、ϕ10mm 开口-梅花两用扳手、胶带、卡(扣)子拆卸工具、翼子板布及驾驶舱内保护罩等其他器材。

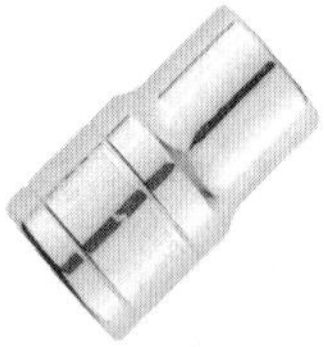
ϕ10mm 套筒

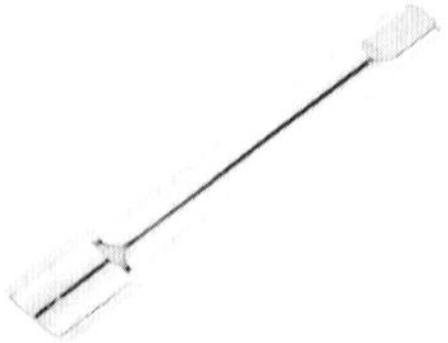
短接杆

棘轮扳手

一字螺丝刀

十字螺丝刀

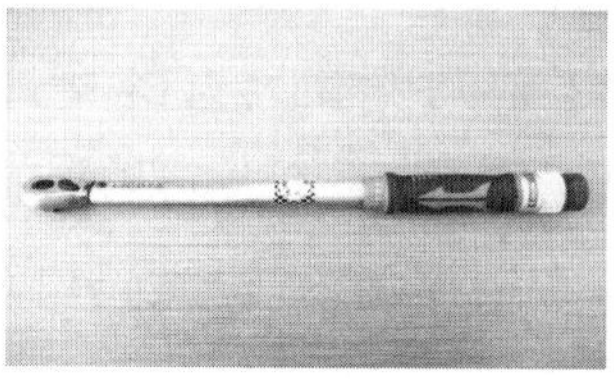
扭力扳手

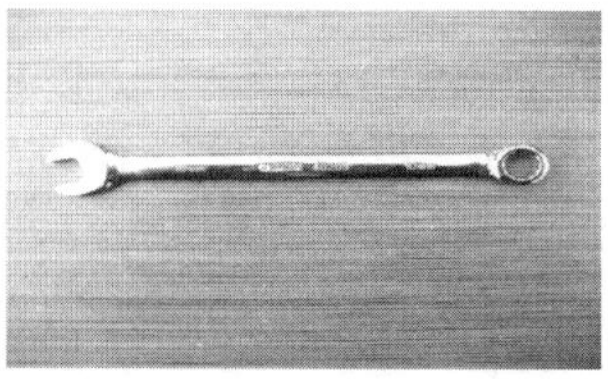
ϕ10mm 开口-梅花两用扳手

胶带

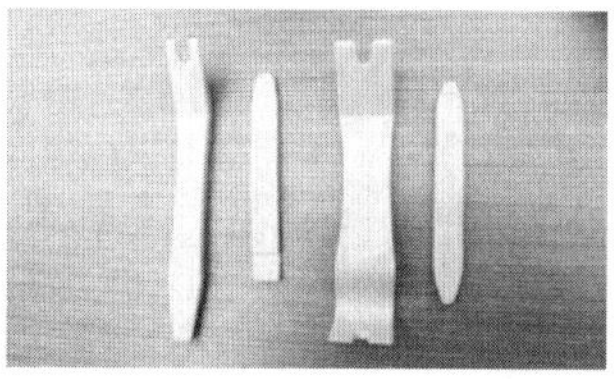
卡(扣)子拆卸工具

七 教学组织

1 教学组织形式

本课程为“工艺化”实训课,建议教学时实训教师 1 名,学生 24 名,实训工位 6 个(也可以用卡罗拉轿车电气实训台代替实车进行操作),按照 4 人 1 个工位编组。如实训工位配置不足或师生比较高,可把学生分成两批,一批学生观看操作视频,并进行操作过程的流程补缺填充和相关理论知识的学习,另一批学生按“工艺化”要求进行实操。另考虑到完成整个项目实操所需时间较长,可把本项目按流程分成几个阶段性小项目,两组轮流操作,尽量使所有学生都能理、实结合地学习。

2 学生的站位分工和要求

每个小组有 4 名学生,一人操作,一人辅助,一人观察(执有作业流程表),一人评分(执有考核细则表)。学生按规定的工位站立,教师下达指令后,各组同时进行操作。

3 实训教师职责

(1)讲解操作任务的作业流程、操作步骤、技术规范和注意事项。

(2)组织、管理学生进行合作学习。

(3)在实训中检查、指导,纠正学生的错误。

(4)实训结束时反馈、评比各组的作业情况。

4 学生职责

(1)明确教学目标。

(2)开展合作学习,操作、辅助、观察和评分各工位依次进行循环。

(3)实训期间严格按"7S"要求进行,并及时记录作业中的错误之处。

八 操作步骤

第一步 断开蓄电池负极

从蓄电池负极端子断开电缆。

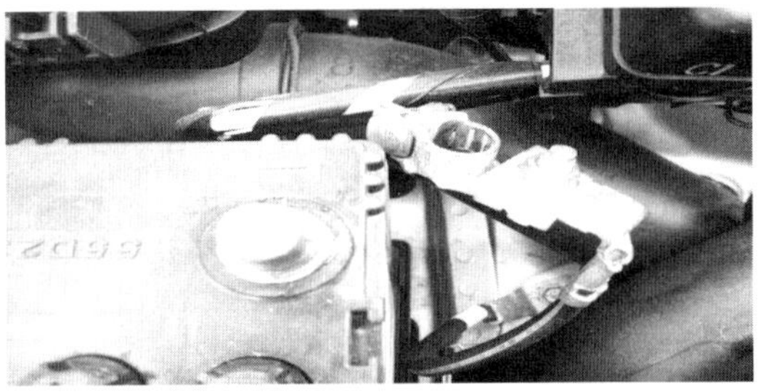

提示

断开蓄电池电缆后重新连接时,某些系统需要初始化。

第二步 拆卸前门内把手框

1 使用头部缠有保护胶带的螺丝刀,脱开3个卡爪。

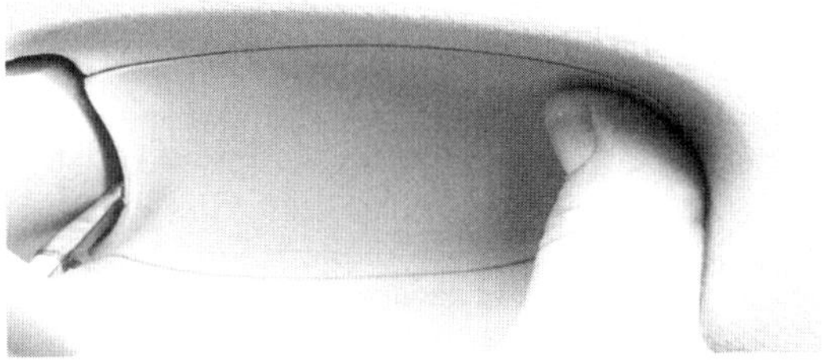

提示

(1)一只手拉开车门内把手,另一只手用缠有保护胶带的螺丝刀沿内把手框接缝中部依次撬开卡爪。

(2)螺丝刀撬取时,要用力均匀,不能用力过猛。

2 拆下前门内把手框。

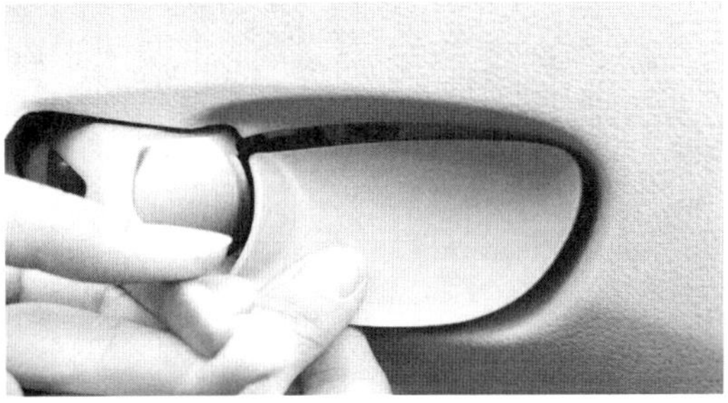

提示

必须双手同时扶住手框,并取下。

第三步 拆卸前扶手座上板

1 使用头部缠有保护胶带的螺丝刀,脱开2个卡子和6个卡爪,拆下前扶手座上板。

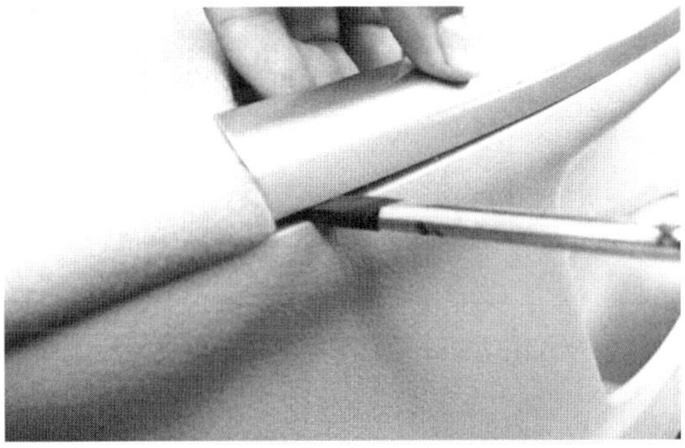

提示

(1)一只手扶住前扶手座上板,另一只手用缠有保护胶带的螺丝刀沿上板左下接缝向右依次撬开卡爪。

(2)前扶手座上板与板框完全分离后,取出时必须把上板先左移,再上移。

2 断开连接器。

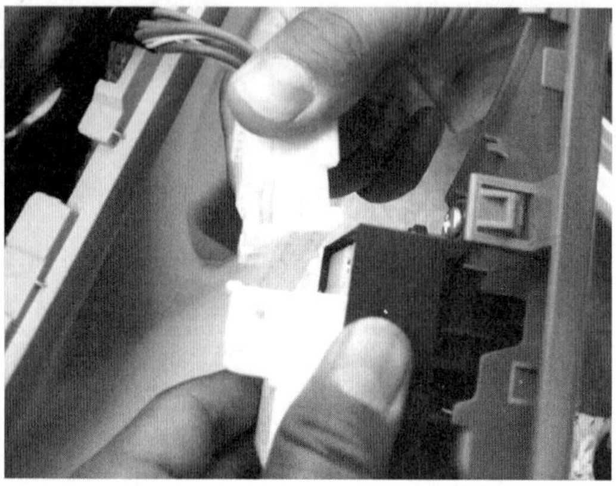

提示

先按住连接器卡扣,再断开连接器。

3 取下前扶手座上板。

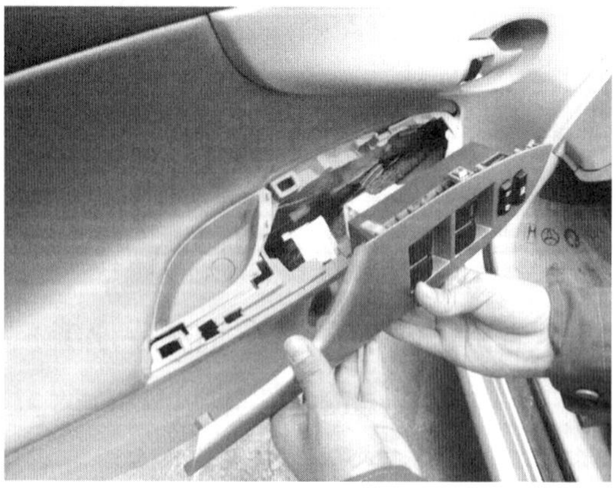

提示

必须双手取下前扶手座上板,并规范放置。

第四步 拆卸前门装饰板分总成

1 使用头部缠有保护胶带的螺丝刀,脱开卡爪并断开车门扶手盖。

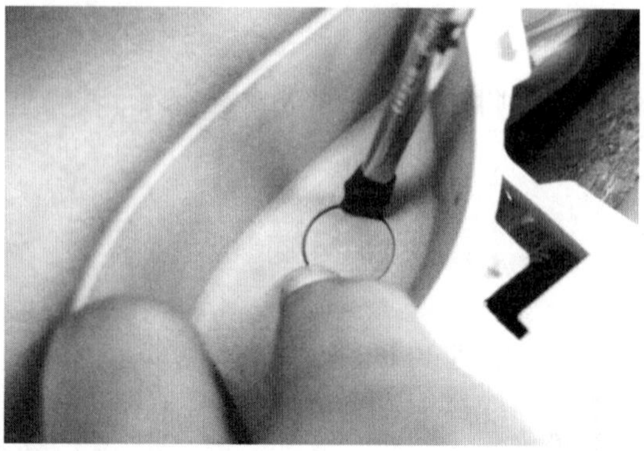

提示

一只手扶住车门扶手盖螺栓盖板左侧,另一只手用缠有保护胶带的螺丝刀从盖板右侧撬开,并取下。

2 拆下车门扶手螺栓。

3 拆下前门内把手分总成固定螺栓。

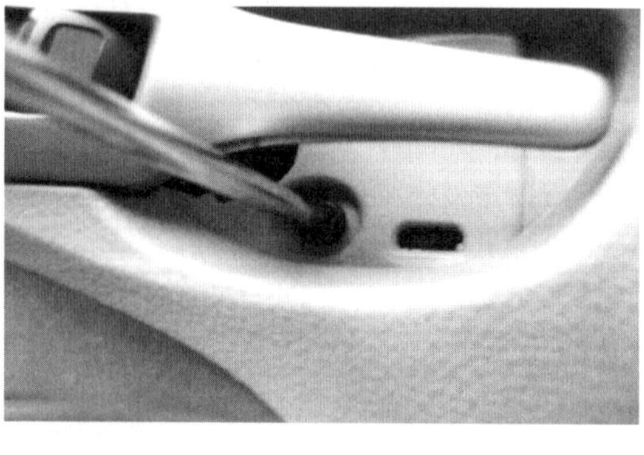

4 使用卡子拆卸工具，脱开 9 个卡子。

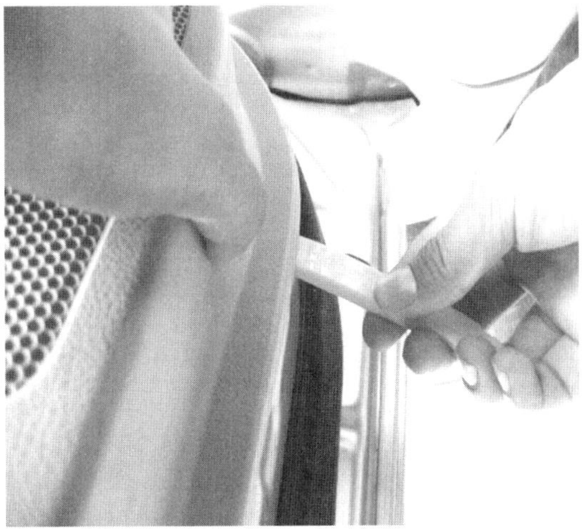

提示

(1) 一只手扶住前门装饰板，另一只手用卡子拆卸工具自下接缝向上依次撬开卡子。

(2) 松开卡子时，不能用力猛拉，以免损伤卡子。

5 脱开 5 个卡爪并从前门玻璃内密封条上分开前门装饰板分总成。

提示

双手拿住前门装饰板，松开前门玻璃内密封条与前门装饰板分总成的固定螺栓。

6 脱开 2 个卡爪，并断开前门内把手分总成。

提示

(1) 松开内把手分总成卡爪时，先把内把手下压松开上卡爪，先上提分开下卡爪。

(2) 切忌把内把手分总成猛拉出来。

第五步 拆卸前门下门框支架装饰条

1 脱开卡子和卡夹，并拆下前门下门框支架装饰条。

提示

(1) 一只手扶住前门下门框支架装饰条，另一只手用缠有保护胶带的螺丝刀从装饰条接缝处自上而下撬开，并取下。

(2)因装饰条内有连接器连接,撬开后不能用力拉。

2 断开连接器,取下前门下门框支架装饰条。

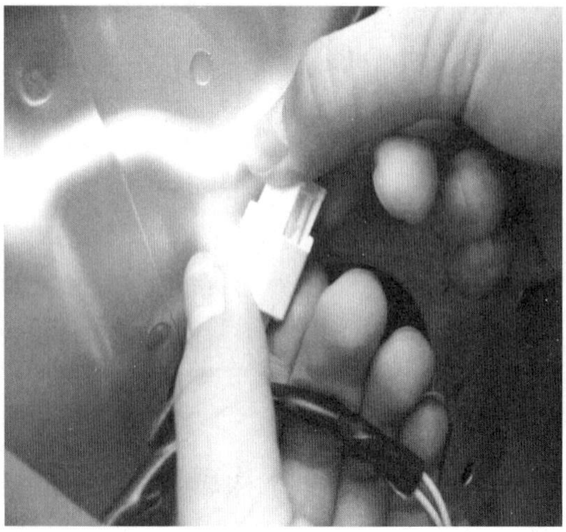

提示

(1)先按住连接器卡扣,再断开连接器。

(2)取下前门下门框支架装饰条。

第六步 拆卸带盖的车外后视镜总成

1 断开车外后视镜电动机连接器。

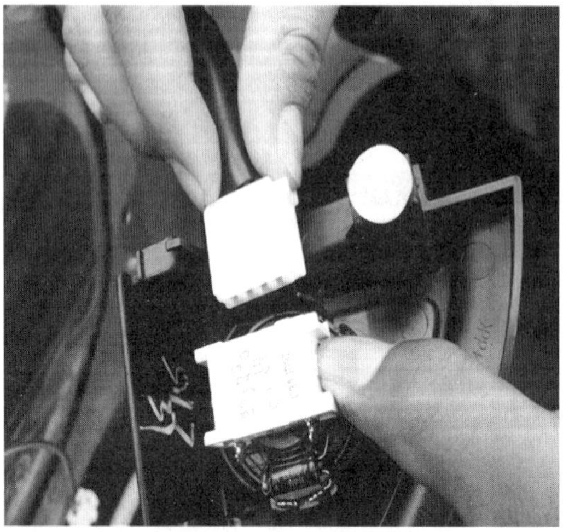

提示

先按住连接器卡扣,再断开连接器。

2 拆下3个固定螺栓。

提示

选用 ϕ10mm 套筒,分两次拆下车外后视镜总成固定螺栓。

3 拆下带盖的车外后视镜总成。

提示

(1)先把车外后视镜上提,解除其定位卡爪。

(2)取下车外后视镜总成时,注意勿拉到其导线。

第七步 拆卸车外后视镜玻璃

1 将保护性胶带贴到车外后视镜的遮阳板底部。

提示

贴上保护性胶带主要为了取车外后视镜玻璃时,防止损伤遮阳板底部。

2 推动后视镜镜面的上部,使其倾斜。

提示

(1)用双手的大拇指推动后视镜上部,使其下部留有足够的间隙,便于拆卸后视镜玻璃。

(2)推动时,注意两手同时均匀用力。

3 用防护条拆卸工具脱开 2 个卡爪。

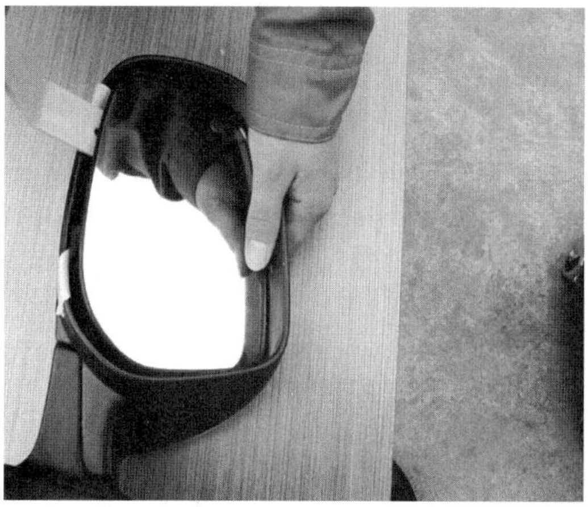

提示

(1)首先目测卡爪的位置,然后用拆卸工具脱开卡爪。

(2)脱开卡爪时,必须用手扶住玻璃上部。

4 取下车外后视镜玻璃。

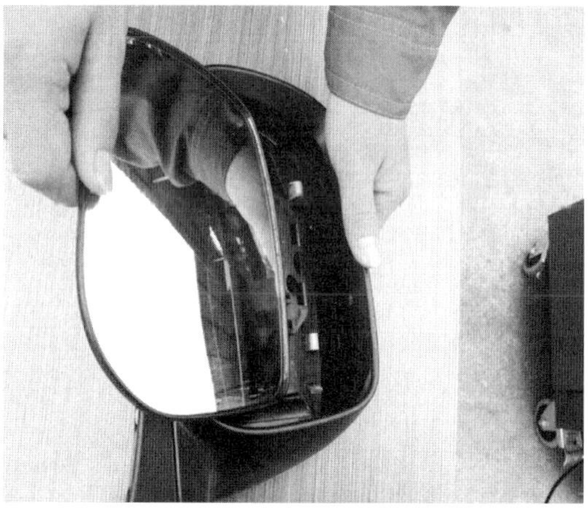

提示

(1)先往上提车外后视镜玻璃,解除 2 个导销约束,再取下车外后视镜玻璃。

(2)取下的车外后视镜玻璃必须放置在安全位置。

第八步 拆卸车外后视镜电动机总成

1 取下车外后视镜电动机总成4个固定螺栓。

提示

按对角原则,用十字螺丝刀松开车外后视镜电动机的4个固定螺栓。

2 断开电动机总成两个连接器。

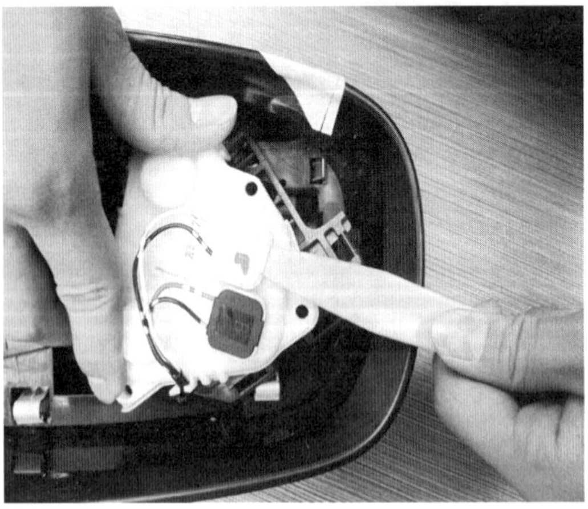

提示

(1)把后视镜总成翻转180°。

(2)用拆卸工具在连接器指扣处往上用力,断开电动机总成的两个连接器。

3 取下电动机总成。

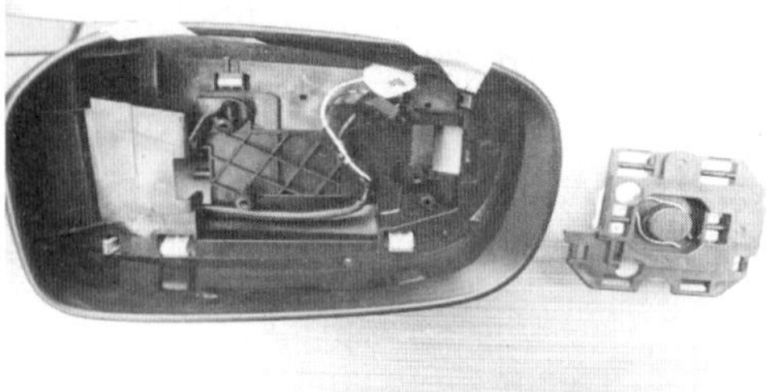

第九步 选用车外后视镜电动机总成

选用与本车车外后视镜电动机型号一致的电动机,并测试其工作性能是否正常。

提示

选用的电动机型号必须与原型号一致,并能正常工作。

第十步 安装车外后视镜电动机总成

1 连接电动机两个连接器。

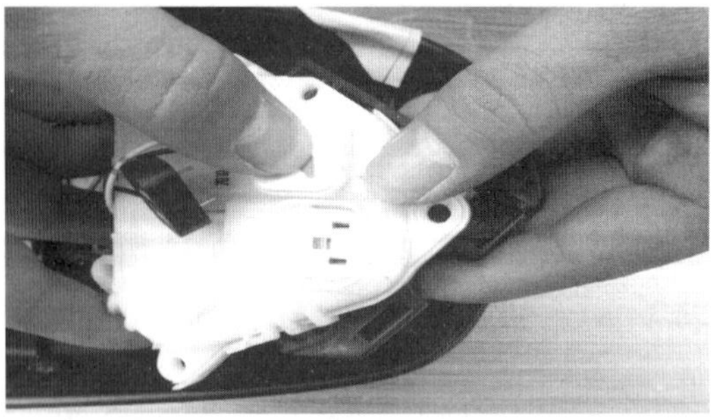

提示

(1)注意连接器不能错位。

(2)连接器连接后,检查其是否安装到位。

2 安装车外后视镜电动机总成的4个固定螺栓。

提示

按对称原则,用十字螺丝刀拧紧车外后视镜电动机总成的4个固定螺栓。

第十一步 安装车外后视镜玻璃

1 将车外后视镜玻璃上部的2个导销接合到车外后视镜。

提示

目测导销的安装位置,自上而下,接合2个导销。

2 将车外后视镜玻璃下部的2个卡爪接合到车外后视镜。

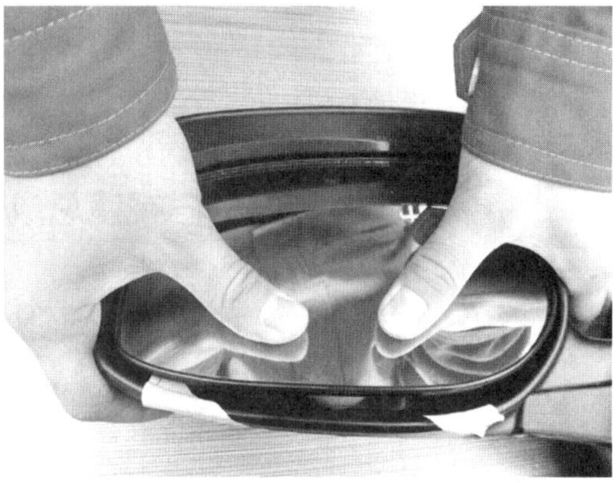

提示

目测卡爪位置,用大拇指均匀挤压卡爪在车外后视镜玻璃上的正对位置,直至车外后视镜玻璃安装到位。

3 检查车外后视镜玻璃安装是否到位。

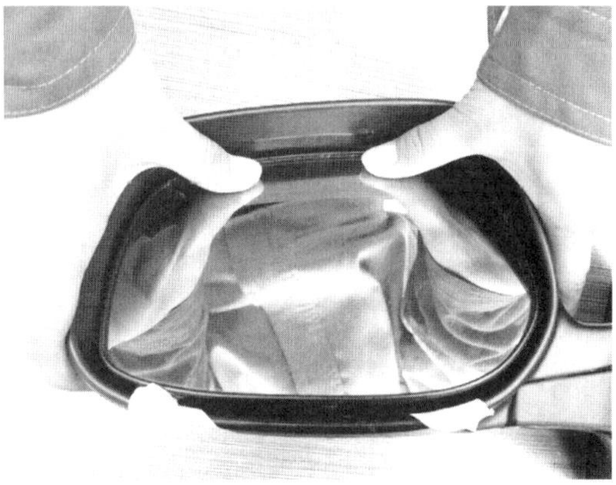

提示

在车外后视镜玻璃的上、下部轻轻挤压,检查其是否安装到位及灵活转动。

4 拽出车外后视镜遮阳板底部的保护性胶带。

第十二步 安装车外后视镜总成

1 接合卡爪,临时安装车外后视镜总成。

提示

(1)先把车外后视镜电动机的导线穿过安装孔。

(2)调整车外后视镜总成位置,接合卡爪。

2 安装3个固定螺栓。

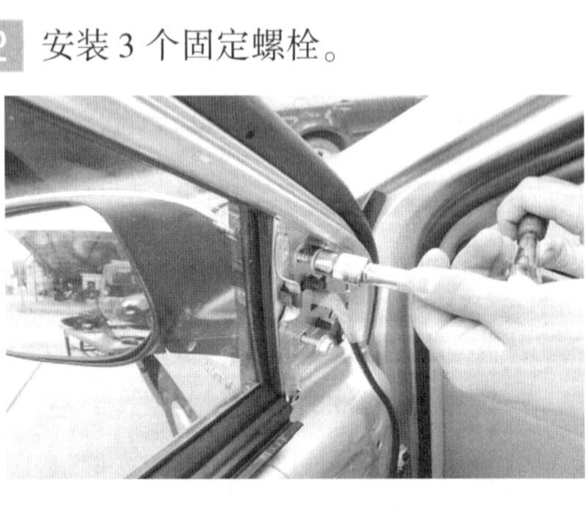

提示

(1)选用 ϕ10mm 套筒,分3次安装固定螺栓。

(2)拧紧力矩为9.0N·m。

3 连接连接器。

提示

保证锁扣锁上可靠。

第十三步 安装前门下门框支架装饰条

1 连接连接器。

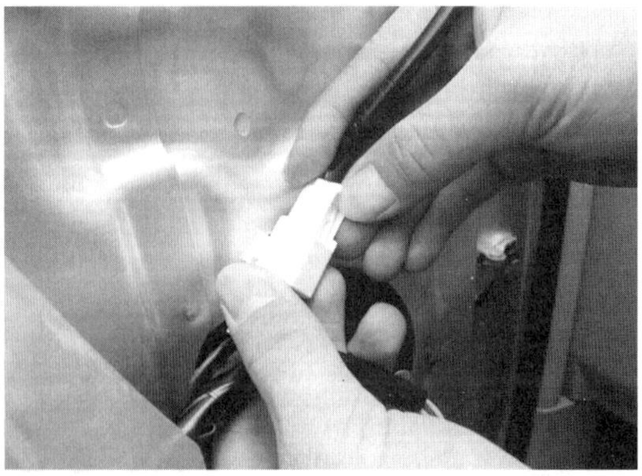

提示

保证锁扣锁上可靠。

2 接合卡子和卡爪，并安装前门下门框支架装饰条。

提示

(1)接合时先对准卡子的位置，然后自下而上依次用手掌接合。

(2)注意接合时不能用力过猛。

第十四步 安装前门内把手分总成

1 将前门锁止遥控拉索和前门内侧锁止拉索连接到前门内把手分总成上。

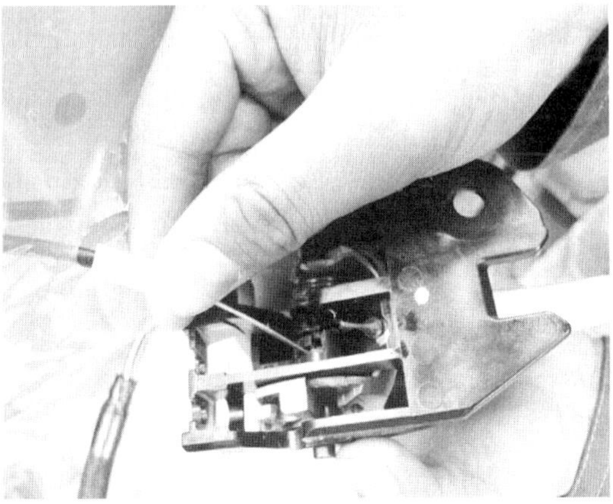

提示

(1)拉索连接顺序为先下侧，再上侧。

(2)拉索的锁扣必须安装可靠。

2 接合 2 个卡爪，并安装前门内把手分总成。

提示

(1)卡爪接合顺序先下侧后上侧。

(2)卡爪必须接合牢靠。

第十五步 安装前门装饰板分总成

1 用前门玻璃内密封条上的 5 个卡爪接合装饰板。

提示

先对准卡爪安装位置，后用手轻轻压入。

2 接合10个卡子,将前门装饰板安装至前门板。

提示

(1)先对准10个卡子安装位置,然后用手压入。

(2)压入后必须目测接缝情况,观察是否安装牢靠。

3 安装2个固定螺栓。

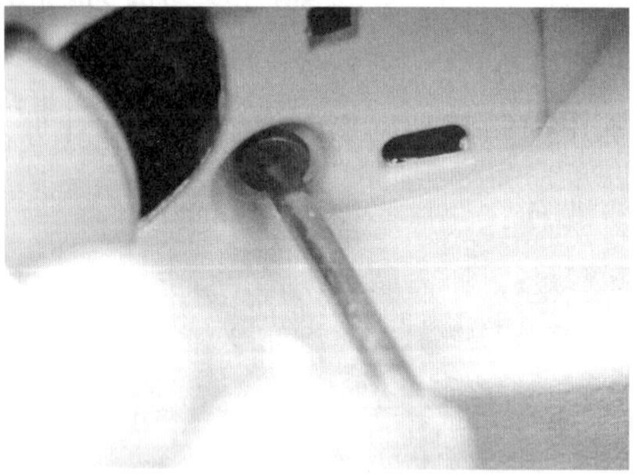

4 接合卡爪,连接车门扶手盖。

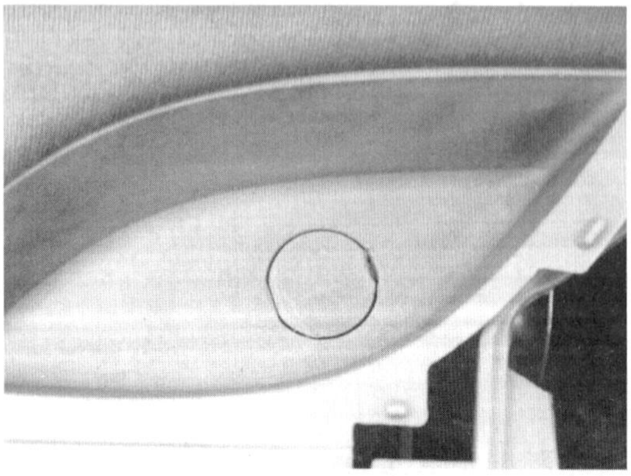

第十六步 安装前扶手座上面板

1 连接连接器。

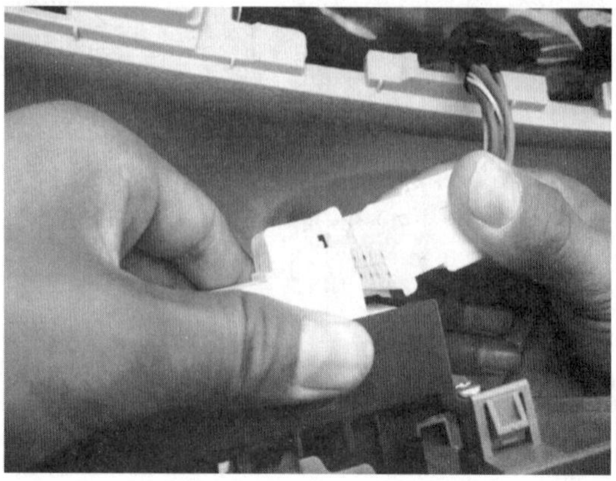

提示

保证锁扣锁上可靠。

2 接合2个卡子和6个卡爪,安装前扶手座上面板。

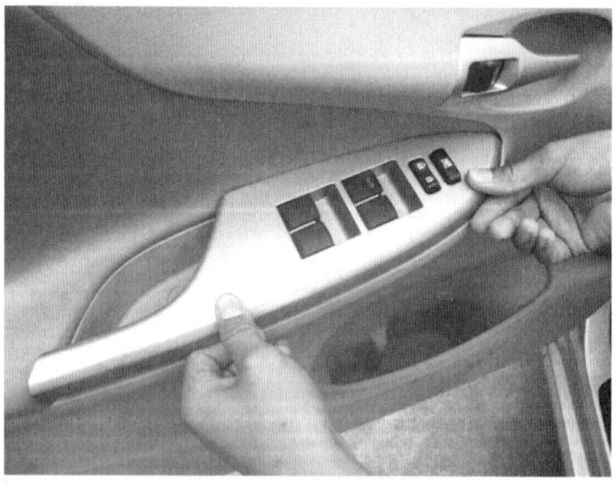

提示

自左而右送入前扶手座上面板,对准位置后,用手接合卡子与卡爪牙。

第十七步 安装前门内把手框

接合3个卡爪,安装前门内把手框。

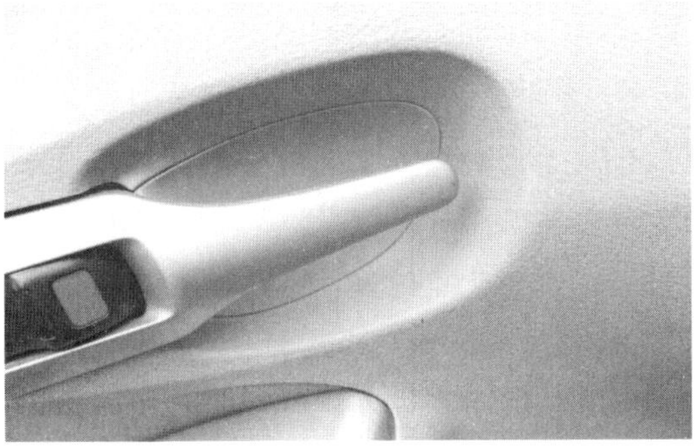

提示

接合时先对准卡爪位置，再轻轻用手按入。

第十八步 连接蓄电池负极

将电缆连接至蓄电池负极端。

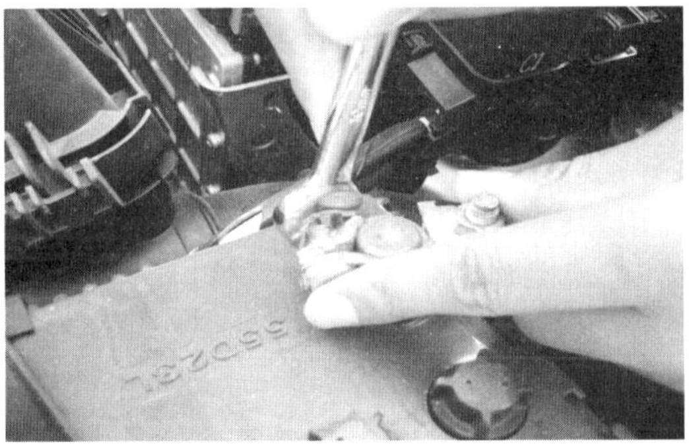

提示

负极必须连接牢靠。

第十九步 测试电动后视镜工作情况

操作电动后视镜位置调整开关，观察电动后视镜的工作情况。

提示

至少检查两轮，以确保电动后视镜能正常工作。

九 考核标准

评价内容	分值	序号	具体指标	分值	扣分标准	学生自评	小组评分	教师评分
仪容仪表	10	1	工作服、鞋穿戴整洁规范	2	酌情扣分			
		2	发型、指甲等符合工作要求	3	酌情扣分			
		3	不佩戴首饰、钥匙、手表等	5	酌情扣分			
工作安全	20	4	无工具、器材落地现象	5	酌情扣分			
		5	操作过程中沉着冷静	5	酌情扣分			

续上表

评价内容	分值	序号	具体指标	分值	扣分标准	学生自评	小组评分	教师评分
工作安全	20	6	汽车的安全操作过程	5	酌情扣分			
		7	无人员受伤及设备损伤事故	5	酌情扣分			
工作过程	60	8	断开蓄电池负极	3	操作不当扣3分			
		9	拆卸前门内把手框	4	操作不当扣4分			
		10	拆卸前扶手座上板	4	操作不当扣4分			
		11	拆卸前门装饰板分总成	4	操作不当扣4分			
		12	拆卸前门下门框支架装饰条	2	操作不当扣2分			
		13	拆卸带盖的车外后视镜总成	3	操作不当扣3分			
		14	拆卸车外后视镜玻璃	5	操作不当扣5分			
		15	拆卸车外后视镜电动机总成	3	操作不当扣3分			
		16	选用车外后视镜电动机总成	3	操作不当扣3分			
		17	安装车外后视镜电动机总成	3	操作不当扣3分			
		18	安装车外后视镜玻璃	3	操作不当扣3分			
		19	安装车外后视镜总成	4	操作不当扣4分			
		20	安装前门下门框支架装饰条	3	操作不当扣3分			
		21	安装前门内把手分总成	3	操作不当扣3分			
		22	安装前门装饰板分总成	2	操作不当扣2分			
		23	安装前扶手座上面板	2	操作不当扣2分			
		24	安装前门内把手框	3	操作不当扣3分			

续上表

评价内容	分值	序号	具体指标	分值	扣分标准	学生自评	小组评分	教师评分
工作过程	60	25	连接蓄电池负极	2	操作不当扣2分			
		26	测试电动后视镜工作情况	2	操作不当扣2分			
		27	整理清洁工具	2	酌情扣分			
职业素养	10	28	操作前使用实训指导书	2	酌情扣分			
		29	学员之间配合默契	2	酌情扣分			
		30	在规定时间内完成	2	酌情扣分			
		31	填写工单	2	酌情扣分			
		32	7S工作	2	酌情扣分			
			总分	100	实际得分			

十 知识拓展

1 电动后视镜使用安全须知

(1)不能在车外后视镜折叠起来时驾驶汽车,否则后视范围将会受到限制,而且可能会遭遇事故。在开始驾驶汽车之前,一定要将车外后视镜恢复到驾驶状态所需的位置。

(2)不能接触正在移动的电动折叠后视镜。否则您的手可能会受到挤压甚至受伤,或者导致后视镜损坏。

(3)不能手动设置电动折叠车外后视镜的位置。车外后视镜可能不会被锁在正确的位置无法显示有效的后视范围。尽管电动折叠车外后视镜可以手动折叠,但仍然要使用电动车外后视镜控制开关设置车镜。

(4)不能在车辆行驶过程中操作电动折叠车外后视镜。风刮在车外后视镜上可能会使镜片破裂,并且在行驶中很难将车外后视镜的位置调整到所需要的位置。所以务必在安全停车后操作电动折叠车外后视镜。

2 镜面的维护

(1)用牙膏清理:左、右后视镜因为暴露在外,很容易沾到空气中的油污,用一般的面纸擦拭,效果并不理想,一遇到雨水,还是模糊不清。牙膏是很好的后视镜清洁剂,用牙刷沾一点牙膏,采用由中心向外画圆的方式把镜面刷均匀,再用清水洗净即可。牙膏除了具有清洁效果外,也是很细致的研磨剂,可以把左、右后视镜上的油垢、顽垢清除干净。即使遇到雨水,水滴也会结成球状而快速排除,不会沾在镜面成一片,妨碍驾车安全。

(2)保护膜与防护液:这是为解决在用车辆后视镜的防雨、防雾、防尘等问题而开发的汽车辅助用品,有的还能防止阳光反射和夜间灯光的刺激。国外已较多使用,产品种类也多,国内尚未普及,成熟的产品也少见。保护膜与防护液工作的基本机理在于它能够形成一个具有亲水作用表层,使雨水不能形成水滴,光线没有不规则反射。防强光反射则是因为有的保护膜呈蓝色。同时注意,这些辅助用品在使用条件上有不少限制,使用寿命(周期)也不长。

3 电动后视镜的常见故障分析

序号	故障现象	故障原因
1	两个电动后视镜都不能动	熔断丝断裂、搭铁不良、后视镜开关损坏、电动机损坏
2	一侧电动后视镜不能动	搭铁不良、后视镜开关损坏、电动机损坏
3	一侧电动后视镜上下方向不能动	搭铁不良、上下调整电动机损坏
4	一侧电动后视镜左右方向不能动	搭铁不良、左右调整电动机损坏

4 后视镜新技术简介

1)电加热除雾功能

后视镜加热时,镜片后面的加热器迅速将镜面加热,慢慢地除去镜面上的雨水或者雾气,使镜面恢复清晰。

2)电动折叠功能

电动折叠功能是指汽车两侧的后视镜在必要时可以折叠收缩起来,分为手动和电动两种。主要在两个场合使用:其一在通过狭窄路段时或较窄路面两车交会时,可以收缩起来,提高了汽车的通过性,防止后视镜刮擦;其二在驾驶人收车时,后视镜折叠起来,不仅可以保护镜面,还可以缩小停车泊位空间,能有效地避免剐碰。

3)并线辅助系统功能

安装了并线辅助系统的车辆能够通过后视镜上的倒车雷达或警示灯,提醒驾驶人是否可以安全并线,让人们能够在正常行驶的过程中实现相应操作,提高驾车的安全系数。

4)防炫目功能

主要防止外界的灯光过强时照射在车内外后视镜上,影响驾驶人的注意力的装置。防炫目后视镜,有效地解决了驾驶人的炫光反应,保证了驾驶安全。但从车库倒车出来或车辆倒车到光线阴暗路段时,由于车后面的光线较弱而车前面光线强,此时后视镜如变暗就不利于倒车时看清车后情况,因此一些汽车便设计成当汽车挂倒挡时能自动取消防炫目功能,或者也可以用开关手动取消该功能。

5)转向灯模块

车辆后视镜上加装转向灯,加强了车辆转向时的信号功能,提高了行驶的安全性。

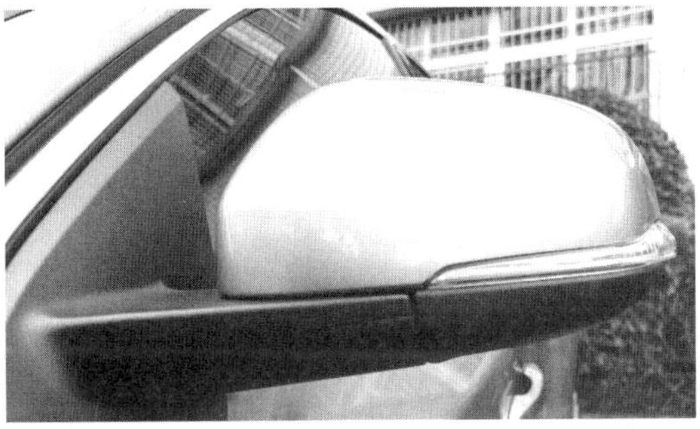

6)双曲率视野合一

双曲率后视镜的外侧占整体镜面的1/3,为凸面镜,内侧占整体镜面的2/3,为平面镜。这种设计,能使驾驶人的视野扩大两倍,同时还会将转弯时的盲点消除。

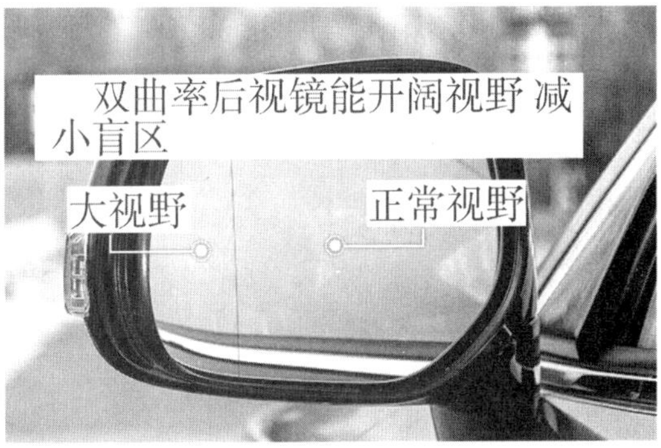

7)倒车时镜面下翻

有此功能的车辆,把反光镜按钮放到R挡位。在倒车时一般其右侧(或两侧)后视镜就自动下翻,帮助驾驶人观察车辆右侧(或两侧)路面的情况,提高行驶安全性。退出R挡后,外后视镜自动恢复至倒车前的位置。

5 汽车电动后视镜使用中存在的缺点

(1)镜片靠光反射成像,清晰度受光线影响。

(2)雨雪天气或路面灰尘较多的路面,因镜面被它物覆盖影响驾驶人观察。

(3)车内外温差大或雨雪天气而导致玻璃起雾,影响驾驶人观察。

(4)车型造型考虑,后视镜不可以过大,所以后视镜反射面积受到限制。

(5)行车中,驾驶人需要根据实际情况调整后视镜视野范围,此时会降低观察效果。

(6)后视镜的安装,增加了车辆的风阻系数,从而使车辆油耗增大。

十一 课堂练习

(一)填空题

1. 汽车电动后视镜一般由镜片、驱动电动机、________及操纵开关组成。
2. 后视镜按安装位置分类,分为外后视镜、________和内后视镜等。
3. 目前后视镜新型技术有________、镜面镀层、电化学后视镜等。
4. 电动后视镜拆装时,必须断开蓄电池________极。
5. 在预见性制动前,要通过________了解后面车辆的位置与行驶情况。

(二)单项选择题

1. 左后视镜调整时,一般把水平线置于后视镜的________。

   A. 偏上 1/4 位置　　B. 中线位置

   C. 偏下 1/4 位置　　D. 偏下 1/3 位置

2. 右后视镜调整时,一般把水平线置于后视镜的________。

   A. 偏上 1/4 位置　　B. 中线位置

   C. 2/3 位置　　D. 1/2 位置

3. 清洗后视镜镜面,常用 ________。

   A. 柴油　　B. 煤油　　C. 黄油　　D. 牙膏

4. 后视镜属于________安全装置。

   A. 被动　　B. 主动　　C. 随动　　D. 以上答案都不对

(三)判断题

1. 凸面镜常用作外后视镜和内后视镜。 (　　)
2. 中央后视镜调整时,水平摆中间、耳际放左边。 (　　)
3. 驾驶人可以通过后视镜观察到车后所有的情况。 (　　)
4. 不能挤压正在移动的电动后视镜。 (　　)
5. 后视镜无法观察到的车后环境,我们可以确保安全的情况下回头去看。 (　　)

任务7　汽车电动车窗系统认知与更换

一 情景导入

一辆丰田卡罗拉轿车在行驶40000km后，发现驾驶侧的左侧电动车窗系统无法工作。经检测，车窗电动机损坏，需更换新的车窗电动机。

二 知识链接

1 汽车电动车窗系统的定义、组成及类型

1）定义

汽车电动车窗，是指以电为动力使车窗玻璃自动升降的门窗。它是由驾驶人或乘员操纵开关接通车窗升降电动机的电路，电动机产生动力，通过一系列的机械传动，使车窗玻璃按要求进行升降。其优点是操作简便，有利于行车安全。

2）组成

电动车窗系统由车窗、车窗升降器、电动机、继电器、开关、安全保护系统等装置组成。

电动车窗组成

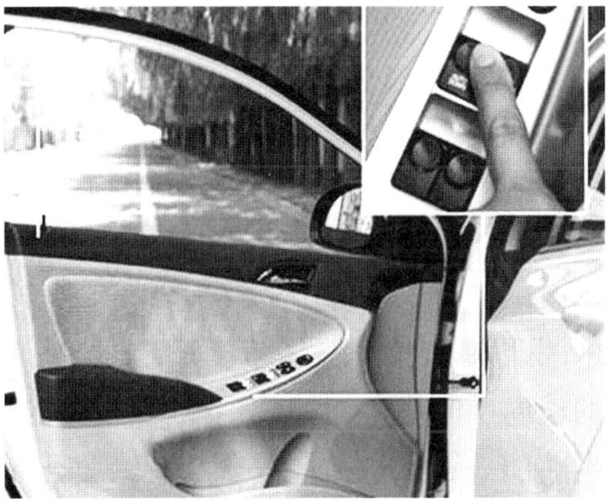

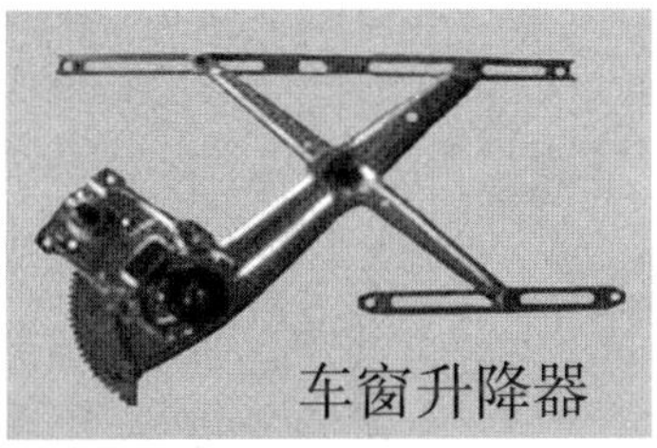

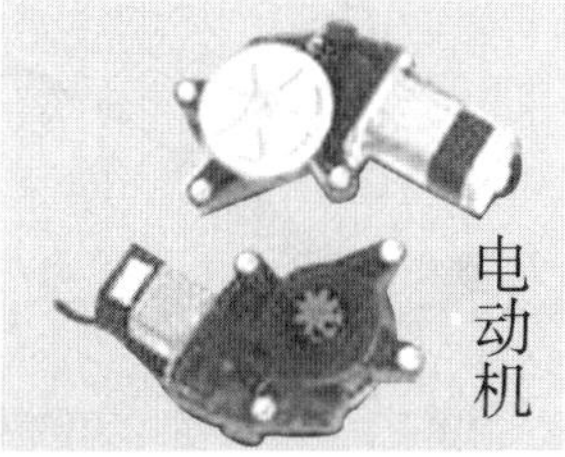

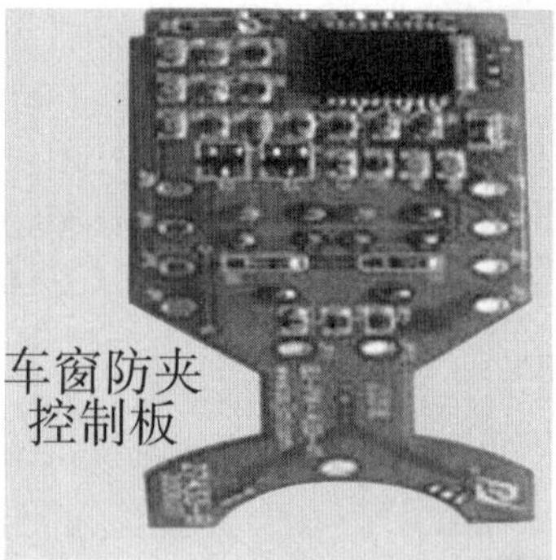

3)类型

玻璃升降器按操纵方式分为手动式玻璃升降器、电动式玻璃升降器、液动式玻璃升降器等。电动玻璃升降器的构成,它等同于同型手动玻璃升降器加上电动机和减速器三部分的总成。与传统手摇式升降器相比,电动玻璃升降器具有运行平稳、调节方便、遥控自如等优点。

目前,常用的电动玻璃升降器按其机械升降机构主要分为绳轮式和交叉双臂式两类。

(1)绳轮式:电动机驱动卷丝筒转动,带动钢丝绳并拉动玻璃托架在导轨中上下运动。这种升降器的优点是零件少,质量小,结构简单,安装位置可调整。缺点是安装时必须调整钢丝绳导向板的位置,使其与车窗上的玻璃导向槽平行。否则,玻璃运动时,易产生玻璃与导向槽卡住现象。绳轮式升降器主要应用于轿车,其他类型的汽车很少使用。

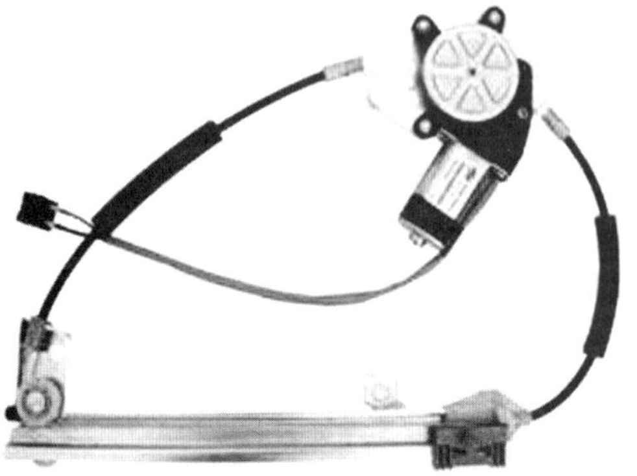

(2)交叉双臂式:电动机驱动小齿轮带动扇形齿板转动,通过交叉臂的杠杆带动玻璃托架上下运动,完成玻璃在导轨中的上下移动。这种升降器的优点是强度高,加工方便,由于玻璃是由两交叉臂端部支撑的,在运动过程中,支撑中心始终接近玻璃质心,支撑宽度较大,因此升降较为平稳,被普遍采用。这种结构可以用于车门窗框上具有非平行的玻璃导轨上的玻璃升降。缺点是较其他型的电动玻璃升降器质量大。

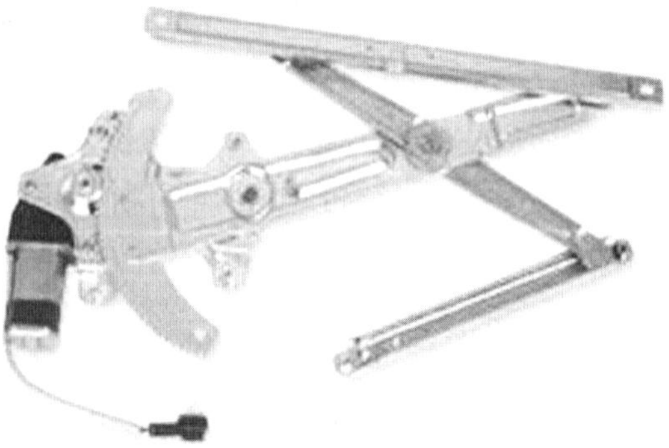

2 电动门窗的升降原理(以丰田卡罗拉轿车的交叉双臂式为例)

电动门窗的核心元件是玻璃升降器,其升降的基本原理是:在每个车门内设置一个可变换运转方向的直流串激电动机,通过转换开关,使电动机运转,经安装在电动机主轴上蜗轮减速后,通过齿扇的转动带动双臂移动,从而实现玻璃的升降。

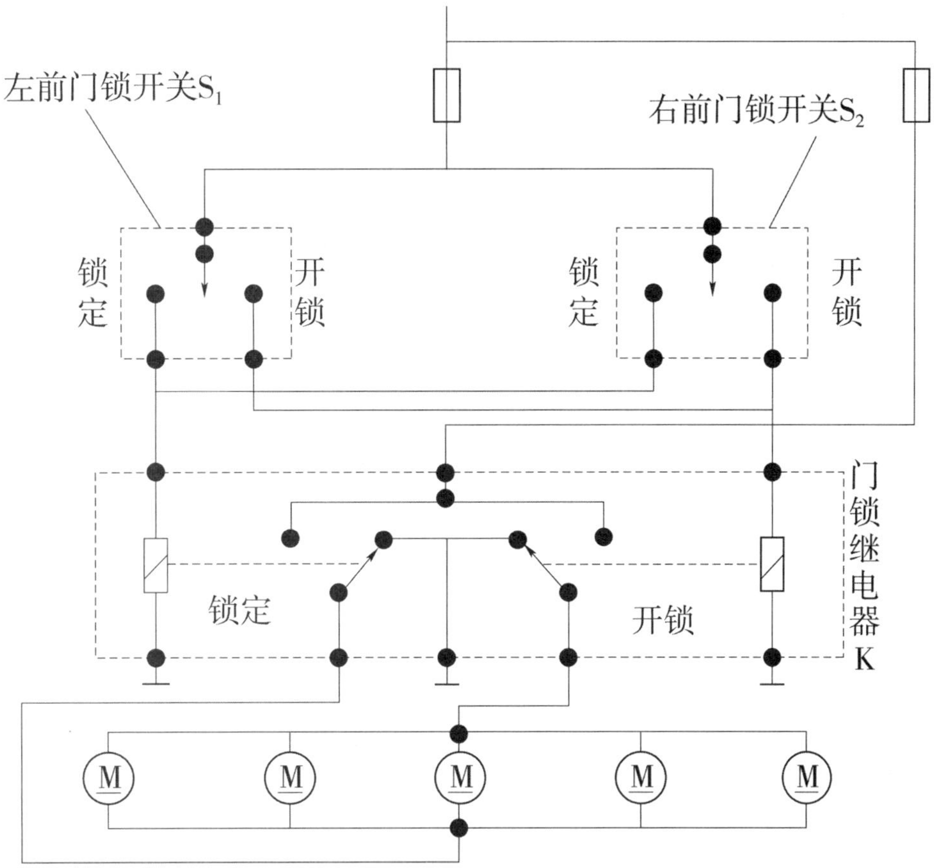

每扇车门上均安装一个控制开关，并在驾驶人所在的车门上安装总开关，总开关一般安装在驾驶人容易操作的位置上。总开关上设计一个锁定开关，在锁定开关接通的情况下，各开关均能操纵所在车门的玻璃；在锁定开关断开的情况下，后面两扇车门的电路被切断，车门上的开关便失去作用，这种设计的目的是为了增加乘坐人员的安全性。

电动门窗升降器的主要技术参数是标称电压、工作电压、额定负载、玻璃行程、玻璃上升时间、电动机最大消耗电流、制动力和寿命等。此外，还要能经受高温、低温、盐雾、尘埃、喷水、振动和冲击等环境试验，并且应使产品能经受电动机制动、电动机过电流保护、电磁相容性、噪声和寿命等试验，以保证产品的质量和工作可靠。

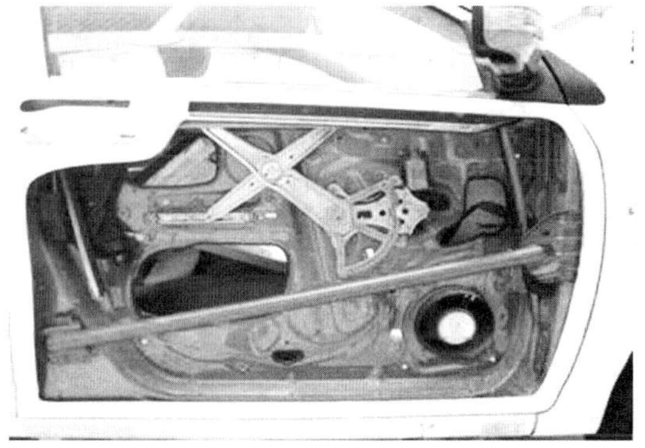

3 电动玻璃升降器的电子控制装置特点

(1)具有单按系统，即对开关的一个简单、短暂的轻按，就能将玻璃完全地打开或关闭，这样，驾驶人需要关闭门窗时，不再需要一只手驾驶，而用另一只手去控制门窗，提高了舒适性和安全性。

(2)能够在车外关闭门窗。如果驾驶人自车内走出而忘记把门窗关闭，不需再进入车内关窗,可在车外通过中央门锁系统,将门窗自动关闭。

(3)具有安全控制。当门窗上升而遇到障碍时,能自动地检测出由障碍所引起的阻力,并自动停止玻璃的关闭,避免伤害人体。

4 汽车电动车窗安全操作规范

操作电动车窗时,必须将点火开关置于ON(打开)位置。

(1)正在关闭的电动车窗。

正在关闭的电动车窗是很危险的。人的手、头甚至颈部都有可能被车窗夹住,并导致严重的人身伤害甚至死亡。该警示特别适用于儿童。在关闭车窗之前,确保车窗的开口处无障碍物。

(2)儿童与电动车窗。

当儿童乘坐在汽车中时,务必锁定电动车窗。未使用电动车窗锁定开关锁定的电动车窗的开关会使儿童无意中操作电动车窗,如果儿童的手、头或颈部被车窗夹住,这可能会导致严重的人身伤害。当儿童乘坐在汽车内时,一定要使用驾驶人侧的电动车窗锁定开关将所有的乘客侧电动车窗锁定;而且不得允许儿童玩耍电动车窗的开关(目前不少汽车配置了车窗防夹装置)。

(3)为避免熔断丝烧损和损坏电动窗系统,请勿同时打开或关闭超过3个车窗。

(4)操作驾驶人侧的电动车窗。

手动打开/关闭:如果要将车窗打开至需要的位置,轻轻地向下按住开关。如果要将车窗关闭至需要的位置,轻轻地拉起开关。

自动打开/关闭:如果要使车窗自动完全打开,将开关按到底。如果要使车窗自动完全关闭,将开关彻底拉起。如果要在中途停止车窗,可向相反的方向拉起或者压下开关,然后放开。

三 实训时间

实训时间为40min,考核时间为40min。

四 实训教学目标

1 知识目标

(1)能说出汽车电动车窗系统的组成和类型;

(2)知道车窗玻璃的选用常识和维护内容。

2 技能目标

(1)能规范地拆装电动车窗;

(2)会简单分析电动车窗的故障原因。

3 素养目标

(1)通过自主合作教学,培养学生的检索与沟通能力;

(2)养成工作注意细节的习惯,培养为客户提供精细化服务的意识。

五 技术标准与要求

(1)操作时,要保证车上电气线路处于断电状态(拆除蓄电池负极)。

(2)安装电动车窗升降器电动机时,升降器臂必须低于中间位置。

六 实训器材

丰田卡罗拉轿车、ϕ10mm 套筒、短接杆、棘轮扳手、一字螺丝刀、十字螺丝刀、中孔花形 T25 扳手、ϕ10mm 开口-梅花两用扳手、胶带、卡扣分离工具、翼子板布及驾驶舱内保护罩等其他器材。

ϕ10mm 套筒

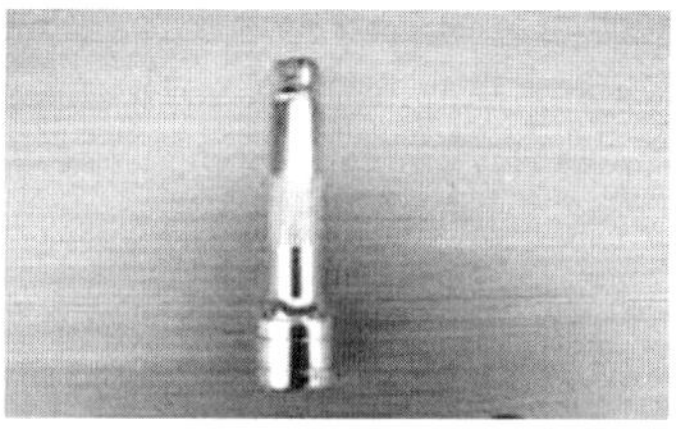
短接杆

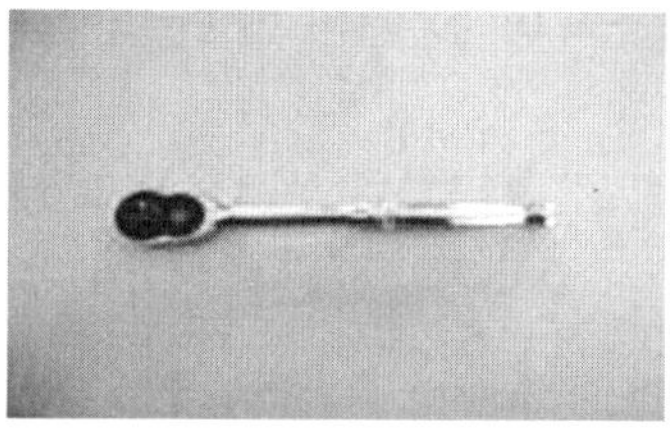
棘轮扳手

一字螺丝刀

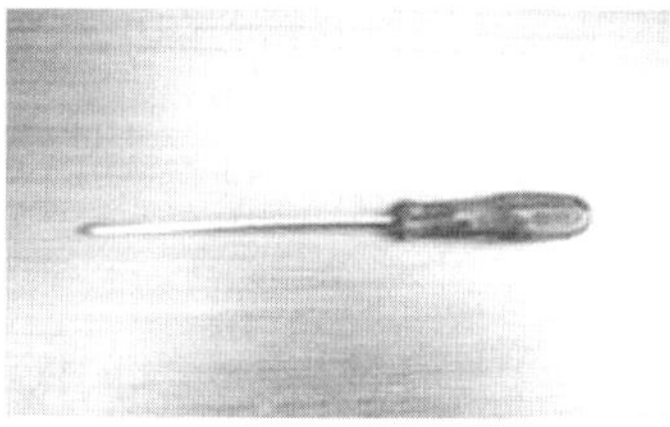
十字螺丝刀

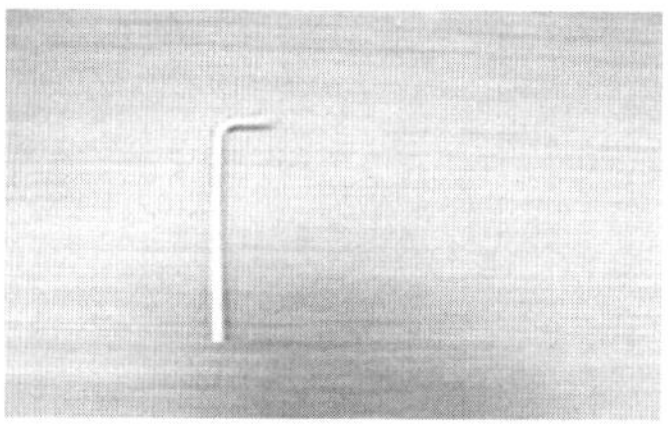
中孔花形 T25 扳手

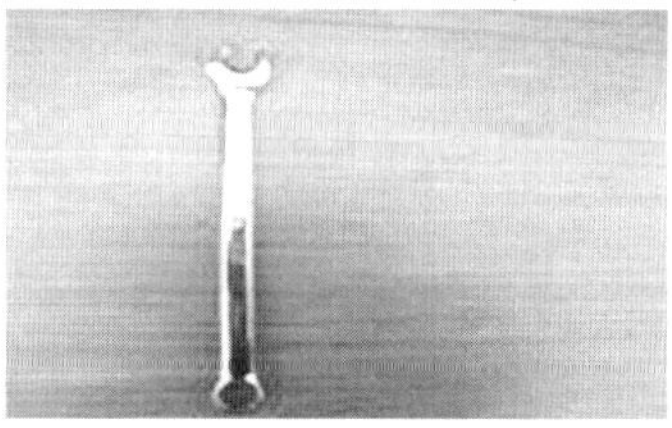
ϕ10mm 开口-梅花两用扳手

胶带

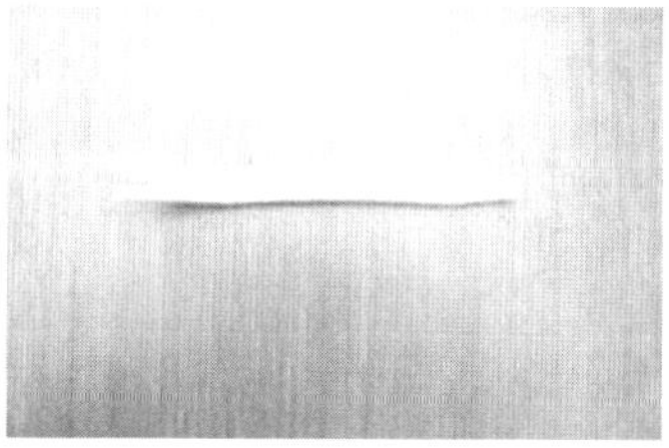
卡扣分离工具

七 教学组织

1 教学组织形式

本课程为“工艺化”实训课,建议教学时实训教师 1 名,学生 24 名,实训工位 6 个(也可以用卡罗拉轿车电气实训台代替实车进行操作),按照 4 人 1 个工位编组。如实训工位配置不足或师生比较高,可把学生分成两批,一批学生观看操作视频,并进行操作过程的流程补缺填充和相关理论知识的学习,另一批学生按“工艺化”要求进行实操。另考虑到完成整个项目实操所需时间较长,可把本项目按流程分成几个阶段性小项目,两组轮流操作,尽量使所有学生都能理、实结合地学习。

2 学生的站位分工和要求

每个小组有4名学生,一人操作,一人辅助,一人观察(执有作业流程表),一人评分(执有考核细则表)。学生按规定的工位站立,教师下达指令后,各组同时进行操作。

3 实训教师职责

(1)讲解操作任务的作业流程、操作步骤、技术规范和注意事项。

(2)组织、管理学生进行合作学习。

(3)在实训中检查、指导,纠正学生的错误。

(4)实训结束时反馈、评比各组的作业情况。

4 学生职责

(1)明确教学目标。

(2)开展合作学习,操作、辅助、观察和评分各工位依次进行循环。

(3)实训期间严格按“7S”要求进行,并及时记录作业中的错误之处。

八 操作步骤

第一步 断开蓄电池负极

从蓄电池负极端子断开电缆。

提示

断开蓄电池电缆后重新连接时,某些系统需要初始化。

第二步 拆卸前门内把手框

1 使用头部缠有保护胶带的螺丝刀,脱开3个卡爪。

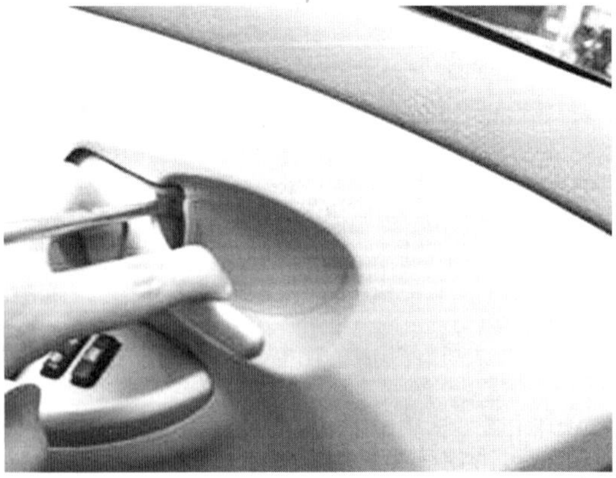

提示

(1)一只手拉开车门内把手,另一只手用缠有保护胶带的螺丝刀沿内把手框接缝中部依次撬开卡爪。

(2)用螺丝刀撬取时,用力均匀,不能用力过猛。

2 拆下前门内把手框。

提示

必须双手同时扶住把手框,并取下。

第三步 拆卸前扶手座上板

1 使用头部缠有保护胶带的螺丝刀,脱开2个卡子和6个卡爪,拆下前扶手座上板。

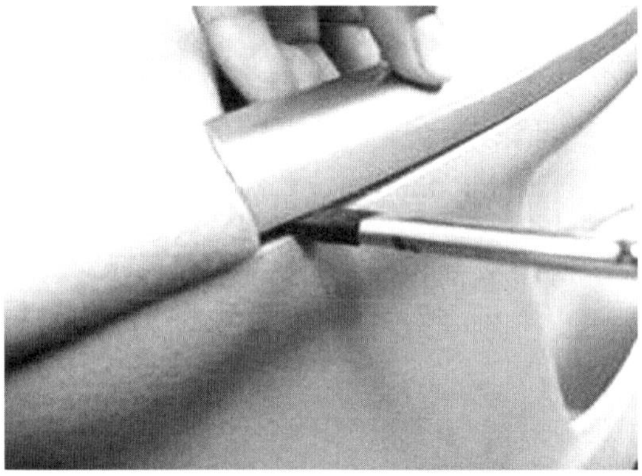

提示

(1)一只手扶住前扶手座上板,另一只手用缠有保护胶带螺丝刀沿上板左下接缝向右依次撬开卡爪。

(2)前扶手座上板与板框完全分离后,取出时必须把上板先左移,再上移。

2 断开连接器。

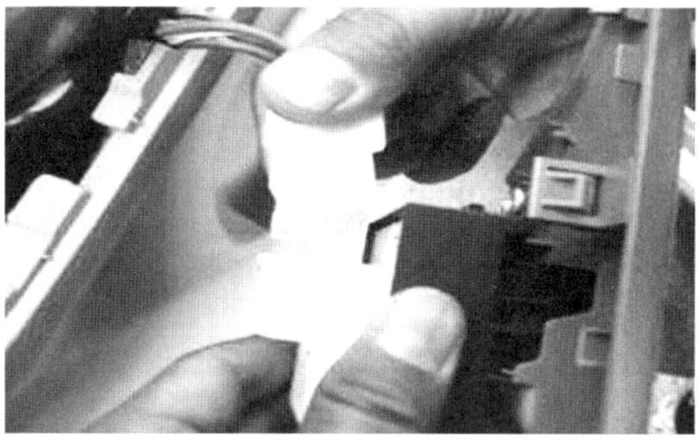

提示

先按住连接器卡扣,再断开连接器。

3 取下前扶手座上板。

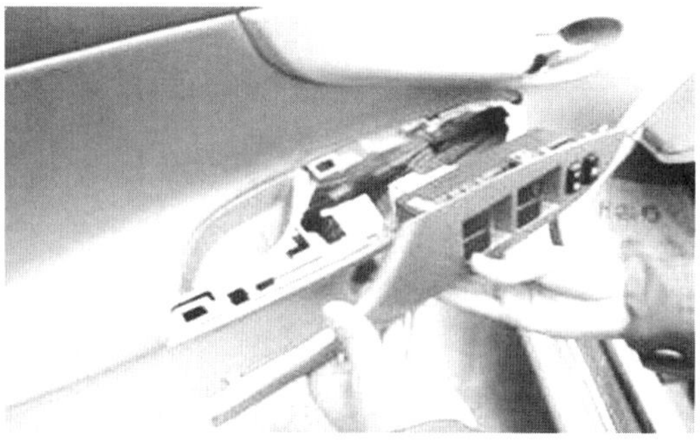

提示

必须双手取下前扶手座上板,并规范放置。

第四步 拆卸前门装饰板分总成

1 使用头部缠有保护胶带的螺丝刀,脱开卡爪并断开车门扶手盖。

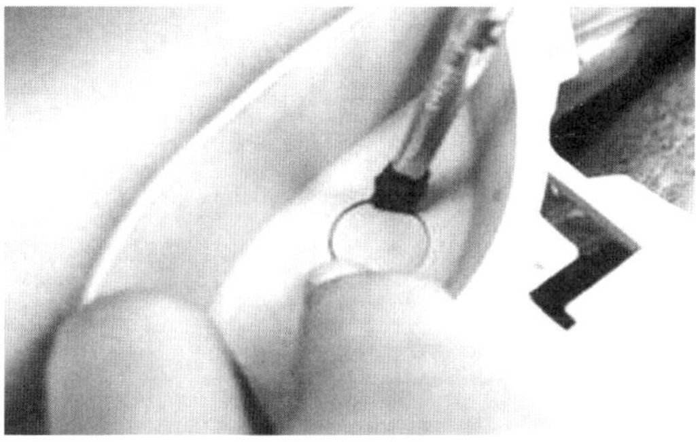

提示

一只手扶住车门扶手盖螺栓盖板左侧，另一只手用缠有保护胶带的螺丝刀从盖板右侧撬开，并取下。

2 拆下车门扶手螺栓。

3 拆下前门内把手分总成固定螺栓。

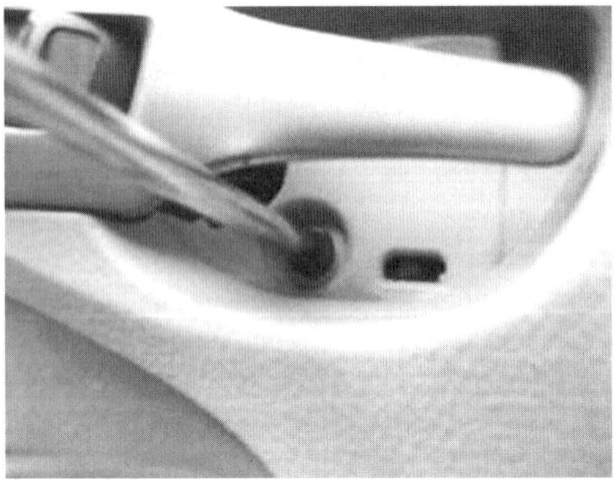

4 使用卡子分离工具，脱开 9 个卡子。

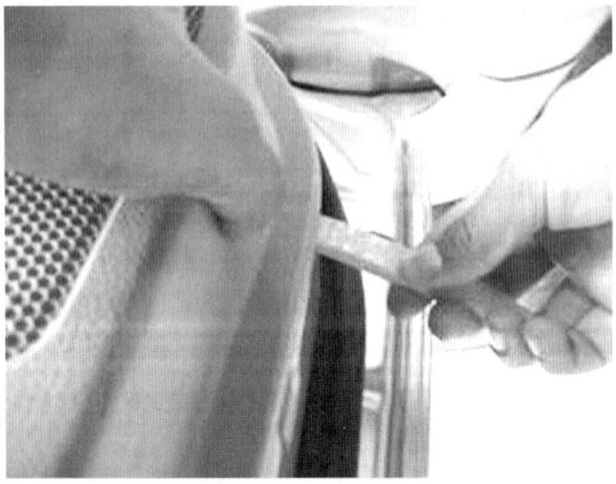

提示

(1)一只手扶住前门装饰板，另一只手用卡子分离工具自下接缝向上依次撬开卡子。

(2)松开卡子时，不能用力猛拉，以免损伤卡子。

5 脱开 5 个卡爪并从前门玻璃内密封条上分开前门装饰板分总成。

提示

双手拿住前门装饰板，松开前门玻璃内密封条与前门装饰板分总成的固定螺栓。

6 脱开 2 个卡爪，并断开前门内把手分总成。

提示

(1)松开内把手分总成卡爪时，先把内把手下压松开上卡爪，先上提分开下卡爪。

(2)切忌把内把手猛拉出来。

第五步 拆卸前门下门框支架装饰条

1 脱开卡子和卡夹，并拆下前门下门框支架装饰条。

提示

(1)一只手扶住前门下门框支架装饰条，另一只手用缠有保护胶带的螺丝刀从装饰条接缝处自上而下撬开，并取下。

(2)因装饰条内有连接器连接，撬开后不能用力拉。

2 断开连接器。

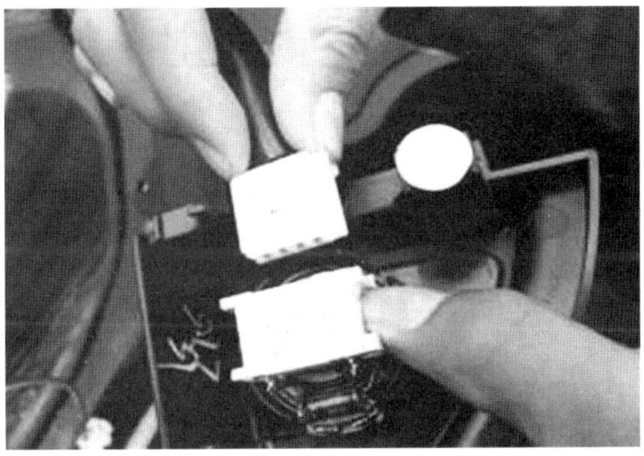

提示

先按住连接器卡扣，再断开连接器。

第六步 拆卸前门玻璃分总成

1 连接蓄电池负极端子。

提示

注意负极端子连接必须牢固。

2 连接电动车窗升降器主开关总成，并移动前门玻璃分总成，以便能看到车门玻璃螺栓。

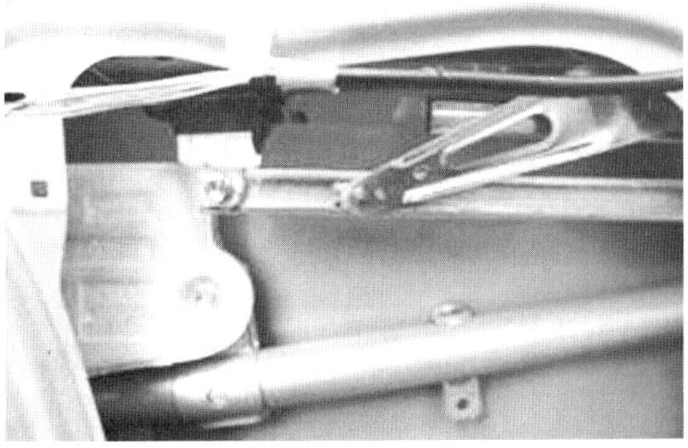

提示

车门玻璃必须移至2个螺栓同时可拆卸的位置。

3 断开蓄电池负极端子和电动车窗升降器主开关总成。

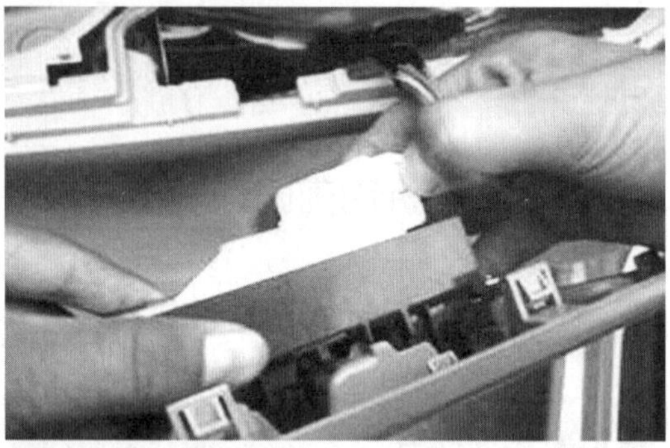

提示

取下主开关时,必须松开连接器(先按住连接器卡扣,再断开连接器)。

4 拆下 2 个螺栓。

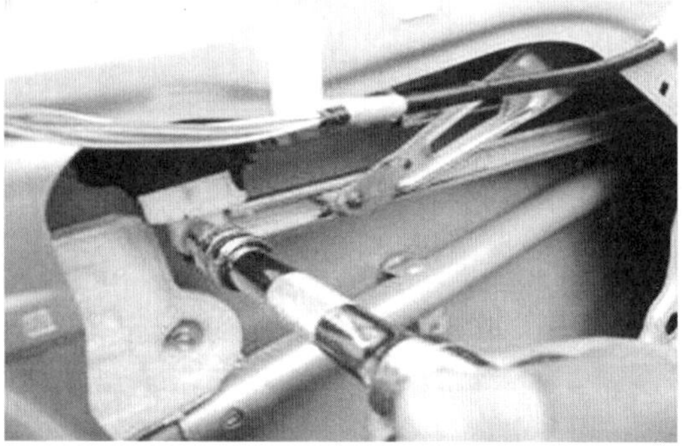

提示

拆下螺栓后,车门玻璃可能掉落,造成损坏,此步骤可两人同时作业,一人拆卸螺栓,另一人扶住玻璃。

5 拆下前门玻璃分总成。

提示

拆下螺栓后,必须把车门玻璃用手升至最高位置,与密封条完全贴合,否则可能掉落,造成损坏。

第七步 拆卸前门车窗升降器分总成

1 断开连接器。

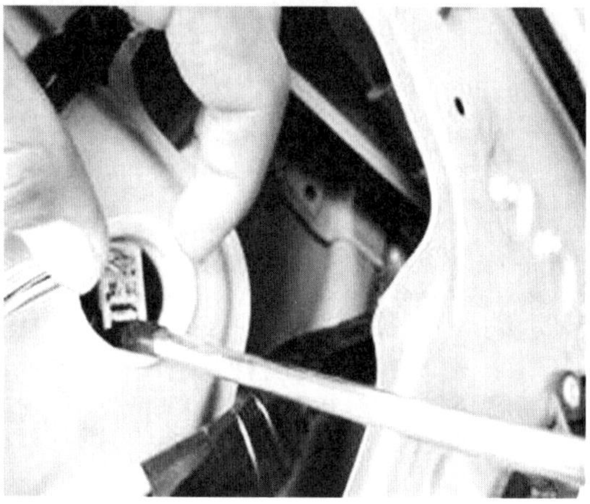

提示

使用头部缠有保护性胶带的螺丝刀,断开升降器连接器。

2 松开临时螺栓。

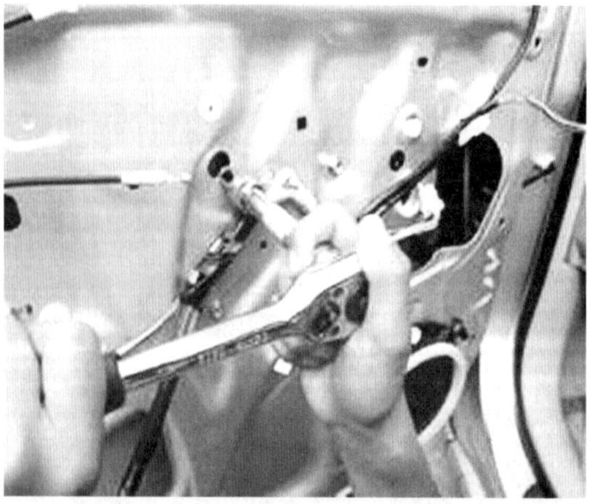

提示

不要拆下临时螺栓。如果拆下临时螺栓，可能会使前门窗升降器掉落，造成损坏。

3 拆下5个螺栓。

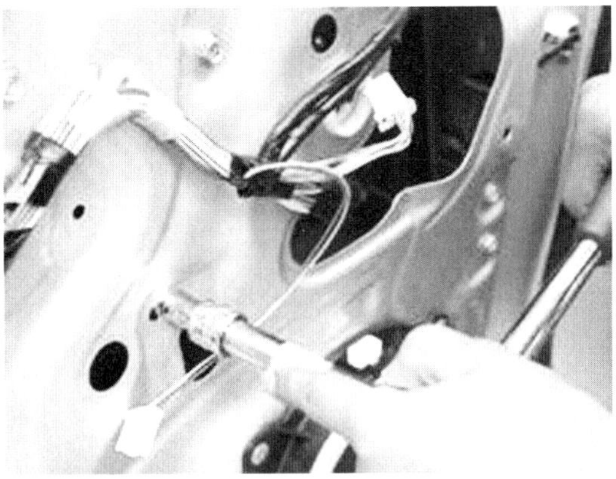

提示

按对称原则取下5个螺栓，将前门窗升降器分总成和前电动车窗升降器电动机总成作为一个单元拆下。

4 从前门窗升降器分总成上拆下临时螺栓。

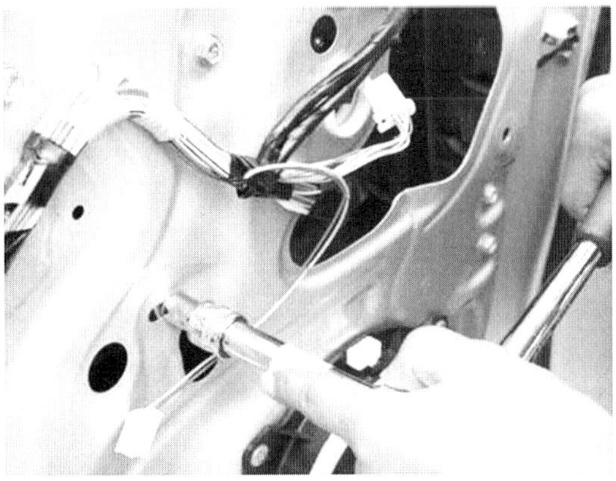

提示

取下临时螺栓时，另一人必须扶住电动车窗升降器电动机总成，以免掉落。

5 取出前门窗升降器分总成。

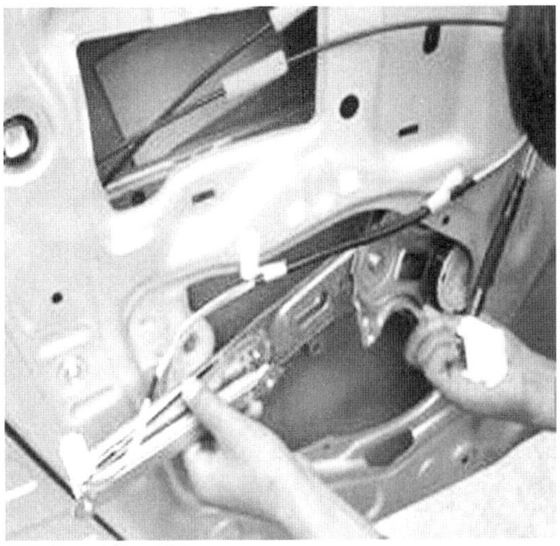

提示

取出前门窗升降器分总成时，防止其与周围相碰。

第八步 拆卸前电动车窗升降器电动机总成

1 用中孔花形T25扳手，拆下3个螺栓和前电动车窗升降器电动机总成。

提示

按对称原则拆下电动机固定螺栓。

2 分离电动机与电动车窗升降器总成。

第九步 选用电动车窗升降器电动机

选用与本车电动车窗升降器型号一致的电动机,并测试其工作性能是否正常。

提示

选用的电动机型号必须与原电动机型号一致,并能正常工作。

第十步 安装前电动车窗升降器电动机总成

1 用中孔花形 T25 扳手把电动机安装在前电动车窗升降器总成上。

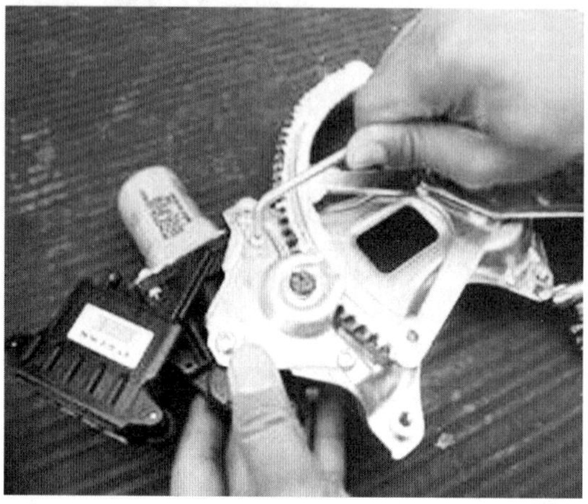

提示

(1)力矩要求:5.4 N·m。

(2)当自攻螺栓插入时,新的前门窗升降器使用自攻螺栓钻出的新安装孔。

(3)安装电动车窗升降器电动机时,升降器臂必须低于中间位置。

2 把前电动车窗升降器电动机总成移到至规定位置。

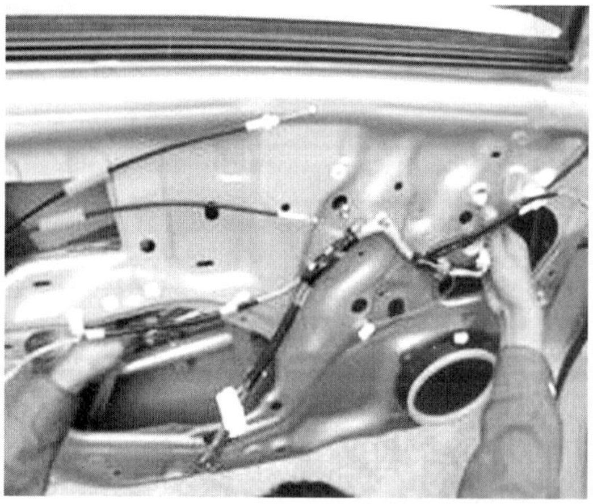

提示

移动时,防止其与周围物体相碰。

3 把前电动车窗升降器电动机总成安装在前左车门上。

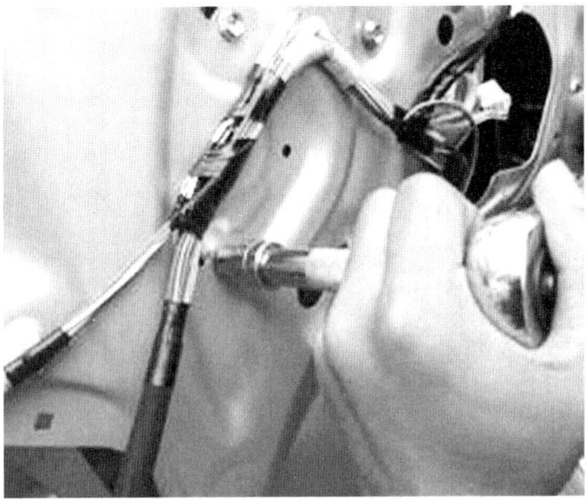

提示

(1)按对称交叉的原则固定螺栓。

(2)力矩要求:8.0N·m。

第十一步 安装前门玻璃分总成

1 沿着前门玻璃升降槽将前门玻璃分总成插入前门板内。

提示

移动玻璃时必须用力均匀。

2 用2个螺栓安装前门玻璃分总成。

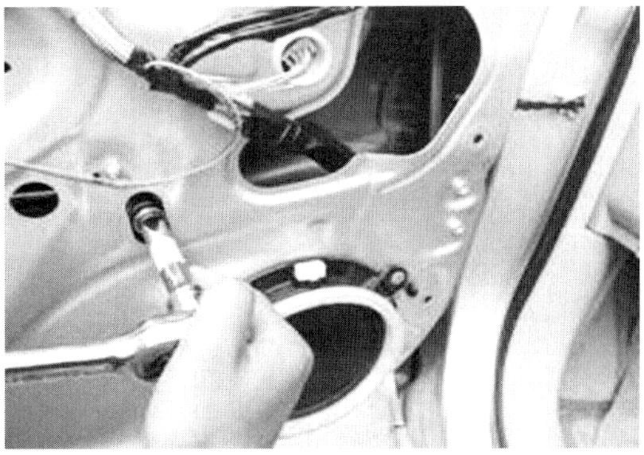

提示

拧紧力矩:8.0N·m。

第十二步 安装前门检修孔盖

1 用丁基胶带粘贴前门检修孔盖。

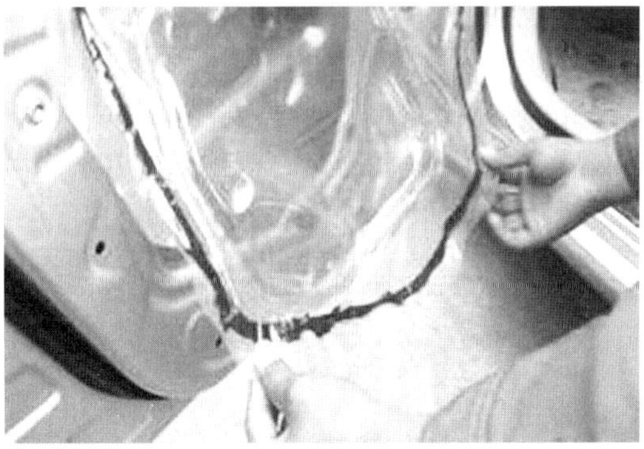

提示

(1)将前门锁止遥控拉索和后门内侧锁止拉索穿过一个新的前门检修孔盖。

(2)使用前门板上的参考点连接前门检修孔盖。

(3)牢固安装前门检修孔盖,避免出现

褶皱和气泡。

2 连接连接器。

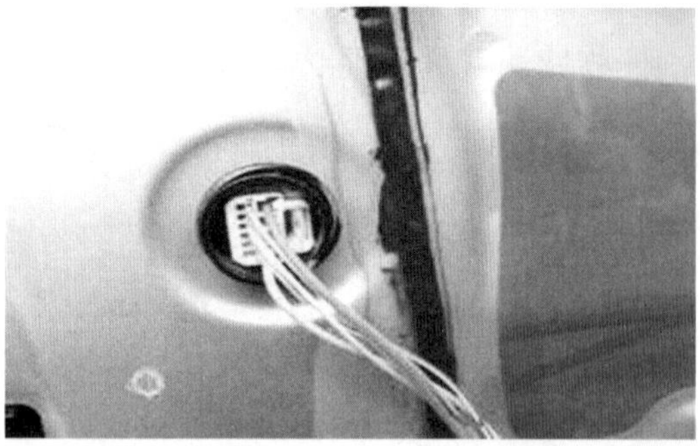

提示

保证锁扣锁上可靠。

第十三步 安装车门装饰板支架

用2个螺栓安装车门装饰板支架。

第十四步 安装前门玻璃内密封条

安装前门玻璃内密封条。

提示

安装时先对准5个卡爪位置,然后自左向右依次用手下压。

第十五步 安装前门下门框支架装饰条

1 连接连接器。

提示

保证锁扣锁上可靠。

2 接合卡子和卡爪,并安装前门下门框支架装饰条。

提示

(1)接合时先对准卡子的位置,然后自

下而上依次用手掌接合。

(2)注意接合时用力不能过猛。

第十六步 安装前门内把手分总成

1 将前门锁止遥控拉索和前门内侧锁止拉索连接到前门内把手分总成上。

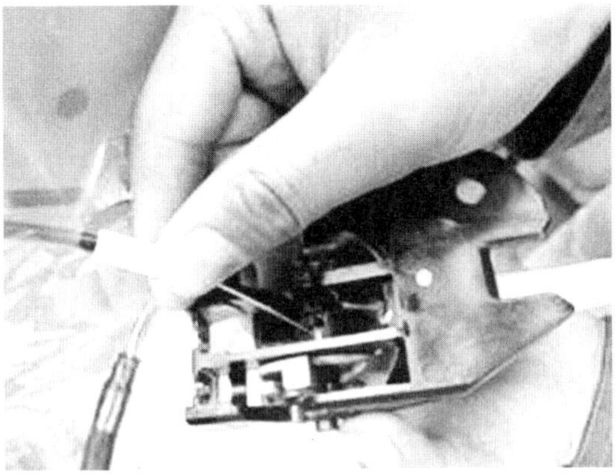

提示

(1)拉索连接顺序为先下侧,再上侧。

(2)拉索的锁扣必须安装可靠。

2 接合2个卡爪,并安装前门内把手分总成。

提示

(1)卡爪接合顺序为先下侧,后上侧。

(2)卡爪必须接合牢靠。

第十七步 安装前门装饰板分总成

1 用前门玻璃内密封条上的5个卡爪接合装饰板。

提示

首先对准卡爪安装位置,然后用手轻轻压入。

2 接合10个卡子,将前门装饰板安装至前门板。

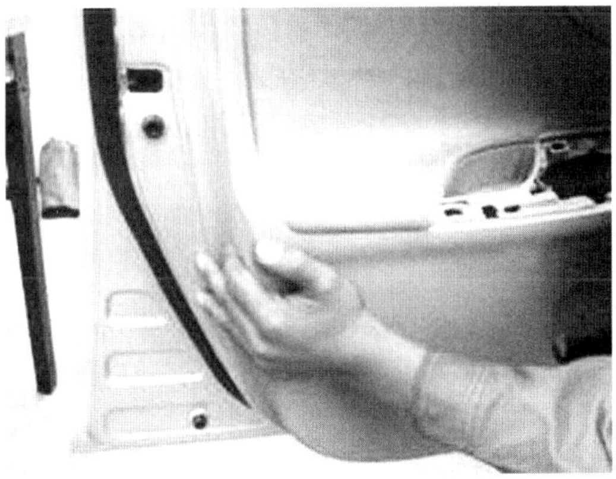

提示

(1)先对准10个卡子安装位置,然后用手压入。

(2)压入后必须目测接缝情况,观察是否安装牢靠。

3 安装2个螺栓。

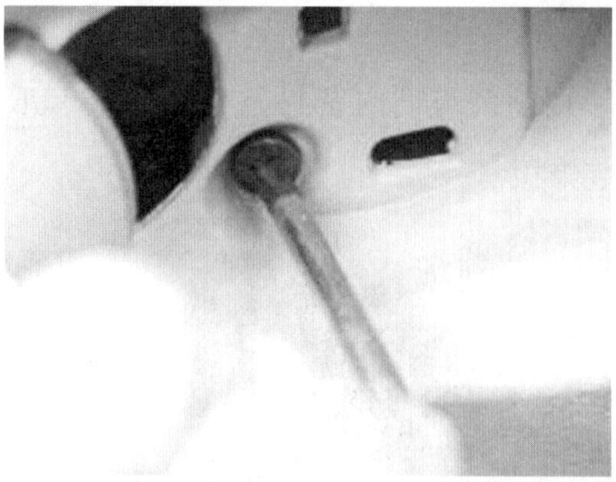

4 接合卡爪,连接车门扶手盖。

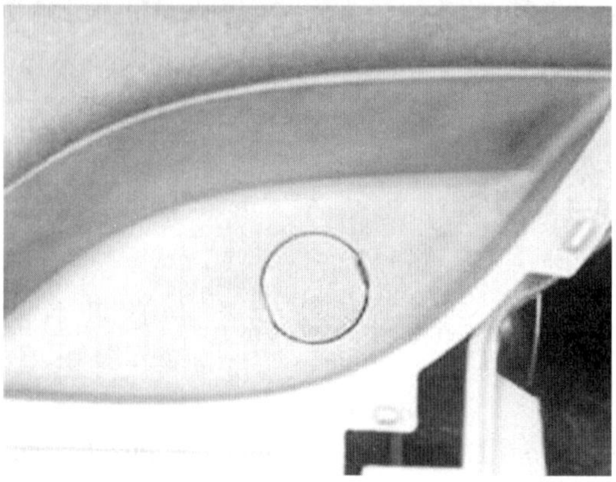

第十八步 安装前扶手座上面板

1 连接连接器。

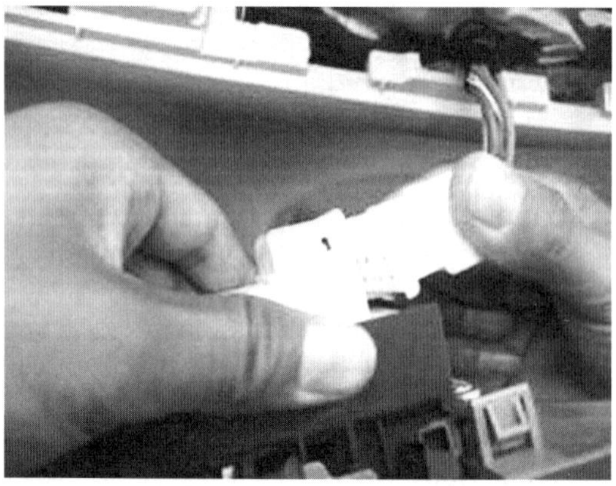

提示

保证锁扣锁上可靠。

2 接合2个卡子和6个卡爪,安装前扶手座上面板。

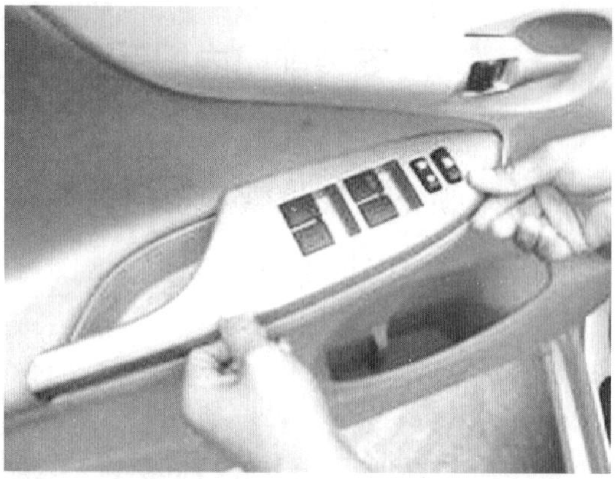

提示

自左向右送入前扶手座上面板,对准位置后,用手接合卡子与卡爪牙。

第十九步 安装前门内把手框

接合3个卡爪,安装前门内把手框。

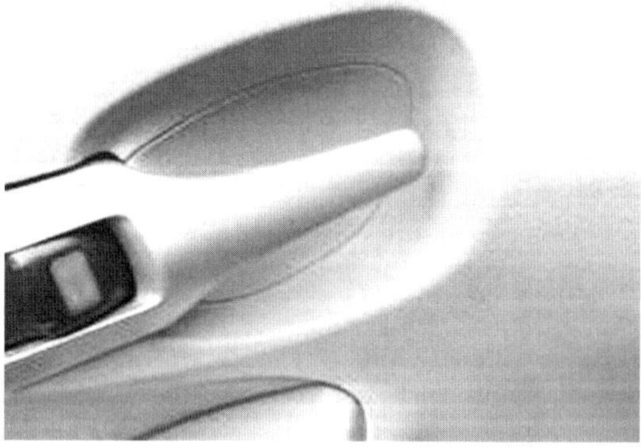

提示

接合时先对准卡爪位置,再轻轻用手按入。

第二十步 连接蓄电池负极

将电缆连接至蓄电池负极端子。

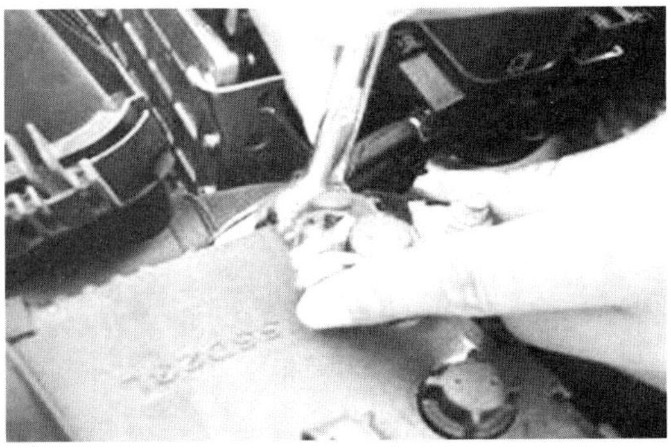

提示

负极必须连接牢靠。

第二十一步 测试电动车窗工作情况

操作电动车窗开关，观察各车窗的工作情况。

提示

了解各车窗升降的同时，还要听玻璃移动时声音是否正常。

九 考核标准

评价内容	分值	序号	具体指标	分值	扣分标准	学生自评	小组评分	教师评分
仪容仪表	10	1	工作服、鞋穿戴整洁规范	2	酌情扣分			
		2	发型、指甲等符合工作要求	3	酌情扣分			
		3	不佩戴首饰、钥匙、手表等	5	酌情扣分			
工作安全	20	4	无工具、器材落地现象	5	酌情扣分			
		5	操作过程中沉着冷静	5	酌情扣分			
		6	汽车的安全操作过程	5	酌情扣分			
		7	无人员受伤及设备损伤事故	5	酌情扣分			
工作过程	60	8	断开蓄电池负极	2	操作不当扣2分			
		9	拆卸前门内把手框	3	操作不当扣3分			
		10	拆卸前扶手座上板	2	操作不当扣2分			
		11	拆卸前门装饰板分总成	3	操作不当扣3分			
		12	拆卸前门下门框支架装饰条	3	操作不当扣2分			

续上表

评价内容	分值	序号	具体指标	分值	扣分标准	学生自评	小组评分	教师评分
工作过程	60	13	拆卸前门玻璃分总成	2	操作不当扣3分			
		14	拆卸前门车窗升降器分总成	3	操作不当扣3分			
		15	拆卸前电动车窗升降器电动机总成	3	操作不当扣3分			
		16	选用电动车窗升降器电动机	3	操作不当扣3分			
		17	安装前电动车窗升降器电动机总成	3	操作不当扣3分			
		18	安装前门玻璃分总成	3	操作不当扣3分			
		19	安装前门检修孔盖	3	操作不当扣3分			
		20	安装车门装饰板支架	3	操作不当扣3分			
		21	安装前门玻璃内密封条	2	操作不当扣2分			
		22	安装前门下门框支架装饰条	3	操作不当扣3分			
		23	安装前门内把手分总成	3	操作不当扣3分			
		24	安装前门装饰板分总成	3	操作不当扣3分			
		25	安装前扶手座上面板	3	操作不当扣3分			
		26	安装前门内把手框	4	操作不当扣4分			
		27	连接蓄电池负极	2	操作不当扣2分			
		28	测试电动车窗工作情况	2	操作不当扣2分			
职业素养	10	29	整理清洁工具	2	酌情扣分			
		30	操作前使用实训指导书	2	酌情扣分			
		31	学员之间配合默契	2	酌情扣分			
		32	在规定时间内完成	2	酌情扣分			
		33	填写工单	2	酌情扣分			
		34	7S 工作	2	酌情扣分			
			总分	100	实际得分			

十 思政课堂

中国汽车工业的奠基人——饶斌

饶斌,原名饶鸿熹,吉林省吉林市人,祖籍江苏南京,新中国汽车工业的创始人。早年就读同济大学医学院,1933 年加入中国共产主义青年团。1937 年加入中国共产党。曾任中共晋西北临时省委秘书长,静乐地委副书记,晋绥八地委书记,中共中央晋绥分局党校教育长,中共辽宁省委组织部副部长,中共山西交城地委书记,抚顺、吉林市委书记,东北民主联军驻图们卫戍司令部司令员,哈尔滨市市长。建国后,历任中共松江省委副书记、松江省副省长、中共吉林省委常委兼长春第一汽车制造厂厂长、第一机械工业部副部长、国家经委副主任、第二汽车制造厂厂长、第一机械工业部部长、中国汽车工业公司董事长。是中共八大代表,中顾委委员,第四、五届全国人大代表。

上个世纪 50 年代初,饶斌在东北因特殊原因所陷,被降格使用,恰好当时中央要筹建第一汽车制造厂,饶斌自告奋勇去担任厂长。

在中央讨论人选时,毛泽东想起在哈尔滨见过高大英武的饶斌,就问:“是那个当市长的白面书生吗,他够厉害吗?”在得到肯定的回答后,毛主席点点头,中央正式任命饶斌为长春第一汽车制造厂厂长。

1953 年 7 月,饶斌把第一锹黑土抛向毛泽东亲自题词的一汽建设奠基石;后来他又接受了生产红旗轿车的任务;1964 年,他又奉命到武当山下,艰难地主持创建二汽。

十一 知识拓展

1 车窗玻璃的选用常识

汽车的前、后窗通常采用有利于视野而又美观的曲面玻璃,借橡胶密封条嵌在窗框上或用专门的黏合剂粘贴在窗框上。为便于自然通风,汽车的侧窗玻璃通常可上、下或前、后移动。在玻璃与导轨之间装有呢绒或植绒橡胶等材料的密封槽。某些汽车的侧窗还采用有利于汽车布置的圆柱面玻璃。侧窗玻璃采用茶色或降热层可使室内保温并具有安闲宁静的舒适感。具有完善的冷气、暖气、通风及空调设备的高级客车常常将侧窗玻璃设计成不可移动的,以提高车身的密封性。

2 电动车窗的维护

1)沙尘过后及时清理升降槽

维护电动车窗首先要从车窗玻璃做起。车窗玻璃受到污损不仅会影响整车的美观以及行车视野,而且还会影响电动车窗的起闭动作。沙尘天气过后,或者长时间在沙土比较多的地区驾驶以后,车主最好用风箱清理一次车窗玻璃下的槽口,将可能“乘虚而入”的沙子、小石粒吹出来,没有风箱的也可以使用电吹风清理。如果不及时清理,玻璃升降轨道中的沙尘不断积累,会使车窗玻璃与沟槽之间的摩擦阻力增大,从而影响电动车窗的正常起闭。车主开启电动车窗的时候,还可能因夹在里面的小石粒使您的车窗玻璃“破相”。

2)雨天行车关闭车窗

遇到雨天行车,车主要尽可能地关闭车窗,否则雨水会从车外飘进车内,不仅会淋湿车内物品,还有可能淋湿电动车窗开关,造成其短路;或者使雨水流进电动车窗的升降槽,造成连杆机构浸水锈蚀断裂,使玻璃脱轨。如果车窗玻璃出现上升下落不顺畅,车主可以适当使用凡士林、润滑脂进行润滑,但切忌使用过多,否则容易吸附沙尘。

3)勿将开关当玩具

如果需要经常搭载儿童的车主,当有小孩在车内的时候,不要让他们把电动车窗的升降开关当作玩具玩。这样不仅会造成电动车窗电动机损坏,还会造成一些带有保护模式的电动车窗失去其功效。

4)蓄电池电量不足时慎用

电动门窗的耗电量很大,低速状态时激活的一刹那甚至会使发动机声音发生变化。所以对于电池电压较小的汽车,注意不要将车窗同时开启或关闭。

3 电动车窗常见的故障检修方法

序号	故障现象	故障原因	解决方法
1	汽车行驶颠簸时玻璃有异响	(1)车窗玻璃总成固定螺栓或卡扣有松动; (2)门饰板内有异物; (3)车窗玻璃与密封条之间有松旷	(1)紧固固定螺栓或卡扣; (2)清除异物; (3)更换密封条
2	在升降过程中出现异响	(1)车窗升降器导轨原因导致异响; (2)车窗升降器零部件故障	(1)清理并润滑导轨; (2)更换车窗升降器
3	车窗玻璃升降困难	(1)玻璃密封条老化变形,导致升降玻璃受到阻力; (2)车窗玻璃升降导轨太脏有异物; (3)电动机故障; (4)蓄电池电量低	(1)更换新的密封条; (2)清洗并清除异物; (3)更换电动机; (4)需要充电或更换蓄电池
4	玻璃升至一半后自动下降	(1)车窗玻璃密封条过紧; (2)车窗玻璃升降器故障	(1)更换车窗玻璃密封条; (2)更换车窗玻璃升降器

4 电动防夹车窗

所谓电动车窗防夹保护，就是一旦在车窗自动上升过程中侦测到有障碍物的存在，车窗就自动停止向上运动，防止损毁障碍物，并向下运动，以释放障碍物。

电动车窗防夹的基本思想可以概括为：在车窗自动上升过程中，传感器检测到障碍物的存在（包括已被夹或判断有障碍物存在上升途中）。当检测到有障碍物存在时，驱动电动机反转，使车窗下降一段距离，释放障碍物。

防夹检测方式主要有"触觉"和"视觉"两类。所谓"触觉"，就是当电动车窗机构感触到有异物在玻璃上，会自动停止玻璃上升工作。而"视觉"，是一套光学控制系统。它检测有无异物在电动车窗移动范围内，从而控制玻璃移动，无需异物直接接触到玻璃。在电动车窗正常上升过程中，当在任意位置有物体被夹住时，控制器会立即停止上升动作，并自动返回到下死点，然后立即断电停机，以释放被夹物，保护驾乘人员（特别是儿童）的安全。

在上下死点位置，无论升降开关是否松开，控制器均会自动断电，以避免电动机因长时间空转而烧毁。如果电动车窗出现机械故障被卡住，控制器也会立即断电，有效保护电动机不被烧毁。

十二 课堂练习

（一）填空题

1. 汽车电动车窗系统一般由车窗、________、电动机、继电器、开关和安全保护系统等组成。

2. 电动玻璃升降器按机械升降机构来分主要有绳索式和________。

3. 玻璃升降按操纵方式分为手动式、________和电动式三类。

4. 当汽车电动门窗上升时发现有障碍，能自动停止上升，这就是结构中的________控制系统。

5. 电动车窗系统的每扇汽车车门上装有一个控制开关，在驾驶人一侧装有________。

(二)单项选择题

1. 汽车电动车窗的动力来源________。

   A. 手动　　B. 电源

   C. 液压　　D. 压缩气压

2. 下列不属于电动玻璃升降器优点的是________。

   A. 遥控自如　　B. 调节方便

   C. 拆装时不需要断电　　D. 运行平稳

3. 目前应用较广的电动玻璃升降器类型为 ________。

   A. 液压式　　B. 绳轮式

   C. 交叉双臂式　　D. 交叉四臂式

4. 电动门窗的核心元件为________。

   A. 安全保护系统　　B. 玻璃

   C. 减速器　　D. 玻璃升降器

5. 电动车窗动作不顺畅,可能由________原因造成。

   A. 开关操纵力度过大　　B. 电动机断路

   C. 熔断丝烧断　　D. 升降机构中少润滑油

(三)判断题

1. 绳轮式玻璃升降器零件少,质量大,结构简单。(　　)
2. 交叉双臂式玻璃升降器强度高,加工方便。(　　)
3. 驾驶人一般可以操纵电动车窗系统中的所有电动车窗。(　　)
4. 驾驶人要经常同步打开或关闭电动车窗,以便于调整系统。(　　)
5. 当儿童单独乘坐轿车后排时,应锁住其中一侧电动车窗。(　　)

任务 8　汽车电动座椅认知与更换

一　情景导入

小张新买了一辆丰田锐志 2.5V 汽车，汽车配有电动座椅。汽车使用不到三个月，他发现驾驶座位调节开关有间歇性故障，要求 4S 店更换开关总成。

二　知识链接

1　汽车电动座椅的作用、要求与组成

1)作用

电动座椅的主要作用是为驾驶人(乘客)提供便于操作、舒适而又安全的驾驶位置。

2)要求

根据人体工程学的要求，汽车座椅必须具有良好的静态与动态舒适性，其外形必须符合人体生理功能，保证舒适的前提下，座椅应采用经济的结构，减小质量，操作简便。汽车座椅是支承和保护人体的构件，必须具有充分的强度、刚度和耐久性，要求锁止机构可靠，能保证安全。

3)组成

为了实现座椅的调节，电动座椅由若干个双向电动机、传动装置、座椅调节器和控制开关等组成。

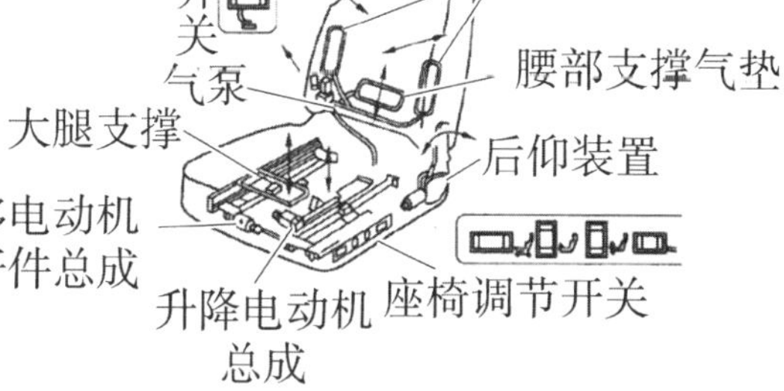

(1)电动机:双向电动机产生动力，电动座椅中使用的电动机一般为永磁式双向直流电动机。通过控制开关改变流经电动机内部的电流方向，从而实现转动方向的改变。

(2)传动装置:把电动机产生的动力传至座椅,主要包括变速器、联轴器软轴及齿轮传动。

(3)座椅调节器:汽车座椅调节器,用于调节座椅的角度、高度等参数,包括手动体总成、外管、移动定位装置、自动回弹装置和与外管连接的连接体。其要求锁紧定位可靠,操作方便,使用寿命长。由于它是机械结构,不受气温环境变化限制,能适应各种温度变化,且座椅倾斜角度可以任意调节。

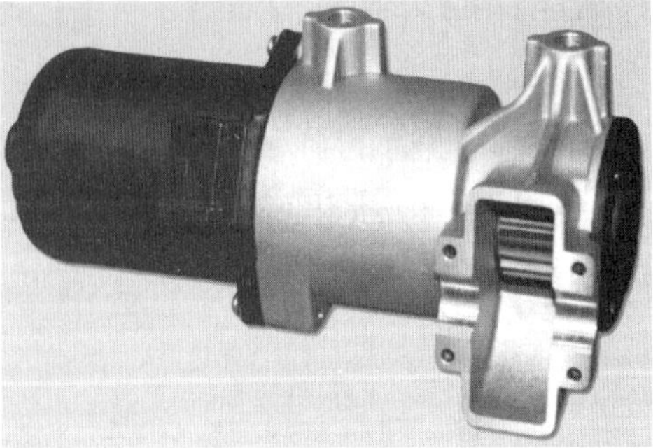

(4)控制开关:控制开关接受驾驶人或乘员输入的命令,控制执行机构完成电动座椅的调整。

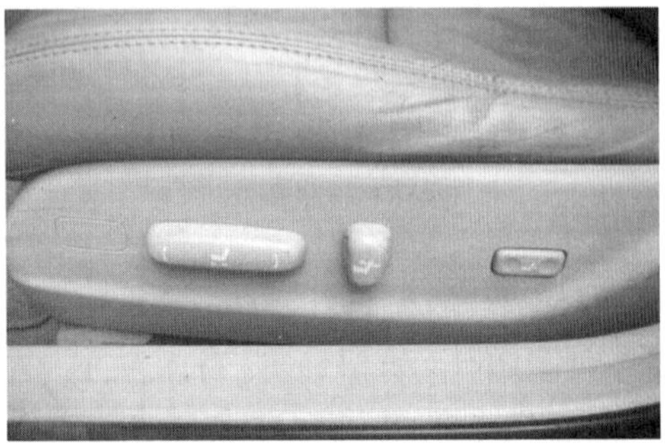

2 电动座椅分类及主要功能介绍

1)分类

(1)按座椅电动机的数目分:单电动机式、双电动机式、四电动机式。

(2)按有无加热器分:有加热器式和无加热器式。

(3)按有无存储功能分:有存储功能和无存储功能。

(4)按座椅可移动方向分:四方向、六方向、八方向、十方向等。

2)功能

(1)方向角度调节功能:现在电动座椅可具备座椅的前后调节、上下调节、座位前部的上下调节、靠背的倾斜调节、侧背的倾斜调节、侧背支撑调节、腰椎支撑调节、靠枕的上下前后调节。

(2)记忆功能:电动座椅与 ECU 连在一起,对座椅信息参数进行智能化处理,前者调节好的座椅,后者使用时重新调节,计算机会把前者所调整完的参数存储起来,当前者重新乘坐时,会自动(或按动键钮后)调整到当初设置过的状态,一般计算机可存储 2~4 组数据。

3 驾驶人座椅调整原则

调整座椅目的是方便驾驶汽车,同时兼顾驾驶人乘坐舒适。最合理的驾驶坐姿,主要是指最安全的驾驶方式。

序号	调整项目	调整要求	图示
1	上下调整	头部离车顶部至少还有一个拳头的距离。如果座椅太高,车辆颠簸时头部易触到车顶	
2	前后调整	当脚向下踩住制动踏板至最深处,腿部仍要有一定的弯曲	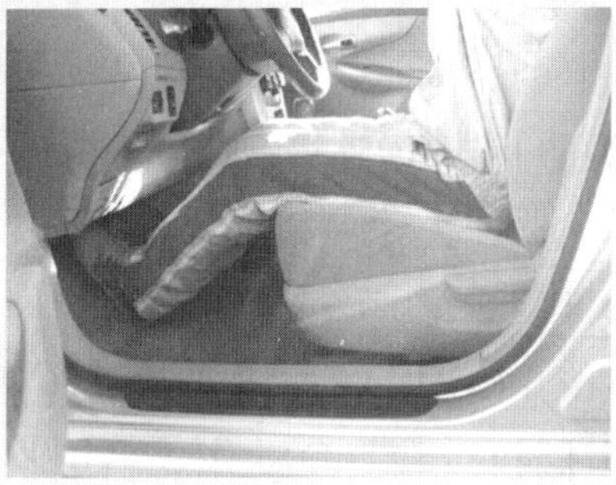
3	腰部调整	让座椅支撑住腰,驾驶人向后靠时,不要让腰部悬空,这样就可以减少驾驶过程中的疲劳。如果没腰部调节(支撑)的座椅,驾驶人可以买个专用垫支在腰后	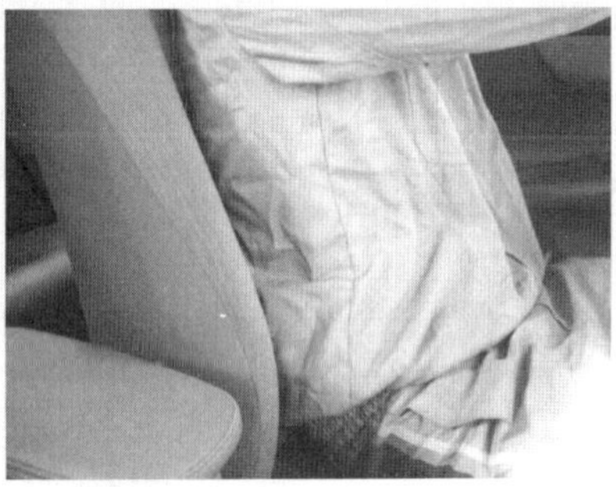
4	头枕调整	头枕的中心线与眼眉或与耳朵端在一条线上。头枕调整到以能够托住颈部为宜,这样不仅可以让人感觉舒适,也容易在发生车祸时保护脆弱的颈部	

续上表

序号	调整项目	调 整 要 求	图　　示
5	转向盘调整	背部紧靠座椅，当胳膊伸直搭在转向盘上时，手腕部恰好落在转向盘的最上沿。通过转向盘轮辐恰好可以看到仪表板的各数据	

4 汽车电动座椅工作原理

电动座椅多采用永磁式双向直流电动机，为防止电动机过载，电动机内一般都装有断路器。由于座椅的类型不同，一般一个座椅可装2个、3个、4个或6个电动机。其中座位ECU可以控制电动座位的电源通断、存储执行和复位动作。当接收到来自电动座位开关的输入信号后，在ECU内的继电器动作，控制电动座位运动。座位的存储和复位由电驱动的倾斜和伸缩ECU和座位ECU之间的相互联系进行控制。

自动座椅的工作原理

电动座椅调节可分为普通电动座椅和带有记忆功能的电动座椅。带有记忆功能的电动座椅是指：如果驾驶人或乘客调整好一个位置状态并对调整状态进行储存，以后就可以调出这个位置状态。这样可以省很多步骤，体现了人性化设计。

三 实训时间

实训时间为40min，考核时间为40min。

四 实训教学目标

1 知识目标

(1)能说出汽车电动座椅的功能和组成；

(2)知道汽车电动座椅的维护内容。

2 技能目标

(1)能规范地更换电动座椅开关；

(2)能根据需求正确调整汽车电动座椅。

3 素养目标

(1)通过合作教学，培养在学习中敢担当、能吃苦的好品质；

(2)培养精益求精的工匠精神和职业素养。

五 技术标准与要求

（1）本项目操作时，要保证车上电气线路断电状态（拆除蓄电池负极）。

（2）电动座椅安装后必须进行功能检查、系统初始化及 SRS 警告灯检查。

六 实训器材

丰田卡罗拉轿车、ϕ14mm 套筒、短接杆、棘轮扳手、一字螺丝刀、十字螺丝刀、ϕ10mm 开口-梅花两用扳手、扭力扳手、胶带、翼子板布及驾驶舱内保护罩等其他器材。

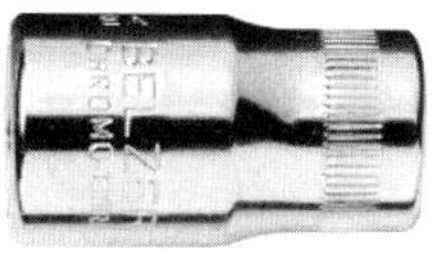
ϕ14mm 套筒

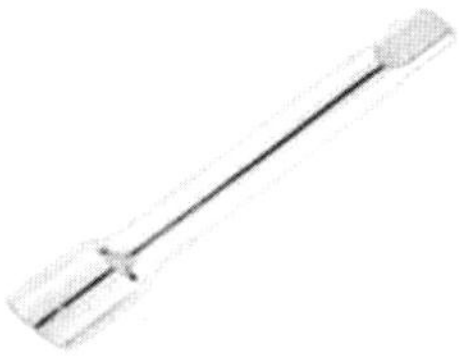
短接杆

棘轮扳手

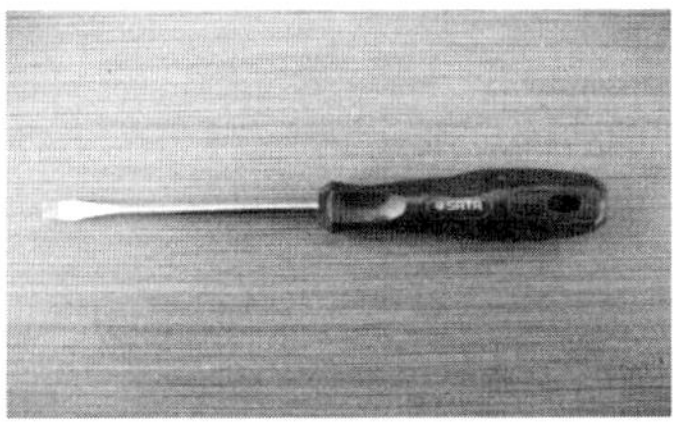
一字螺丝刀

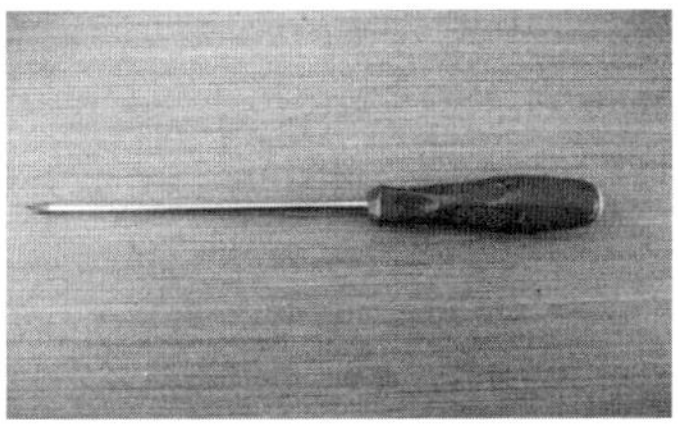
十字螺丝刀

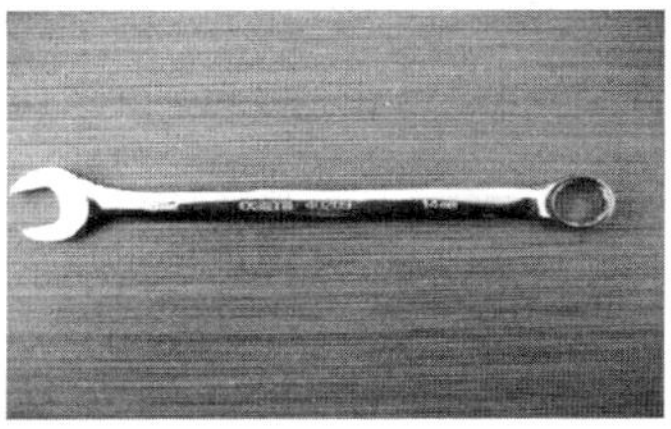
ϕ10mm 开口-梅花两用扳手

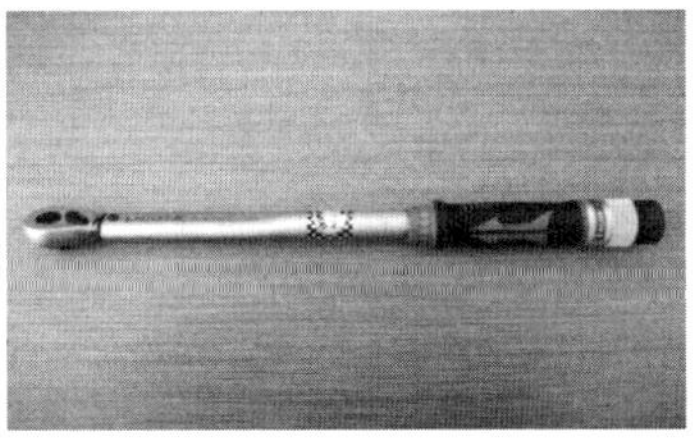
扭力扳手

胶带

七 教学组织

1 教学组织形式

本课程为“工艺化”实训课，建议教学时实训教师 1 名，学生 24 名，实训工位 6 个（也可以用卡罗拉轿车电气实训台代替实车进行操作），按照 4 人 1 个工位编组。如实训工位配置不足或师生比较高，可把学生分成两批，一批学生观看操作视频，并进行操作过程的流程补缺填充和相关理论知识的学习，另一批学生按“工艺化”要求进行实操。另考虑到完成整个项目实操所需时间较长，可把本项目按流程分成几个阶段性小项目,两组轮流操作,尽量使所有学生都能理、实结合地学习。

2 学生的站位分工和要求

每个小组有 4 名学生,一人操作,一人辅助,一人观察(执有作业流程表),一人评分(执有考核细则表)。学生按规定的工位站立,教师下达指令后,各组同时进行操作。

3 实训教师职责

(1)讲解操作任务的作业流程、操作步骤、技术规范和注意事项。

(2)组织、管理学生进行合作学习。

(3)在实训中检查、指导,纠正学生的错误。

(4)实训结束时反馈、评比各组的作业情况。

4 学生职责

(1)明确教学目标。

(2)开展合作学习,操作、辅助、观察和评分各工位依次进行循环。

(3)实训期间严格按"7S"要求进行,并及时记录作业中的错误之处。

八 操作步骤

第一步 拆卸前排座椅头枕总成

1 调整座椅靠背角度。

提示

取下头枕总成时需把座椅靠背往后倾斜成与坐垫呈150°左右角度,以方便取下头枕。

2 取下前排座椅头枕总成。

提示

(1)用手指按住前排座椅头枕总成锁扣按钮,然后把头枕往上提。

(2)取下头枕时,注意勿与汽车内物件相碰擦。

第二步 拆卸前排座椅外滑轨支架盖

1 使用电动座椅滑动和高度调节开关旋钮,将前排座椅总成移动到向后的极限位置。

提示

移动到向后极限位置时锁止。

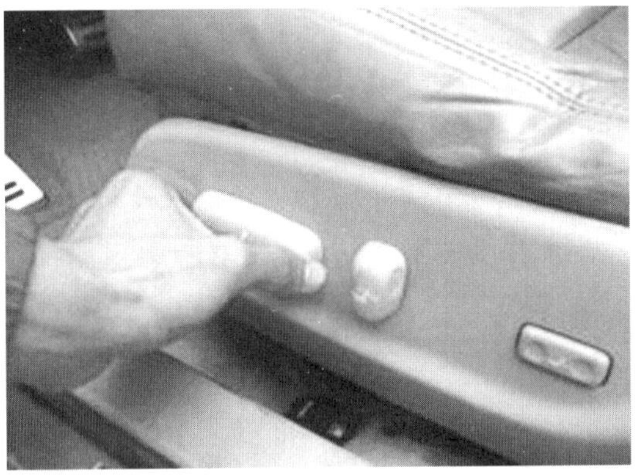

2 用螺丝刀松开2个卡爪,然后拆下座椅滑轨盖。

提示

(1)在使用螺丝刀之前,应在螺丝刀头部缠上胶带。

(2)撬取顺序为从后往前,注意用力均匀,控制力度。

(3)一只手撬取时,另一只手扶住滑轨盖。

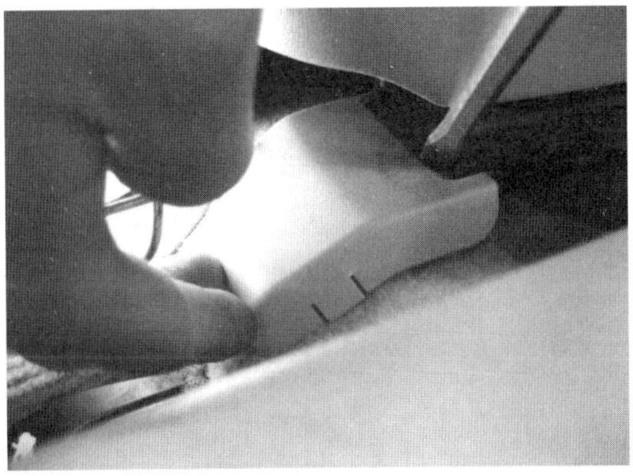

第三步 拆卸座椅滑轨盖

1 使用电动座椅滑动和高度调节开关旋钮,将前排座椅总成移动到向前的极限位置。

提示

移动到极限位置后锁止。

2 用螺丝刀松开2个卡爪,然后拆下座椅滑轨盖。

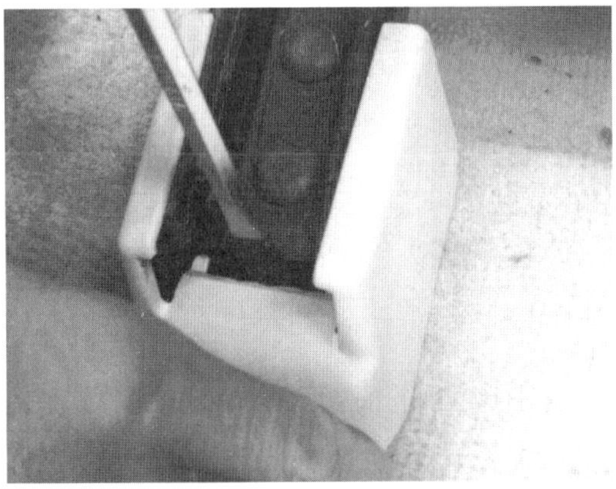

提示

(1)在使用螺丝刀之前,应在螺丝刀头部缠上胶带。

(2)撬取顺序为从后往上,注意用力均匀,控制力度。

(3)一只手撬取时,另一只手扶住滑轨盖。

第四步 拆卸座椅内滑轨支架盖

用螺丝刀松开2个卡爪,然后拆下座椅内滑轨支架盖。

提示

(1)在使用螺丝刀之前,应在螺丝刀头部缠上胶带。

(2)撬取顺序为从后往上,注意用力均匀,控制力度。

(3)一只手撬取时,另一只手扶住支架盖。

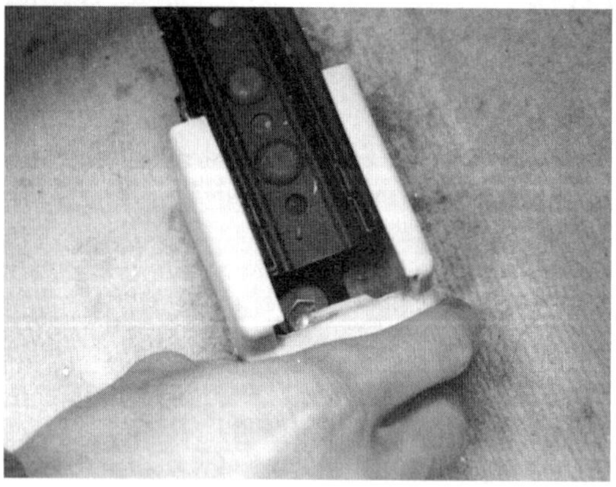

第五步 拆卸前排座椅总成

1 使用电动座椅滑动和高度调节开关旋钮和高度调节开关旋钮,将前排座椅总成移动到向后的极限位置。

提示

移动到极限位置后锁止。

2 拆下前部的2个螺栓。

提示

用 ϕ14mm 套筒,依次拆下前部2个螺栓,先拆内侧螺栓后拆外侧螺栓。

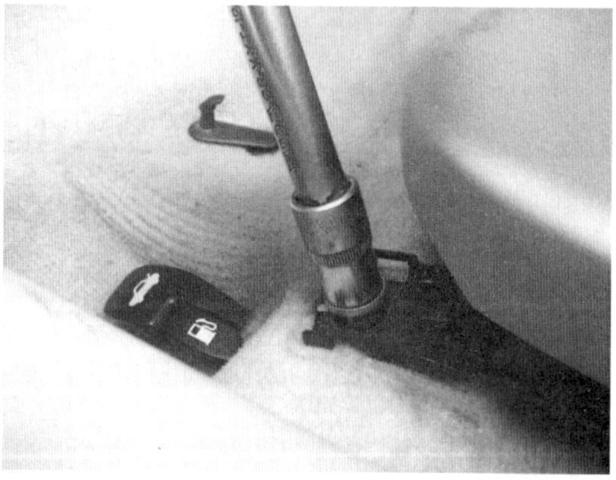

3 使用电动座椅滑动和高度调节开关旋钮和高度调节开关旋钮,将前排座椅总成移动到向前的极限位置。

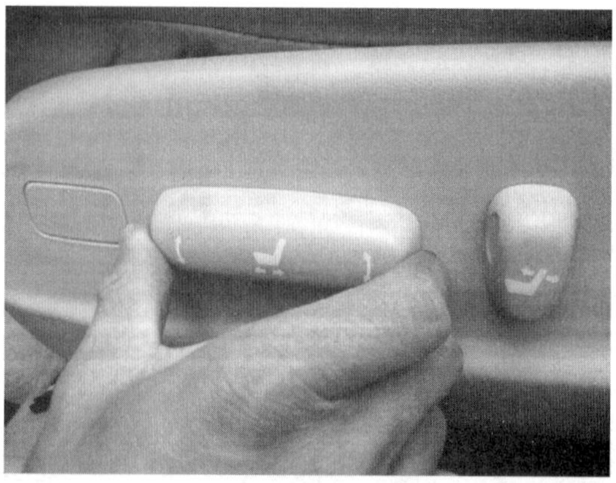

提示

移动到极限位置后锁止。

4 拆下后部的 2 个螺栓。

提示

用 ϕ14mm 套筒,依次拆下后部 2 个螺栓,先拆内侧螺栓后拆外侧螺栓。

5 通过操作电动座椅滑动和高度调节开关按钮、电动座椅靠背倾角调节开关按钮,移动前排座椅总成到中心位置并且调整座椅靠背到垂直位置。

提示

座椅调整完毕后锁止。

6 关闭点火开关。

7 断开蓄电池负极电缆,并且等待至少 90s。

提示

断开蓄电池负极电缆后等待至少 90s,使气囊展开。

8 断开连接器和卡夹。

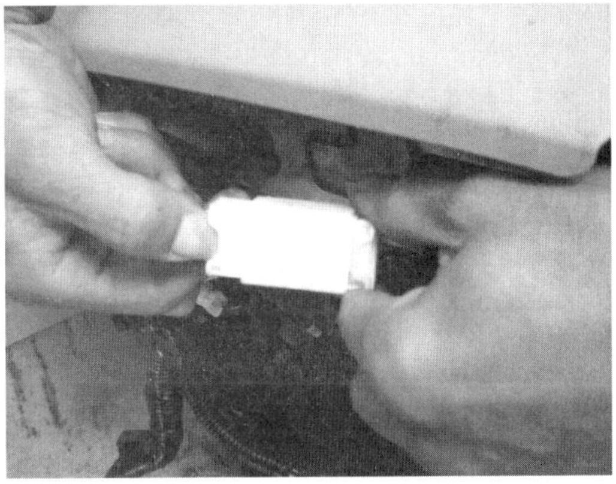

提示

先按住连接器卡扣,再断开连接器。

9 拆下前排座椅总成。

提示

(1)拆下乘客侧前排座椅总成时,注意不要踩到安装在座椅下地板上的横摆率传感器。

(2)取出前排座椅总成时,不得与车内其他部位相碰擦。

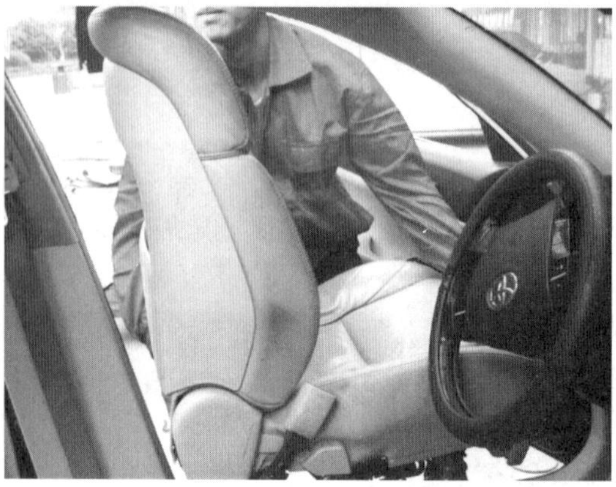

10 清洁前排座椅处地板。

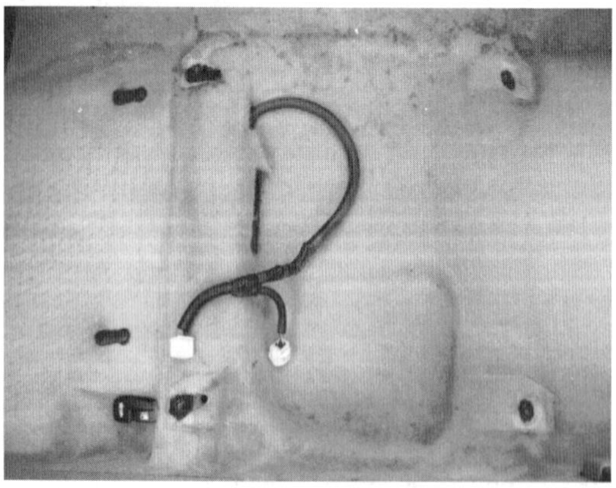

第六步 拆卸电动机座椅滑动和高度调节开关旋钮

使用螺丝刀拆下电动座椅滑动和高度调节开关旋钮。

提示

(1)在使用螺丝刀之前,应在螺丝刀头部缠上胶带。

(2)撬取时注意用力均匀,控制力度。

(3)一只手撬取时,另一只手扶住旋钮。

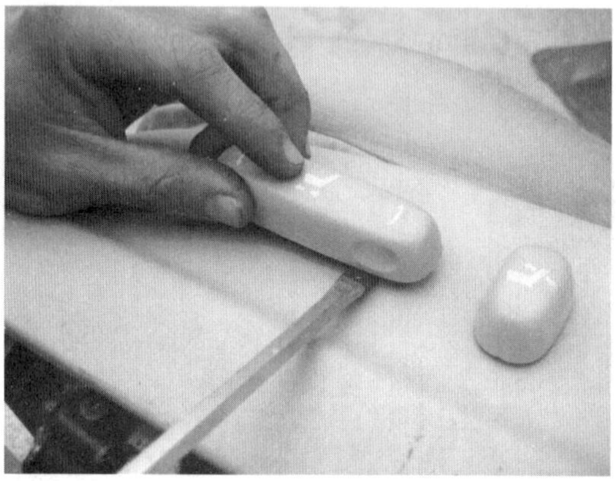

第七步 拆卸电动座椅靠背倾角调节开关旋钮

使用螺丝刀拆下电动座椅靠背倾角调节开关旋钮。

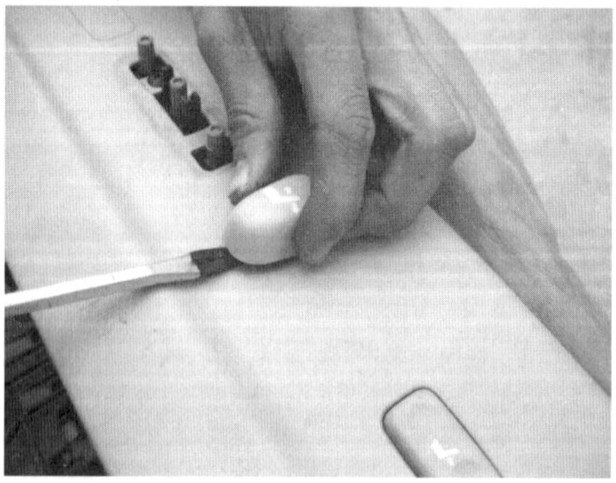

提示

(1)在使用螺丝刀之前,应在螺丝刀头部缠上胶带。

(2)撬取时注意用力均匀,控制力度。

(3)一只手撬取时,另一只手扶住旋钮。

第八步 拆卸前排座椅垫护板总成

1 松开前排座椅靠背板分总成背面的2个橡胶带。

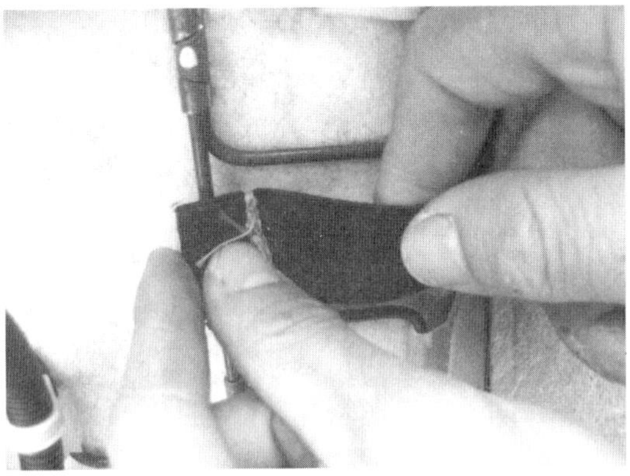

2 用十字螺丝刀依次拆下5个螺栓。

3 分离2个卡爪并分离前排座椅坐垫护板总成。

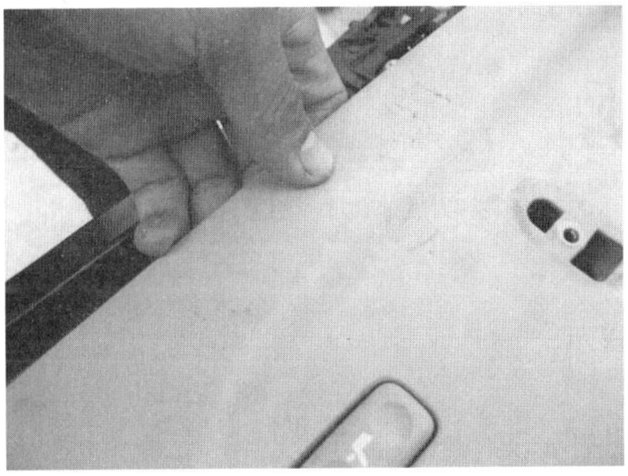

提示

用手力分离前排座椅坐垫护板总成,分离2个卡爪,注意分离时一只手用力于卡爪处,另一只手扶住护板总成。

4 断开2个卡爪和连接器。

提示

先按住连接器卡扣,再断开连接器。

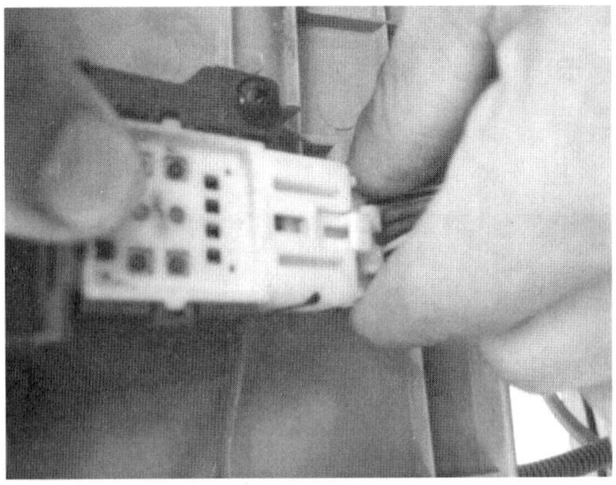

5 拆下前排座椅坐垫护板总成。

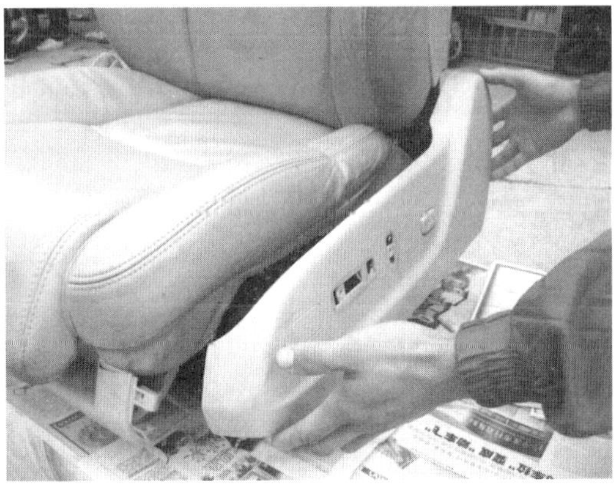

第九步 拆卸电动座椅开关

1 断开电动座椅开关连接器。

提示

先按住连接器卡扣,再断开连接器。

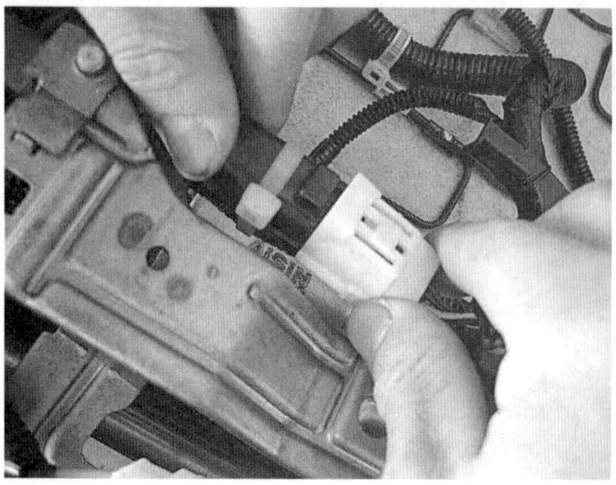

2 用十字螺丝刀拆下电动座椅开关3个固定螺栓。

提示

按照对称原则依次拆下3个固定螺栓。

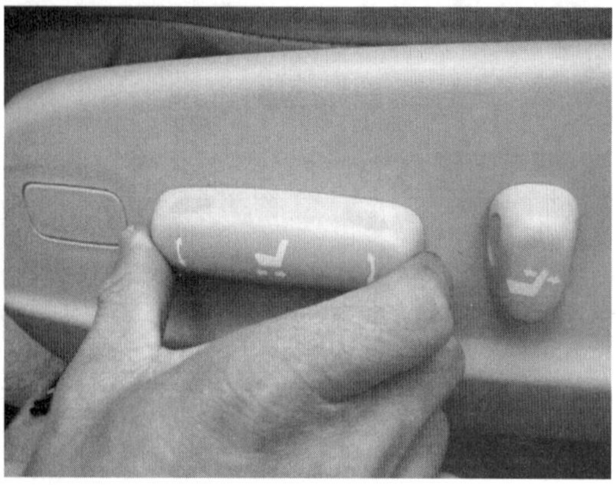

3 取下电动座椅开关。

第十步 选用电动座椅开关

选用与本车电动座椅开关型号一致的开关，并测试其工作性能是否正常。

提示

选用的开关型号必须与原开关型号一致，并能正常工作。

第十一步 安装电动座椅开关

1 用3个螺栓安装电动座椅开关。

提示

按照对称原则安装3个固定螺栓。

2 连接电动座椅开关连接器。

提示

保证锁扣锁上可靠。

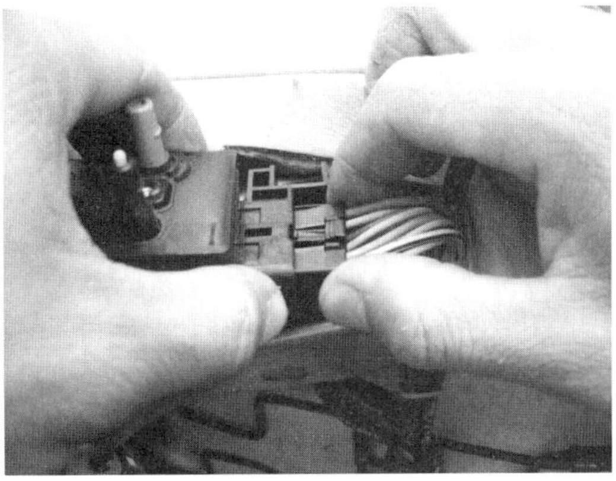

第十二步 安装前排座椅坐垫护板总成

1 连接2个卡夹和连接器。

提示

保证锁扣锁上可靠。

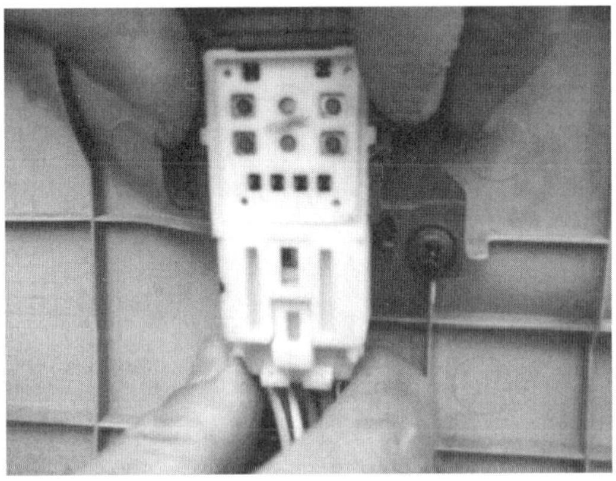

2 啮合2个卡爪。

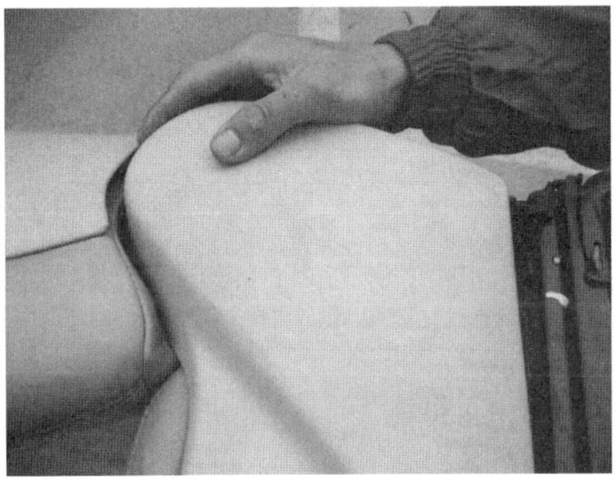

提示

啮合卡爪时,先对准安装位置,然后用手掌轻轻击打,使其完全贴合。

3 用5个螺栓安装前排座椅坐垫护板总成。

提示

使用十字螺丝刀,按对称的原则安装该总成5个螺栓。

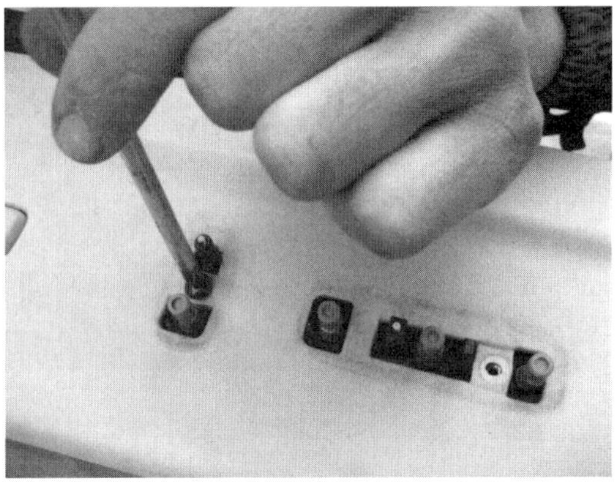

4 将2个橡胶带安装到前排座椅靠背板总成的背面。

提示

注意橡胶带安装牢靠。

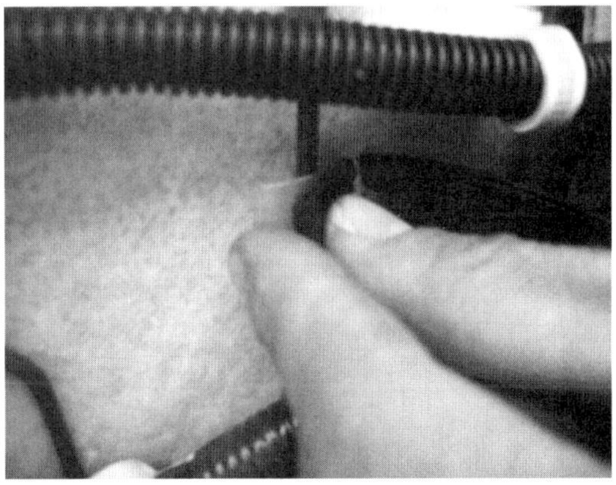

第十三步 安装电动座椅滑动和高度调节开关旋钮

安装电动座椅滑动和高度调节开关旋钮。

提示

先对准旋钮安装位置，然后用手轻轻压入，注意安装到位。

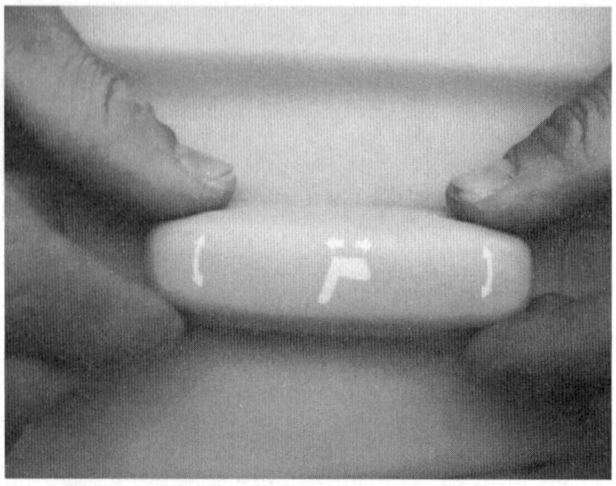

第十四步 安装电动座椅靠背倾角调节开关旋钮

安装电动座椅靠背倾角调节开关旋钮。

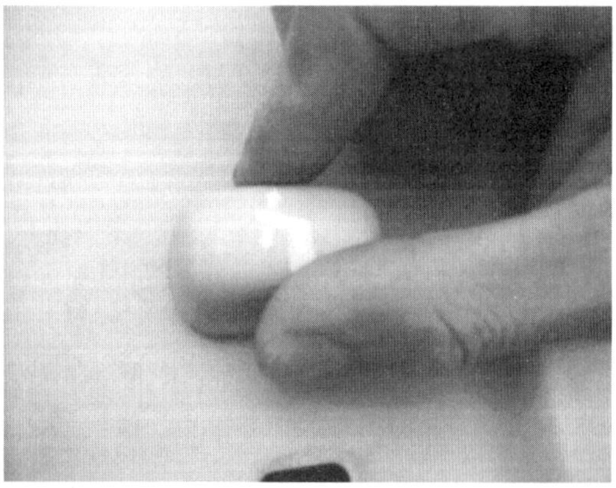

提示

先对准旋钮安装位置，然后用手轻轻压入，注意安装到位。

第十五步 安装前排座椅总成

1 将前排座椅总成放到汽车上，并将调节器销对准汽车上的孔。

提示

(1)安装乘客侧前排座椅总成时，注意不要踩到安装在座椅下地板上的横摆率传感器。

(2)注意各安装孔要全部对准。

2 连接连接器和卡夹。

提示

保证锁扣锁上可靠。

3 将电缆连接到蓄电池负极端子。

提示

保证连接牢靠。

4 使用电动座椅滑动和高度调节开关旋钮,将前排座椅总成移动到向后的极限位置。

提示

移动座椅后,检查并确认座椅锁上。

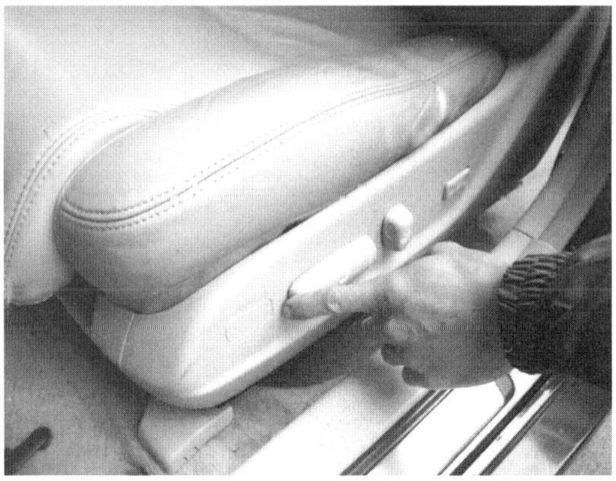

5 使用2个螺栓临时安装前排座椅总成的前部分。

提示

用 ϕ14mm 套筒,安装此处 2 个螺栓。此步骤为座椅定位之用,螺栓稍作固定即可,不必按力矩要求拧紧。

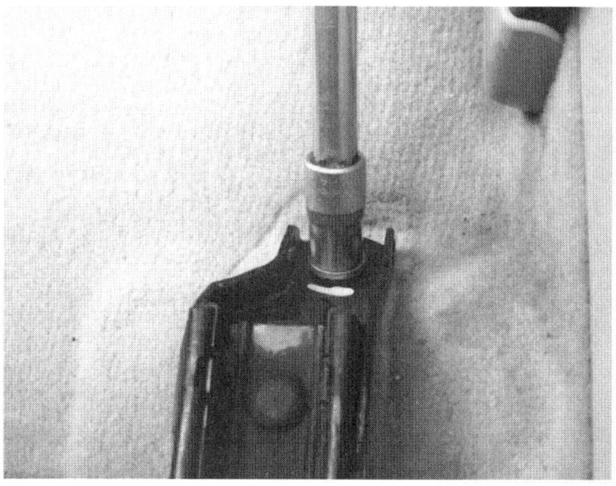

6 使用电动座椅滑动和高度调节开关旋钮,将前排座椅总成移动到向前的极限位置。

提示

座椅移动后,检查并确认座椅锁上。

7 使用2个螺栓临时安装前排座椅总成的后部分。

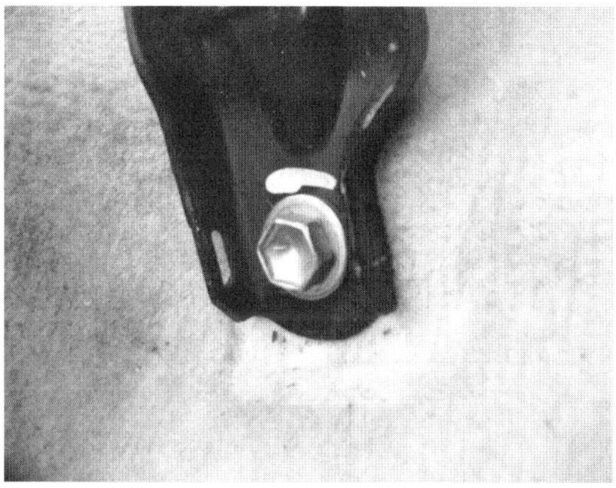

提示

用 ϕ14mm 套筒,安装此处 2 个螺栓。此步骤为座椅定位之用,螺栓稍作固定即可,不必按力矩要求拧紧。

8 使用电动座椅滑动和高度调节开关旋钮,将前排座椅总成移动到向后的极限位置。

提示

移动座椅后,检查并确认座椅锁上。

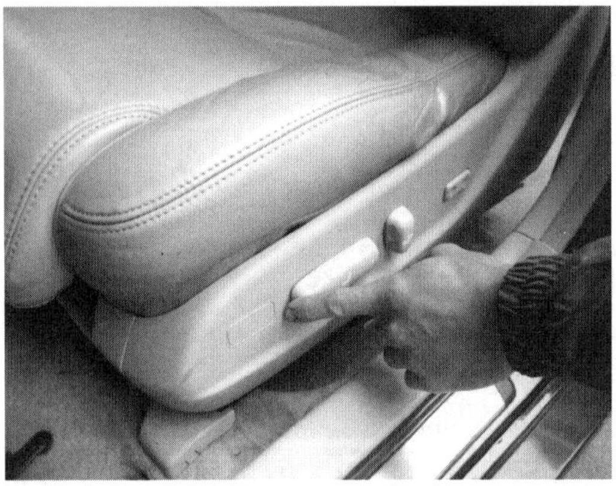

9 按先内侧螺栓、后外侧螺栓的顺序,完全紧固前排座椅总成前侧的 2 个螺栓。

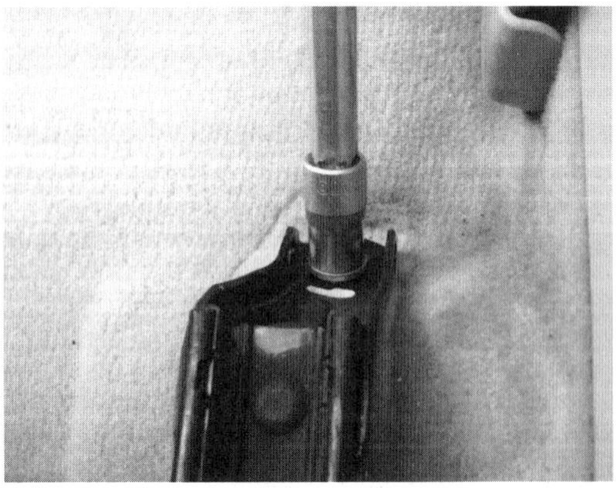

提示

(1)用 ϕ14mm 套筒及扭力扳手固定此 2 个螺栓。

(2)标准力矩:37N · m。

10 使用电动座椅滑动和高度调节开关旋钮,将前排座椅总成移动到向前的极限位置。

提示

座椅移动后,检查并确认座椅锁上。

11 按先内侧螺栓、后外侧螺栓的顺序完全紧固前排座椅总成后侧的 2 个螺栓。

提示

(1)用 ϕ14mm 套筒及扭力扳手固定此 2 个螺栓。

(2)标准力矩:37N · m。

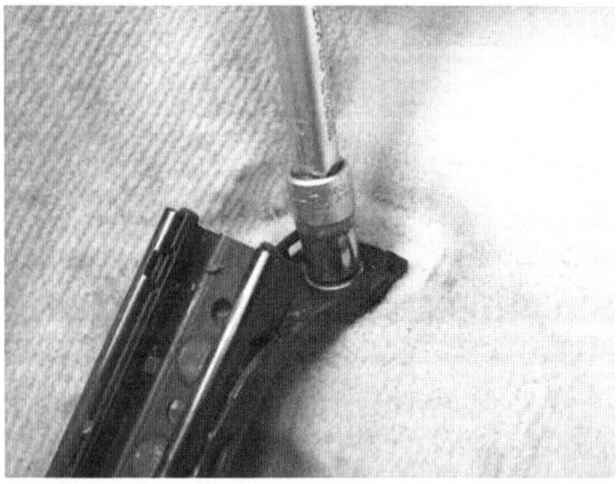

第十六步 安装座椅内滑轨支架盖

1 使用电动座椅滑动和高度调节开关旋钮,将前排座椅总成移动到向前的极限位置。

提示

移动座椅后,检查并确认座椅已经锁上。

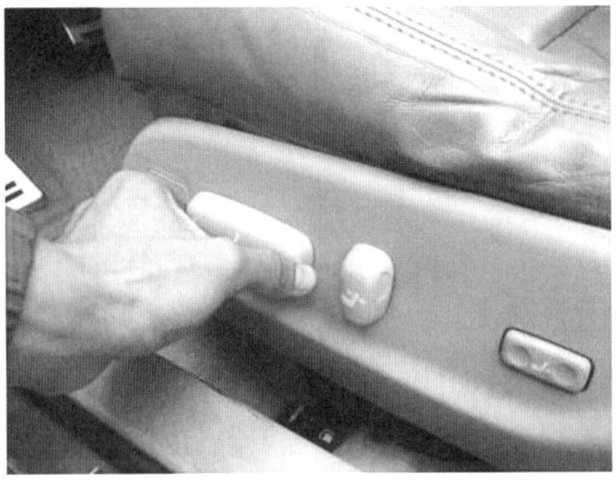

2 啮合2个卡爪并且安装座椅内滑轨支架盖。

提示

啮合时先顺着滑轨方向推入支架盖至安装位置,然后用手着力于支架盖两侧面,使之安装到位。

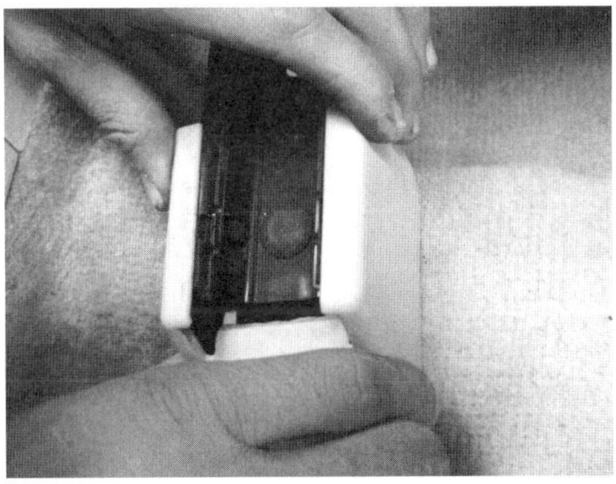

第十七步 安装座椅滑轨盖

啮合2个卡爪并且安装座椅滑轨盖。

提示

啮合时先顺着滑轨方向推入支架盖至安装位置,然后用手着力于支架盖两侧面,使之安装到位。

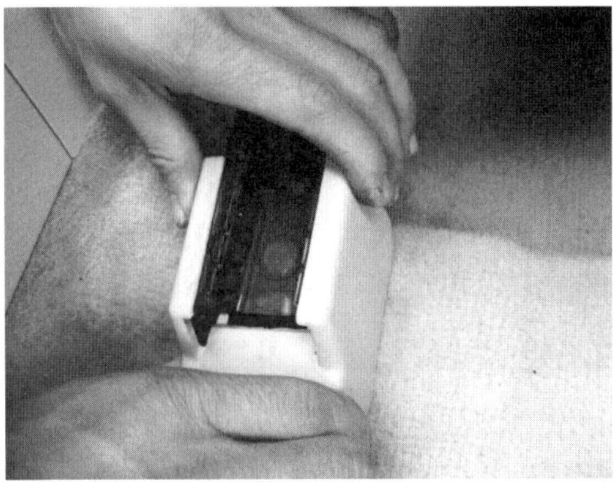

第十八步 安装前排座椅外滑轨支架盖

1 使用电动座椅滑动和高度调节开关旋钮,将前排座椅总成移动到向后的极限位置。

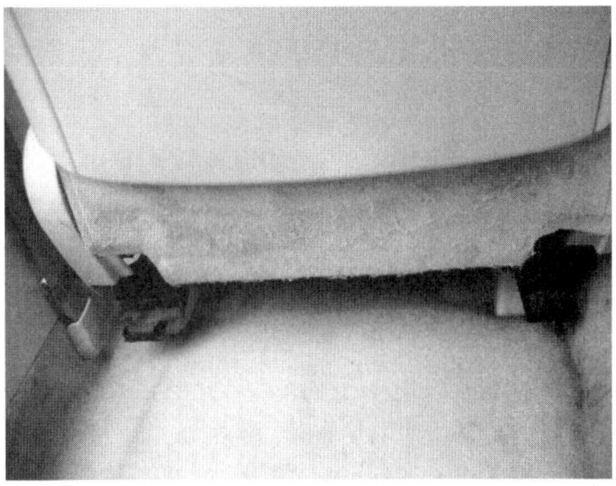

提示

座椅移动后,检查并确认座椅锁上。

2 啮合2个卡爪并且安装两个前排外滑轨支架盖。

提示

啮合时先顺着滑轨方向推入支架盖至安装位置，然后用手着力于支架盖上表面，使之安装到位。

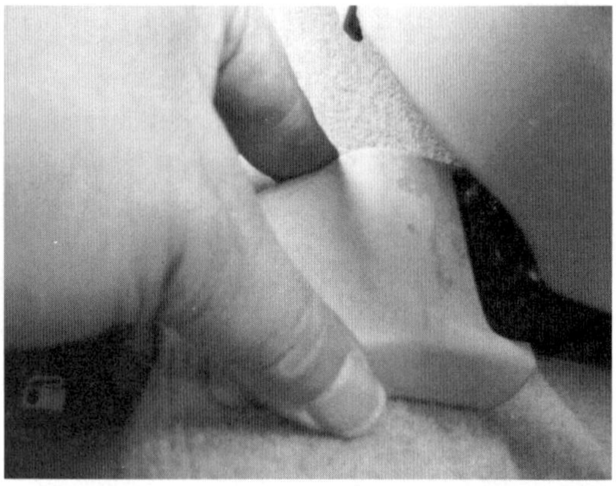

第十九步 安装前排座椅头枕总成

安装前排座椅头枕总成。

提示

(1)安装头枕总成时，需把座椅靠背往后倾斜成与坐垫成150°左右角度，以方便安装头枕。

(2)安装时要先松开头枕锁止机构。

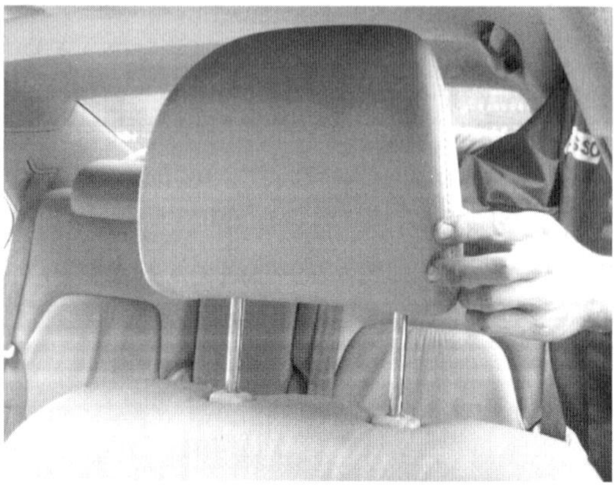

第二十步 进行初始化

进行初始化。

提示

(1)在将电缆重新连接到蓄电池负极后，一些系统需要初始化。

(2)用电脑解码仪对一些系统进行初始化，确保各系统无误。

第二十一步 检查电动座椅的工作情况

检查电动座椅的工作情况。

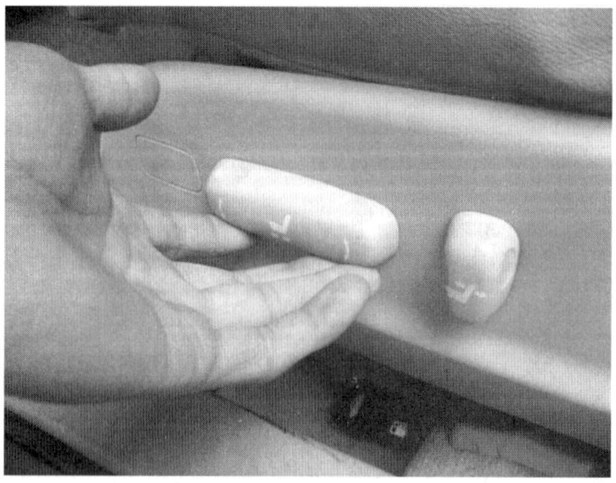

提示

检查人员坐到电动座椅上，操纵各开

关，检查其工作情况，此动作至少操作两遍。

第二十二步 检查电动座椅加热器的工作情况

检查电动座椅加热器的工作情况。

提示

(1)将点火开关置于ON位置。

(2)将电动座椅加热器开关置于ON位置。

(3)等待至少5min并且确认座椅表面变温暖。

第二十三步 检查SRS警告灯

检查SRS警告灯。

提示

通过起动发动机后，观察仪表SRS警告灯是否正常熄灭，从而确认其系统完好性。

九 考核标准

评价内容	分值	序号	具体指标	分值	扣分标准	学生自评	小组评分	教师评分
仪容仪表	10	1	工作服、鞋穿戴整洁规范	2	酌情扣分			
		2	发型、指甲等符合工作要求	3	酌情扣分			
		3	不佩戴首饰、钥匙、手表等	5	酌情扣分			
工作安全	20	4	无工具、器材落地现象	5	酌情扣分			
		5	操作过程中沉着冷静	5	酌情扣分			
		6	汽车的安全操作过程	5	酌情扣分			
		7	无人员受伤及设备损伤事故	5	酌情扣分			

续上表

评价内容	分值	序号	具体指标	分值	扣分标准	学生自评	小组评分	教师评分
工作过程	60	8	拆卸前排座椅头枕总成	3	操作不当扣3分			
		9	拆卸前排座椅外滑轨支架盖	2	操作不当扣3分			
		10	拆卸座椅滑轨盖	2	操作不当扣3分			
		11	拆卸座椅内滑轨支架盖	3	操作不当扣3分			
		12	拆卸前排座椅总成	3	操作不当扣3分			
		13	拆卸电动机座椅滑动和高度调节开关旋钮	3	操作不当扣3分			
		14	拆卸电动座椅靠背倾角调节开关旋钮	3	操作不当扣3分			
		15	拆卸前排座椅垫护板总成	3	操作不当扣3分			
		16	拆卸电动座椅开关	3	操作不当扣3分			
		17	选用电动座椅开关	2	操作不当扣2分			
		18	安装电动座椅开关	3	操作不当扣3分			
		19	安装前排座椅坐垫护板总成	3	操作不当扣3分			
		20	安装电动座椅滑动和高度调节开关旋钮	3	操作不当扣3分			
		21	安装电动座椅靠背倾角调节开关旋钮	3	操作不当扣3分			
		22	安装前排座椅总成	3	操作不当扣3分			
		23	安装座椅内滑轨支架盖	3	操作不当扣3分			
		24	安装座椅滑轨盖	2	操作不当扣2分			
		25	安装前排座椅外滑轨支架盖	3	操作不当扣3分			
		26	安装前排座椅头枕总成	3	作不当扣3分			
		27	进行初始化	3	操作不当扣3分			
		28	检查电动座椅及加热器的工作情况	2	操作不当扣2分			
		29	检查SRS警告灯	2	操作不当扣2分			

续上表

评价内容	分值	序号	具体指标	分值	扣分标准	学生自评	小组评分	教师评分
职业素养	10	30	操作前使用实训指导书	2	酌情扣分			
		31	学员之间配合默契	2	酌情扣分			
		32	在规定时间内完成	2	酌情扣分			
		33	填写工单	2	酌情扣分			
		34	7S 工作	2	酌情扣分			
			总分	100	实际得分			

十 知识拓展

1 电动座椅控制系统检查注意事项

(1)在进行故障分析前，应先检查蓄电池电量是否充足、继电器上的熔断丝是否完好。使驾驶人一侧车门保持打开状态，以便对具有存储功能的电动座椅进行检查。

(2)座椅自动调节靠背倾度的极限为35°，若要求其有更大的靠背倾度，则需用操纵机械调节按键来完成。

(3)关上驾驶人一侧车门进行调出功能操作。该项操作须在关上车门后10min内进行。10min后，车门接触开关关闭自动调节功能。

(4)关上驾驶人一侧车门30s后进行座椅功能调出操作。该项操作须一直按住所选位置键，直至座椅移到功能存储位置才可松开。

(5)仅在更换调整电动机或反馈信号电位计时，才可以进行反馈信号电位计的调整，且只有待拆掉驾驶人座椅后才能进行调整电位计的工作。

(6)自动挡汽车当选择手柄不在驻车位置“P”时，不要使用驾驶位置复位开关来进行调整。

(7)在踩下制动踏板时，也不要使用复位开关。

2 电动座椅常见故障分析

序号	故障现象	故障原因
1	调整动作比正常时慢	(1)控制电路电阻值大→排除。 (2)电动机故障→更换新电动机；电动座椅的电动机失灵，如电刷磨损及转子、定子断路或短路等，均会使电动机不能正常工作。若电动机有故障，则应修理或更换。 (3)搭铁连接不良→重新连接，使搭铁牢固。 (4)连杆有故障→更换或调整。

续上表

序号	故障现象	故障原因
		(5)传动机构有故障→传动机构一般由变速机构、联轴器及齿轮机构等组成。若机械部分有卡滞、磨损严重等问题,均会使电动座椅不能正常工作,应逐个检查并修理电动座椅的传动机构
2	调整时有时不动作	(1)开关故障→检测时若发现导通状态不符合标准,则应修理或更换电动座椅的开关。 (2)电动机故障→电刷磨损及转子、定子断路或短路等,均会使电动机不能正常工作。若电动机有故障,则应修理或更换。 (3)搭铁连接不良→重新连接,使搭铁牢固。 (4)控制电路连接不良→可根据电路图仔细检查电动座椅的控制电路,若有断路或短路现象,均会使电流不能通过电动机,使电动座椅调整失效。修复线路,故障即可排除。 (5)连杆有故障→更换或调整。 (6)电路断电器故障→更换断电器
3	操纵开关时调整无效	(1)开关故障→检测时若发现导通状态不符合标准,则应修理或更换电动座椅的开关。 (2)电动机故障→电动座椅的电动机失灵,如电刷磨损及转子、定子断路或短路等,均会使电动机不能正常工作。若电动机有故障,则应修理或更换。 (3)搭铁连接不良→重新连接,使搭铁牢固。 (4)控制电路连接不良→可根据电路图仔细检查电动座椅的控制电路,若有断路或短路现象,均会使电流不能通过电动机,使电动座椅调整失效。修复线路,故障即可排除。 (5)电路断电器故障→更换断电器。 (6)传动机构有故障→若机械部分有卡滞、磨损严重等问题,均会使电动座椅不能正常工作,应逐个检查并修理电动座椅的传动机构

3 电动座椅的维护须知

(1)调节时,不要到了某个极限位置后,仍让电动机继续运转,以免损坏电动机。

(2)使用中尽量不让某个位置处于极限状态,如座椅最高(低)、最靠前(后)等。

(3)使用汽车电动座椅的时候,尽量要距热源2ft(英尺)(1ft = 0.3048m)的位置,如离热源太近会导致皮革干裂,不要长时间暴露在阳光下暴晒。

(4)每周使用吸尘器吸去尘灰,在清洁后不要用吹风机去快速吹干皮革,应用棉纸或柔软毛巾擦干,避免刮伤真皮,也可以在阴凉通风处自然风干。中、高级轿车多是真皮座椅,化学清洗剂是不能随便喷上去的,应选用专用清洗剂,按要求喷洗。

十一 课堂练习

(一)填空题

1. 汽车电动座椅由若干个双向电动机、传动装置、座椅调节器和________等组成。
2. 汽车电动座椅的座椅调节器用于调节座椅的________、高度等参数。
3. 自动挡汽车调整驾驶位置复位开关时,变速器挡位应在________挡。
4. 为防止电动机过载,电动座椅电动机内一般都装有________。
5. 按轿车的电动座椅调节功能可分为普通电动座椅和带有________功能的电动座椅。

(二)单项选择题

1. 汽车电动座椅的电动机一般是________。
   A. 双向的　　B. 单向的　　C. 三向的　　D. 四向的
2. 汽车电动座椅的电动机的传动装置组成有________。
   A. 变速器　　B. 联轴器软轴　　C. 齿轮传动　　D. 以上都对
3. 汽车驾驶人座椅的前后位置调整时,脚向下踩住制动踏板最深处时脚部________。
   A. 要弯曲 90°　　B. 要弯曲 45°　　C. 要有一定的弯曲　　D. 要伸直

(三)判断题

1. 汽车驾驶人座椅的头枕调整时,头枕的中心线、眼眉与耳朵端在一条线上。(　　)
2. 汽车驾驶人座椅的上下位置调整时,头部离车顶要有 2 个拳头的距离。(　　)
3. 汽车电动座椅调整动作比正常慢,可能由控制电路电阻偏大造成。(　　)
4. 不拆除电动座椅驾驶座的座椅,也能进行电位计调节。(　　)
5. 进行汽车的电动座椅故障分析时,应先检查蓄电池电量是否充足。(　　)

任务9　汽车雷达防碰撞系统认知与安装

一 情景导入

李师傅新买了一辆丰田卡罗拉轿车，考虑到开车经验不足，决定在车上加装一套倒车雷达防碰撞系统，来确保自己能够安全地倒车。

二 知识链接

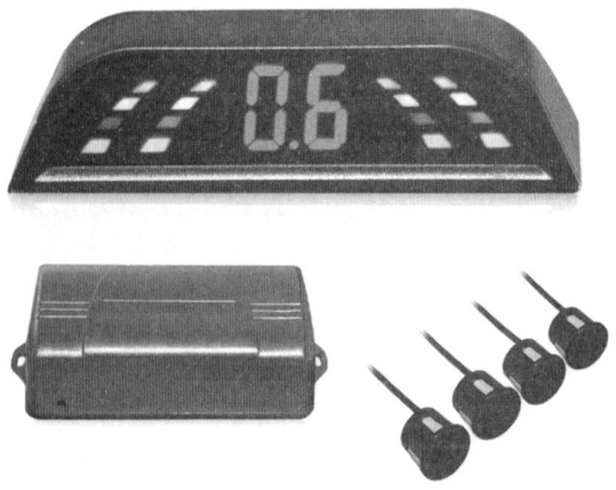

汽车倒车雷达系统组成

1 汽车倒车雷达系统的作用与组成

倒车雷达全称为“倒车防撞雷达”，又称“泊车辅助装置”，是汽车倒车或者泊车时的安全辅助装置，由超声波传感器（俗称探头）、控制器和显示器（或蜂鸣器）等部分组成。它能以声音或者更为直观地显示和告知驾驶人周围障碍物的情况，解除了驾驶人倒车、泊车和起动车辆时前后左右探视所引起的困扰，并帮助驾驶人扫除了视野死角和视线模糊的缺陷，提高驾驶的安全性。

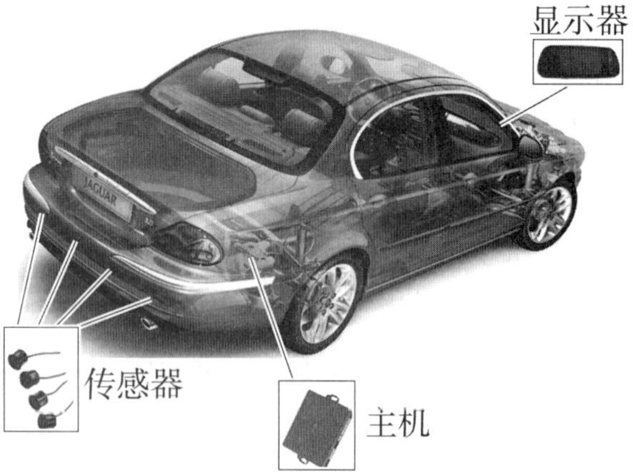

汽车倒车雷达安装位置

2 六代倒车雷达性能比较

代别	工作方式	工作特点	图片
第一代倒车喇叭提醒	只要驾驶人挂上倒车挡,它就会响起,提醒周围的人注意:“倒车请注意!”主要提醒路人,不是真正的倒车雷达	汽车在倒车状态,语音提示路人小心。其价格便宜,基本属于淘汰产品	
第二代轰鸣器提示	倒车时,如果车后1.5~1.8m处有障碍物,轰鸣器就会开始工作。轰鸣声越急,表示车辆离障碍物越近	没有语音提示,也没有距离显示,驾驶人不能确定障碍物离车有多远,因此它对驾驶人的帮助不大	
第三代数码波段显示	可以显示车后障碍物离车体的距离。如果是物体,在1.8m开始显示;如果是人,在0.9m左右的距离开始显示	第三代产品把数码和波段组合在一起,比较实用,但安装在车内影响美观	
第四代液晶荧屏显示	不用挂倒车挡,只要发动汽车,显示器上就会出现汽车图案以及车辆周围障碍物的距离	动态显示,色彩清晰漂亮,外表美观,可以直接粘贴在仪表板上,液晶显示器外观精巧,但灵敏度较高,抗干扰能力不强,所以误报也较多	
第五代魔幻镜倒车雷达	采用了最新仿生超声雷达技术,配以高速电脑控制,可全天候准确地测知2m以内的障碍物,并以不同等级的声音提示和直观的显示提醒驾驶人	其外形就是一块倒车镜,所以可以节省占用车内空间,直接安装在车内倒视镜的位置。可以按照个人需求和车内装饰选配,价格稍高。它把后视镜、倒车雷达、免提电话、温度显示和车内空气污染显示等多项功能整合在了一起	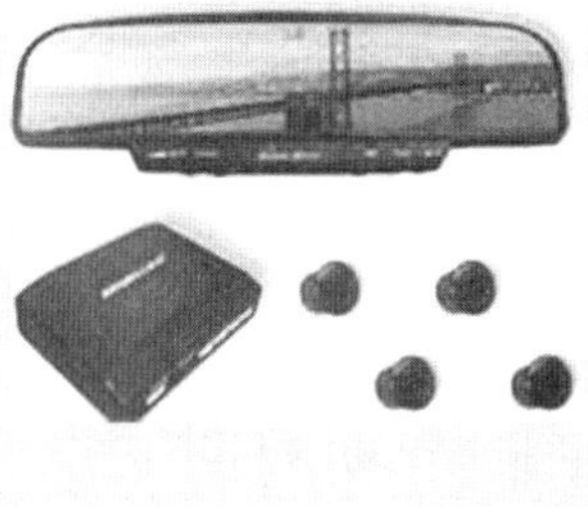

续上表

代别	工作方式	工作特点	图片
第六代无线倒车雷达	融无线连接、倒车雷达、彩色液晶显示、BP警示音于一体。车后主机和显示器之间无线连接，方便快捷，更可在大型客车、载货汽车等车身长的车上使用，使安装更容易	具有雷达测距，数码显示；无线连接；彩屏显示；三级心跳报警音；动感车模，车后探头方位闪动，智辨左右；全天候设计，可以适应不同的环境等特点	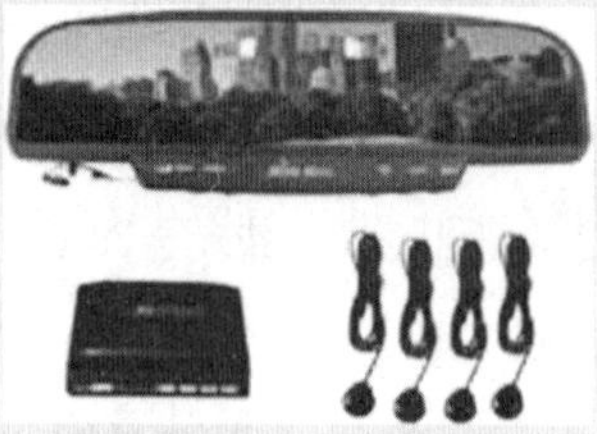

3 汽车倒车雷达的安装方式与位置

探头的安装方式一般有黏附式(不常见)和开孔式两种。

黏附式它仅限于具有粘贴性探头的报警器，这种方法无需在车体上开孔，只将报警器粘贴在适当位置即可。这种报警器一般安装在尾灯附近或行李舱门边。

开孔式，即在保险杠上打孔的方法，这样做不但容易固定，而且也更加美观。需要注意的是，不同探头具有不同的尺寸(一般为 ϕ22mm 和 ϕ25mm)和探测角度，而打孔的尺寸和安装角度会直接影响探测的准确度。雷达的主机一般安装在行李舱两侧车体内，雷达的显示器安装在仪表板两侧，与后视镜一体或与汽车导航仪一体。

本项目主要介绍开孔式倒车雷达的相关内容。

4 汽车倒车雷达的工作原理

倒车雷达的主要作用是在倒车时，利用超声波原理，由装置于车尾保险杠上的探头发送超声波撞击障碍物后，反射此声波回到探头，探头把数据传给雷达主机，让主机计算车体与障碍物之间的实际距离，通过显示器、声音等方式告诉驾驶人，使停车和倒车更容易、更安全。

5 选择汽车倒车雷达“四注意”

(1)功能：功能较齐全的倒车雷达应该有距离显示、声响报警、区域警示和方位指示等功能。

(2)性能：包括产品的灵敏度、是否存在盲区、产品是否正常工作。一般的倒车雷达探测距离应为0.3~1.5m。某些品牌的倒车雷达因其敏感度不够，探测距离仅为0.4~0.9m，会给驾驶人的判断及及时采取措施带来一定的困难。产品由待机状态转换为工作状态时是否有声音提示也非常重要，它可以提示驾驶人倒车雷达是否正常开始工作。

(3)款式：探头的颜色应与车身颜色相符；保险杠较宽的车型应安装探头较薄、较大的产品。

(4)服务：建议选择包修期限为1年以上的产品。

三 实训时间

实训时间为80min，考核时间为80min。

四 实训教学目标

1 知识目标

(1)能说出汽车雷达防碰系统的组成和作用;

(2)能分析影响倒车雷达准确度的因素。

2 技能目标

(1)能规范地拆装倒车雷达系统;

(2)会测试倒车雷达的性能。

3 素养目标

(1)通过汽车倒车事故案例分析,培养学生生产安全与岗位意识;

(2)培养学生正确的"三观",以科学的态度对待科学。

五 技术标准与要求

(1)本项目操作时,要确定实训的倒车雷达使用电压为12V直流电。

(2)显示器以长度"m",即"米"为单位,本倒车雷达距离显示为0.30~2.5m,每移动0.1m刷新一次。

六 实训器材

丰田卡罗拉轿车、电动手枪钻、倒车雷达开孔专用钻头、剥线钳、卷尺、钢直尺、卡扣分离工具、ϕ10mm开口-梅花两用扳手、绝缘胶带、万用表等翼子板布及驾驶舱内保护罩等其他器材。

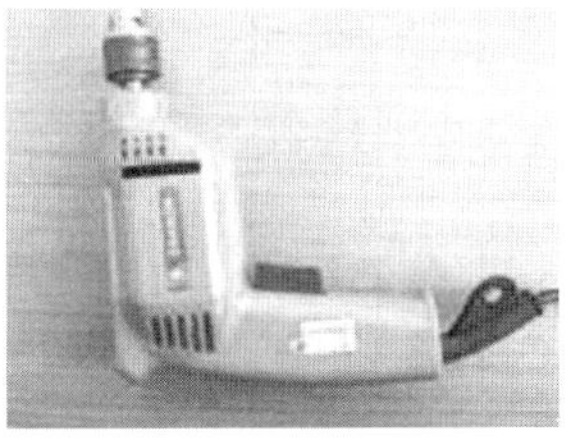
电动手枪钻

倒车雷达开孔专用钻头

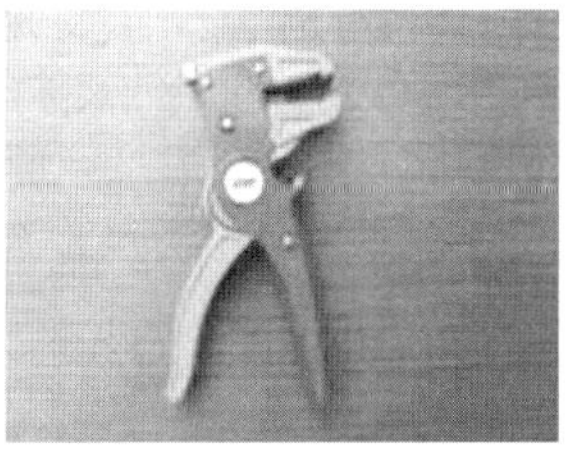
剥线钳

卷尺

钢直尺

卡扣分离工具

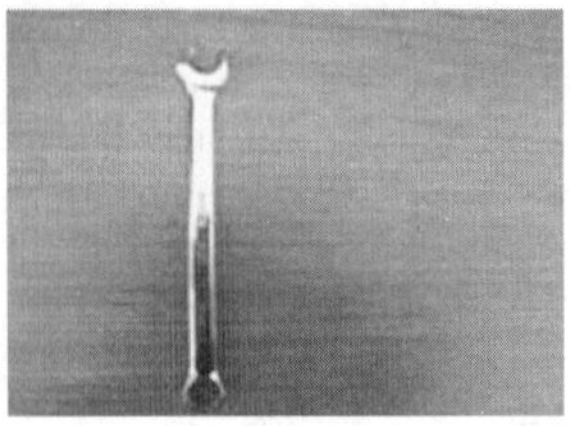

ϕ10mm 开口-梅花两用扳手

绝缘胶带

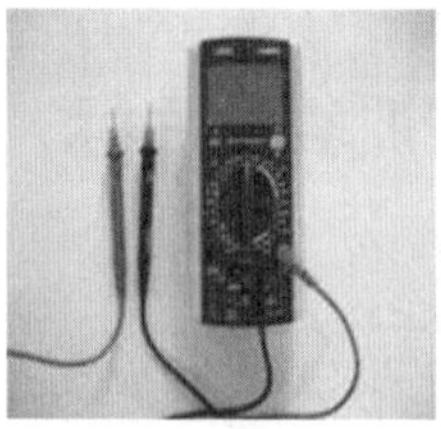

万用表

七 教学组织

1 教学组织形式

本课程为“工艺化”实训课，建议教学时实训教师 1 名，学生 24 名，实训工位 6 个（也可以用卡罗拉轿车电气实训台代替实车进行操作），按照 4 人 1 个工位编组。如实训工位配置不足或师生比较高，可把学生分成两批，一批学生观看操作视频，并进行操作过程的流程补缺填充和相关理论知识的学习，另一批学生按“工艺化”要求进行实操。另考虑到完成整个项目实操所需时间较长，可把本项目按流程分成几个阶段性小项目，两组轮流操作，尽量使所有学生都能理、实结合地学习。

2 学生的站位分工和要求

每个小组有 4 名学生，一人操作，一人辅助，一人观察（执有作业流程表），一人评分（执有考核细则表）。学生按规定的工位站立，教师下达指令后，各组同时进行操作。

3 实训教师职责

（1）讲解操作任务的作业流程、操作步骤、技术规范和注意事项。

（2）组织、管理学生进行合作学习。

（3）在实训中检查、指导，纠正学生的错误。

（4）实训结束时反馈、评比各组的作业情况。

4 学生职责

（1）明确教学目标。

（2）开展合作学习，操作、辅助、观察和评分各工位依次进行循环。

（3）实训期间严格按“7S”要求进行，并及时记录作业中的错误之处。

八 操作步骤

第一步 选择倒车雷达类型

1 根据汽车后保险杠的颜色，确定倒车雷达探头的颜色。

提示

为保证颜色一致，选择倒车雷达探头的颜色为银灰色。

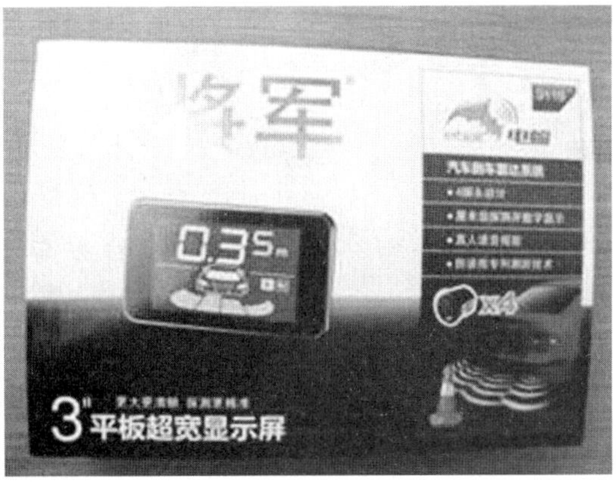

2 根据汽车后保险杠的外形，选择合适的探头倾角。

提示

选择倾角为6°的探头。

第二步 确定探头安装位置

1 用卷尺测量汽车后保险杠的高度。

提示

(1)探头的安装高度要视车型而定。首先要保证探头的探测范围，其次要保证探头的安装后必须与地面垂直，一般安装高度为50～60cm。

(2)确定本车型的探头安装高度为58cm。

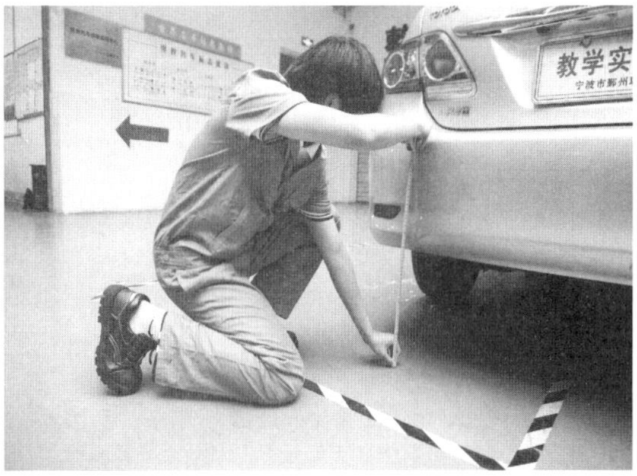

2 用卷尺测量汽车后保险杠的宽度。

提示

本测量过程需要两人合作，确定后保险杠的宽度为153cm。

3 确定探头安装位置，并做好记号。

左右两侧探头的安装位置：后保险杠外边缘皆为18cm，各探头间距为39cm。

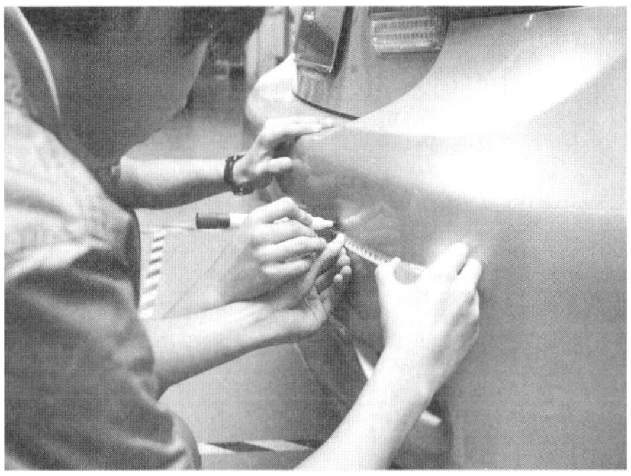

第三步 开　孔

1 选择与探头尺寸一致的钻头。

提示

一般购买的倒车雷达都附有专用的开孔钻头。

2 把专用的开孔钻头固定在电动手枪钻上。

提示

用蝶形扳手把钻头固定在电动手枪钻上。

3 按照钻孔记号依次在后保险杠钻孔。

提示

(1)钻孔时电动手枪钻应保持水平,以免探头出现歪斜。

(2)钻孔的前期定位阶段,先按"小用力""慢慢转"的原则控制手枪钻。切忌一钻孔就快速和用力过大,以免钻头偏移位置,影响安装效果。

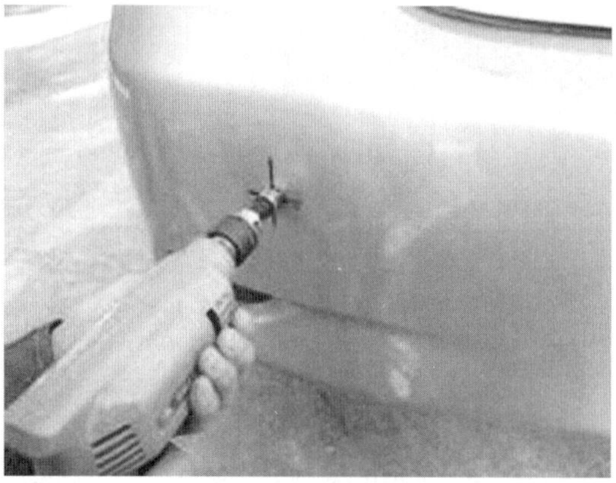

4 清洁后保险杠。

提示

用抹布清洁后保险杠。

第四步 取出行李舱地板垫

1 打开行李舱盖。

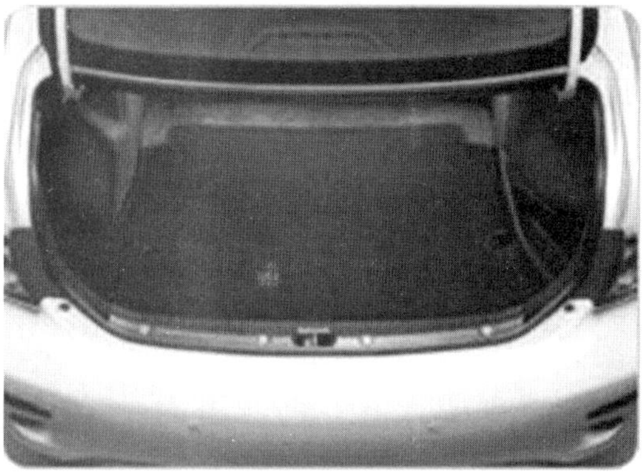

2 取出行李舱地板垫。

提示

必须用双手取出行李舱地板垫。

第五步 拆卸行李舱防刮擦板

1 取下行李舱防刮擦板卡扣。

提示

(1)用卡扣分离工具依次取下两个卡扣。

(2)拆卸时注意一只手扶住卡扣,不能用力过大,以免卡扣弹出。

2 分离行李舱防刮擦板与行李舱的连接。

提示

(1)用卡扣分离工具从左到右依次分离行李舱防刮擦板与行李舱的连接。

(2)注意分离时要用力均匀。

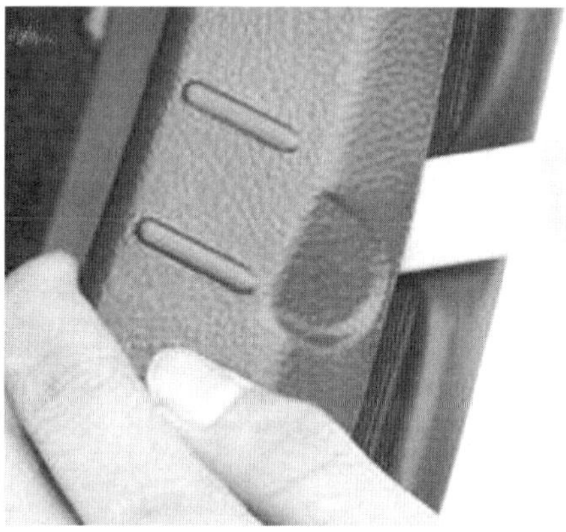

3 取下行李舱防刮擦板。

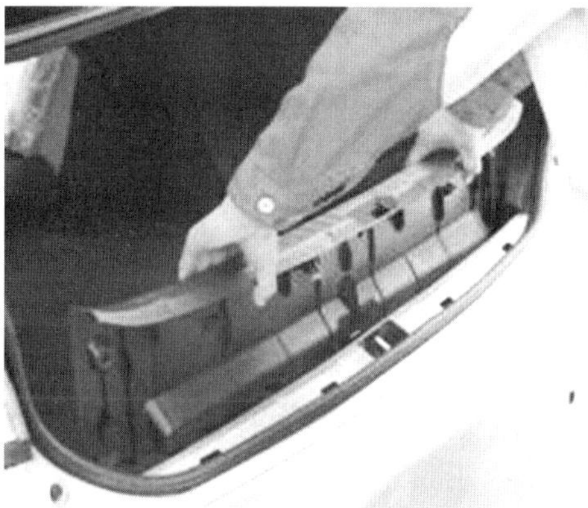

提示

必须用双手一起取下防刮擦板。

第六步 取出行李舱内左侧地毯

1 取下行李舱内左侧地毯卡扣。

提示

(1)用卡扣分离工具依次取下4个卡扣。

(2)拆卸时注意一只手扶住卡扣,不能用力过大,以免卡扣弹出。

2 取出行李舱内左侧地毯。

提示

必须用双手一起取出行李舱内左侧地毯。

第七步 安装探头

1 连接探头与探头线。

提示

(1)保证探头与其探头线连接牢靠。

(2)本倒车雷达各探头一致,无A、B、C、D的区别。

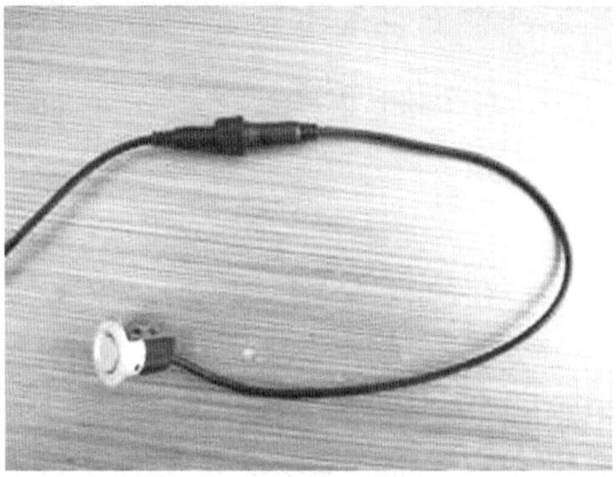

2 把探头线送入安装孔。

提示

(1)按从左至右,确定A、B、C、D 4个探头的安装位置。

(2)徒手把4个探头线送入安装孔。

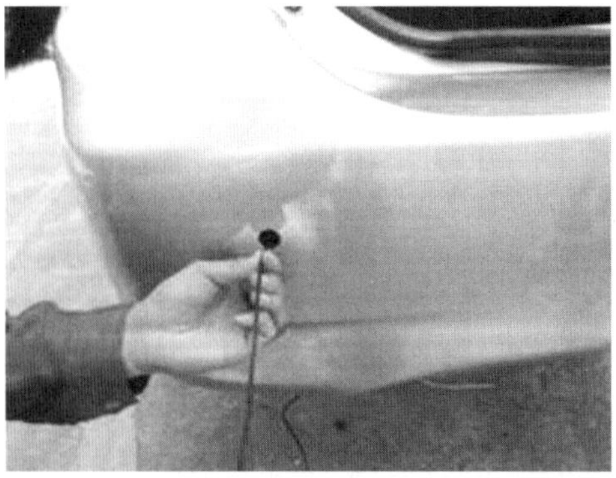

3 确定每个探头的安装标记。

提示

注意各探头的向上标记,本倒车雷达各探头上有 UP 标记,安装时标记必须朝上。

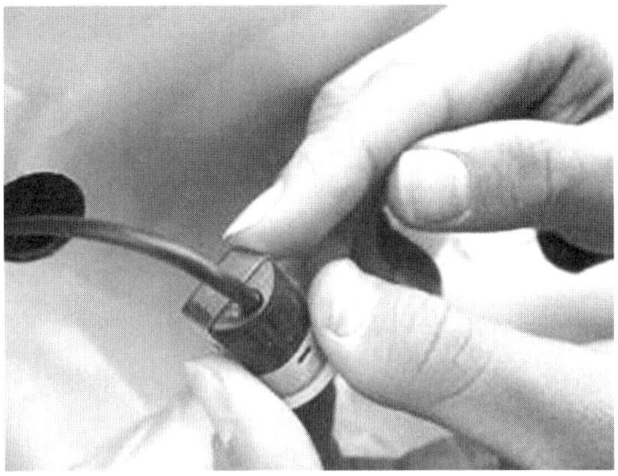

4 固定探头。

提示

固定探头时,要用两个大拇指同时按压探头边缘的塑料环,不要按压探芯,并检查探头是否与保险杠紧贴,安装是否牢固。

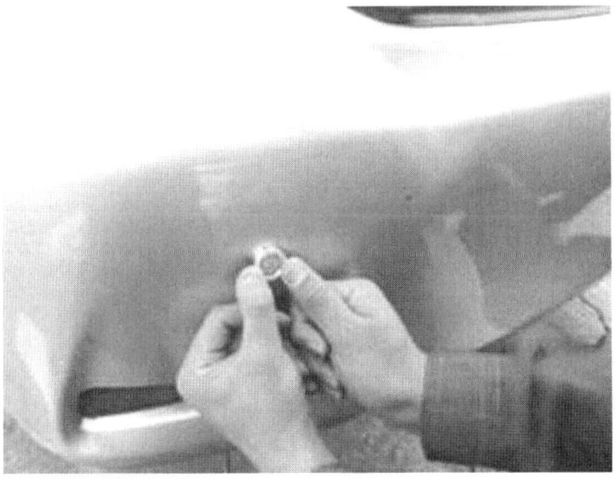

5 整理 4 条探头线。

提示

把 4 条探头线从后防撞杠的左侧圆孔处引至行李舱,保证各探头线松紧合适。

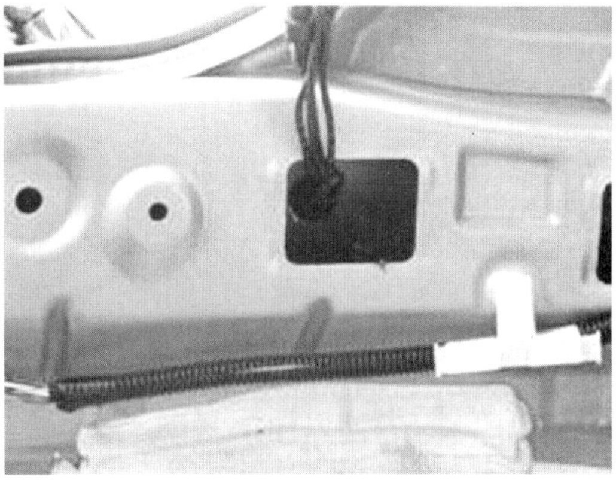

6 在探头线与防撞杠的圆孔处,用绝缘布包扎 4 条探头线,以免探头线绝缘层破坏。

提示

绝缘布的包扎范围为圆孔前后 5cm。

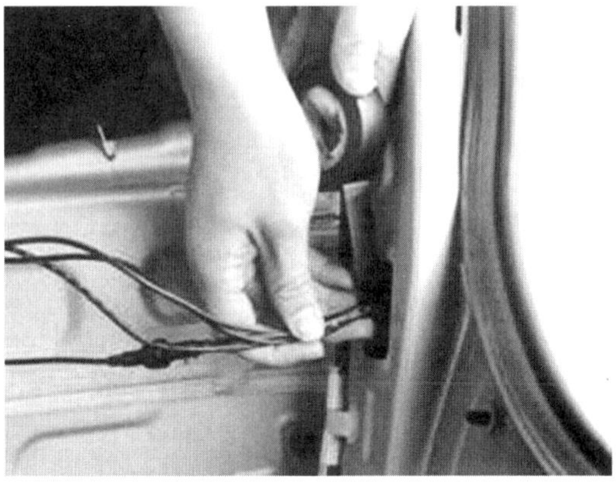

第八步 确定控制器安装位置

在行李舱内左侧确定控制器的安装位置。

提示

(1)必须安装在平整金属上。

(2)此位置必须方便控制器与各线束的连接。

(3)此步骤确定控制器安装位置,先安装控制器粘布,不固定控制器。

第九步 连接控制器电源线

1 打开倒车灯。

提示

(1)把点火开关转至ON挡,挂入倒车挡。

(2)观察倒车灯是否正常打开。

2 确定倒车灯与线束连接位置。

提示

根据倒车灯的安装位置,找到倒车灯与线束的连接位置。

3 取下倒车灯防护罩。

提示

(1)本步骤操作前,先关闭倒车灯。

(2)用卡扣分离工具拆下倒车灯防护罩。

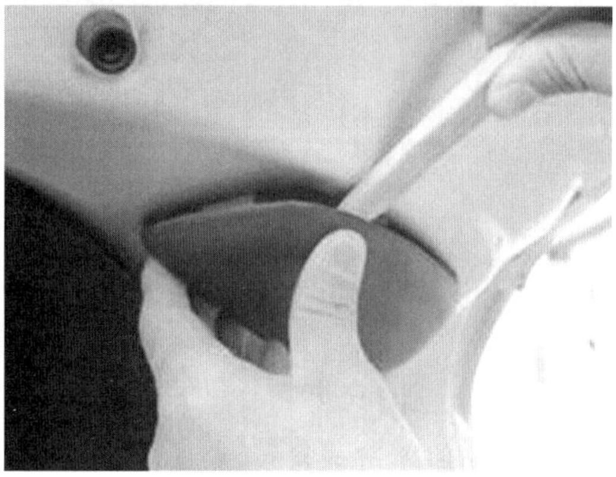

4 断开倒车灯与连接器的连接。

提示

先解除连接器的锁扣,然后断开连接。

5 用万用表判定倒车灯的电源线和搭

铁线。

提示

(1)本步骤操作前,打开倒车灯电源开关。

(2)用万用表判断倒车灯的电源线、搭铁线,本车倒车灯连接线中红色为正极,黑白双色线为负极。

(3)关闭倒车灯。

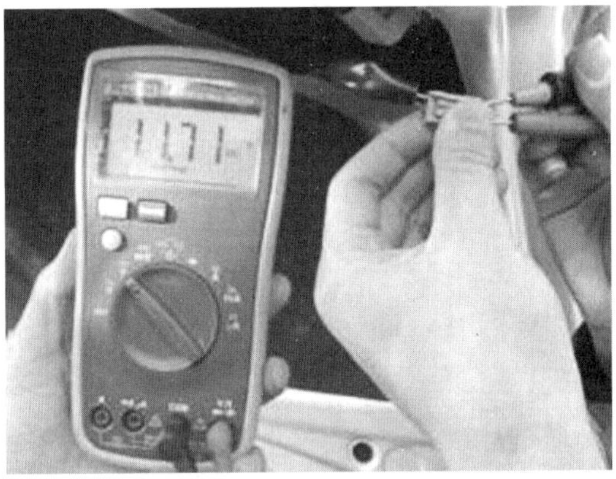

6 连接控制线电源线与倒车灯电源线。

提示

(1)在行李舱左侧的尾部灯系线束中找到倒车灯电源线,用剥线钳剥开5~8mm绝缘层。

(2)连接控制线电源线与倒车灯电源线,并用绝缘布固定牢固。

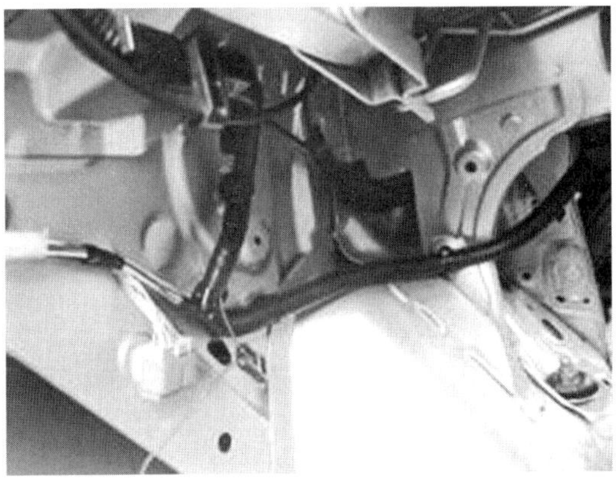

7 把控制线搭铁线固定在车身上。

提示

(1)控制器的搭铁线尽量安装在控制器附近。

(2)应在原有车身的线束安装螺栓处固定,切忌新开孔固定。

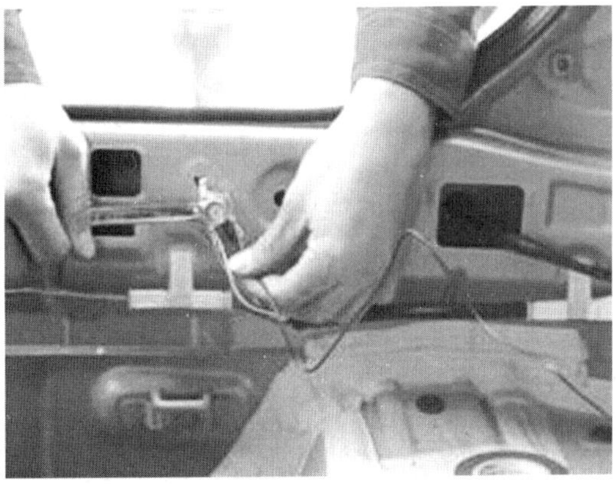

第十步 铺设显示器连接线

1 确定显示器安装位置。

提示

(1)倒车雷达显示器安装位置,一般选择仪表板左、中、右三处,以左侧为主。

(2)显示器的安装位置应利于布线,利于驾驶人观察,不影响驾驶人视线。

2 把显示器连接线嵌入汽车左侧门密封条。

提示

(1)用卡扣分离工具辅助,把显示器连接线嵌入汽车左侧门密封条内。

(2)注意连接线必须完全嵌入密封条内。

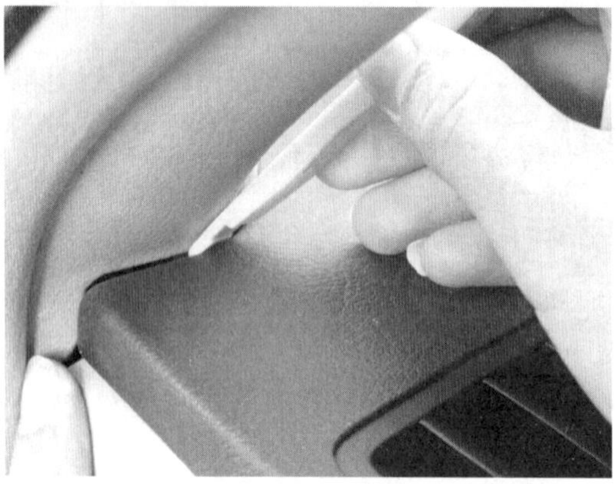

3 拆下车门前左、后左防磨板。

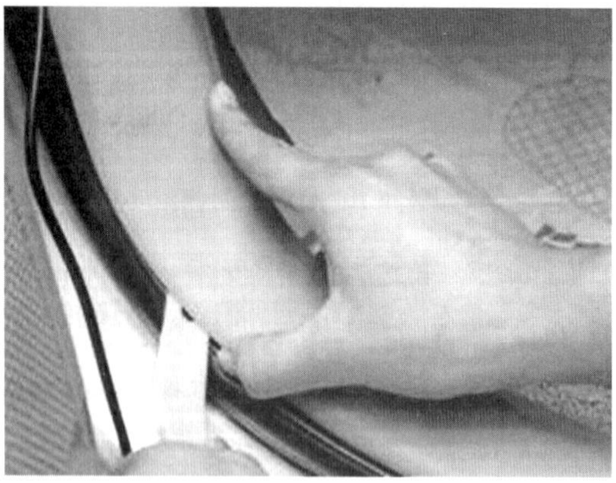

4 车门前左、后左防磨板下铺设显示器连接线。

提示

按车门防磨板下侧原线束的走向,从前到后依次铺设显示器连接线,并把连接线放入原线束卡扣内。

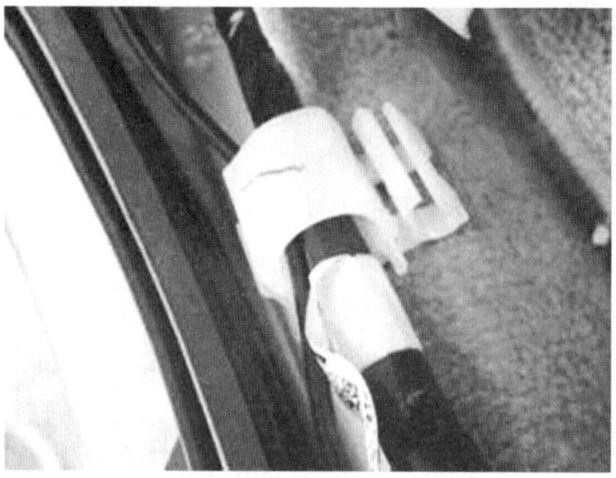

5 固定显示器连接线。

提示

用绝缘布把显示器连接线与原线束固定。

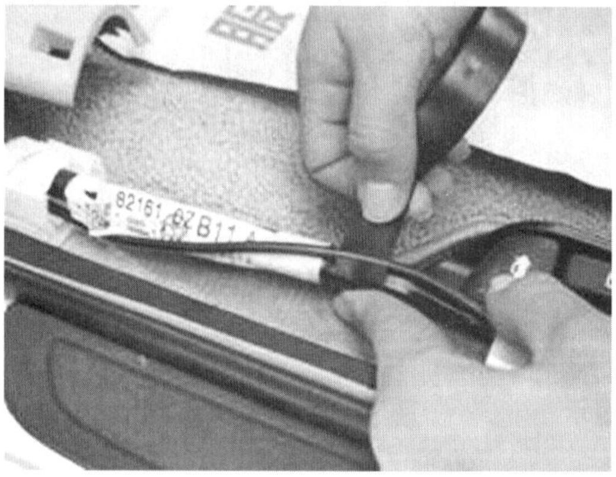

6 把显示器连接线引至控制器边。

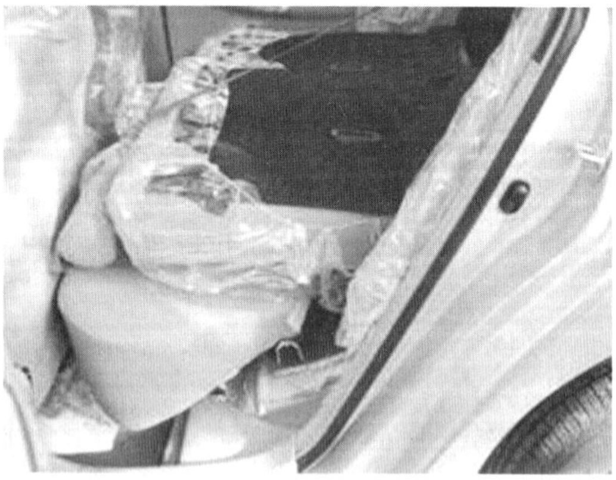

提示

显示器连接器从乘客舱引至行李舱前,

要先放倒后排左侧座椅。

7 安装防磨板。

提示

先确定防磨板安装位置，然后用手推入或轻轻敲击，使其完全贴合。

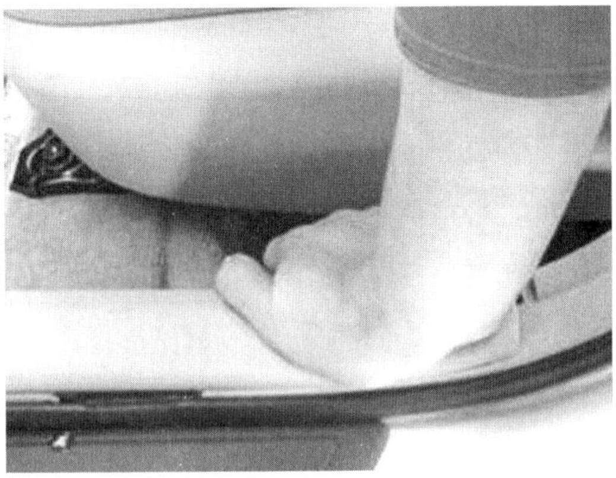

第十一步 把所有线束固定在控制器上

把显示器连接线、电源连接器、探头线连接器依次固定在控制器插口内。

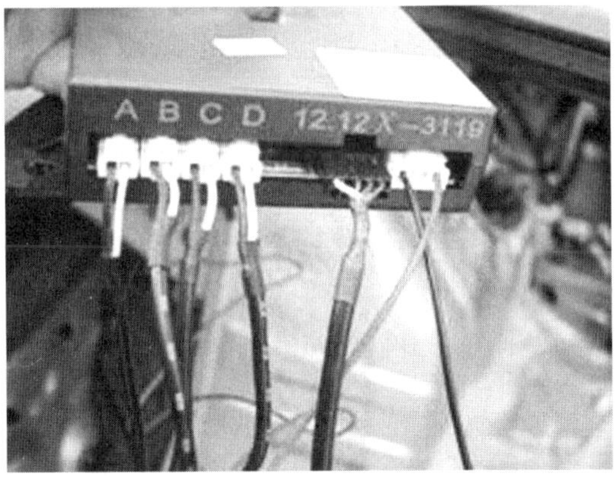

提示

(1)根据安装标记把显示器连接线固定在控制器插口内。

(2)探头连接线必须按控制器插口标记连接，即 A-A，B-B，C-C，D-D。

(3)关闭行李舱盖。

第十二步 检测倒车雷达性能

1 启动倒车雷达。

提示

(1)打开点火开关。

(2)挂上倒车挡。

2 检测倒车雷达性能。

提示

(1)一人在驾驶室，另一人在车后辅助检测每个探头的功能。

(2)检测工具可用手、手杆等物，在不同位置进行检测。

第十三步 固定控制器

1 固定控制器。

提示

(1)把控制器固定在原选定的安装位置。

(2)注意控制器必须安装牢固。

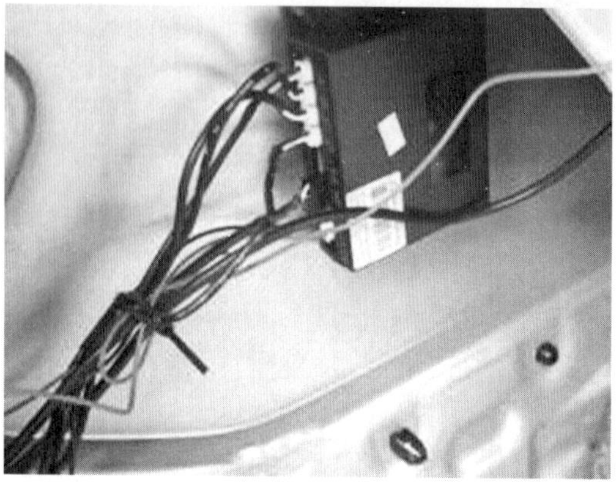

2 整理并固定倒车雷达各连接线。

提示

(1)把过长的各线束规范地绕在一起。

(2)把绕制后的各连接线固定在汽车原线束上。

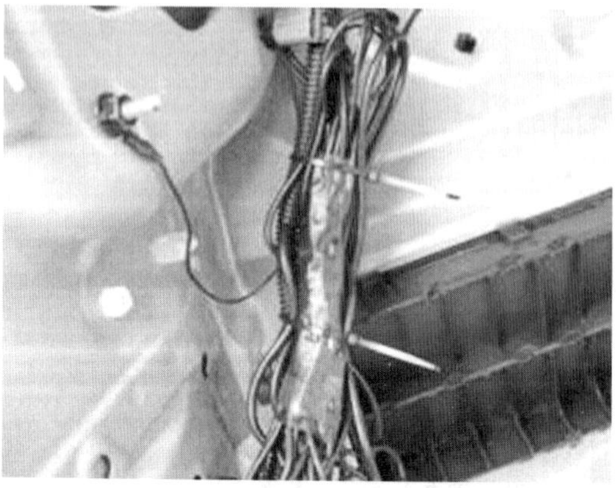

第十四步 安装行李舱内左侧地毯

安装行李舱内左侧地毯。

提示

(1)先确定地毯安装位置，然后安装4个卡扣。

(2)卡扣可用大拇指用力推入，但要保证其与地毯完全贴合。

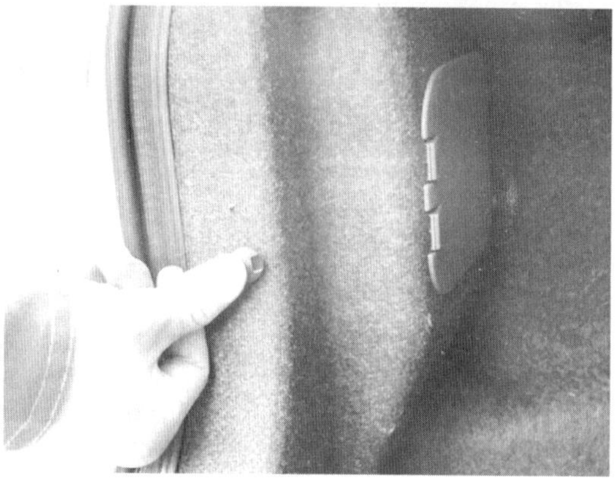

第十五步 安装行李舱防刮擦板

安装行李舱防刮擦板。

提示

(1)先确定行李舱防刮擦板安装位置，

然后安装两个卡扣。

(2)卡扣可用大拇指用力推入，但要保证其与地毯完全贴合。

第十六步 安装行李舱地板垫

安装行李舱地板垫，关闭行李舱盖。

提示

要求把行李舱地板垫铺设到位。

第十七步 再次检测倒车雷达性能

检测倒车雷达性能。

九 考核标准

评价内容	分值	序号	具体指标	分值	扣分标准	学生自评	小组评分	教师评分
仪容仪表	10	1	工作服、鞋穿戴整洁规范	2	酌情扣分			
		2	发型、指甲等符合工作要求	3	酌情扣分			
		3	不佩戴首饰、钥匙、手表等	5	酌情扣分			
工作安全	20	4	无工具、器材落地现象	5	酌情扣分			
		5	操作过程中沉着冷静	5	酌情扣分			
		6	汽车的安全操作过程	5	酌情扣分			
		7	无人员受伤及设备损伤事故	5	酌情扣分			
工作过程	60	8	检查汽车后保险杠是否有损坏	3	操作不当扣3分			
		9	选择倒车雷达类型	3	操作不当扣3分			

续上表

评价内容	分值	序号	具体指标	分值	扣分标准	学生自评	小组评分	教师评分
工作过程	60	10	确定探头安装位置	3	操作不当扣3分			
		11	开孔	5	操作不当扣5分			
		12	取出行李舱地板垫	2	操作不当扣2分			
		13	拆卸行李舱防刮擦板	3	操作不当扣3分			
		14	取出行李舱内左侧地毯	3	操作不当扣3分			
		15	安装探头	5	操作不当扣5分			
		16	确定控制器安装位置	3	操作不当扣3分			
		17	连接控制器电源线	2	操作不当扣2分			
		18	铺设显示器连接线	5	操作不当扣5分			
		19	把所有线束固定在控制器上	2	操作不当扣2分			
		20	检测倒车雷达性能	3	操作不当扣3分			
		21	固定控制器	2	操作不当扣2分			
		22	安装行李舱内左侧地毯	3	操作不当扣3分			
		23	安装行李舱防刮擦板	3	操作不当扣3分			
		24	安装行李舱地板垫	2	操作不当扣2分			
		25	关闭行李舱盖	3	操作不当扣3分			
		26	再次检测倒车雷达性能	3	操作不当扣3分			
职业素养	10	27	整理清洁工具	2	酌情扣分			
		28	操作前使用实训指导书	2	酌情扣分			
		29	学员之间配合默契	2	酌情扣分			
		30	在规定时间内完成	2	酌情扣分			
		31	填写工单	2	酌情扣分			
		32	7S 工作	2	酌情扣分			
			总分	100	实际得分			

十 思政课堂

专注汽修技术，诠释“工匠精神”

在一个行业扎根30年，是什么感觉？是热爱，是坚韧，更是执着。从“汽修工人”到“工匠之师”，陈师傅在汽车维修行业辛勤耕耘了30年，从汽修车的学徒到自己创业，创办深圳创展名车俱乐部，专修德系名车。

陈师傅对汽车的了解胜过对自己身体的了解，能闭着眼睛将方向盘拆卸、安装完毕，能通过发动机的声音判断汽车故障在哪里，很多汽车的疑难故障到他手里都能很快修复。他是司机眼中的汽修专家，是同行口中的“陈教授”，更是一位受人尊敬的“大国工匠”。

1993年，高中毕业后的陈师傅，机缘巧合来到江西九江的汽修厂成为一名学徒。为了尽快掌握修车技术，他每天第一个来，最后一个走，别人不愿意干的活，他都抢着干。

后来，陈师傅又到深圳森那美宝马4S店、爱车族名车维修中心、深荣昌汽车实业有限公司打拼，进一步磨练了自己的修车技术和营销管理能力。陈师傅利用业余时间到湖北汽车工业学院深圳分校夜大充电，如饥似渴地学习汽车专业知识及大量的外延学科知识。在汽修厂，很多人不愿意修理事故车，因为事故车受损严重，有些面目全非，让人无从下手，修理难度大。几乎所有人都对事故车避之不及时，陈师傅却主动找事故车修理，从事汽车维修30年，很多客户都和他成为了好朋友。

陈师傅不仅在公司里热心传授，还经常应邀参加千人年会授课，被欧帕斯平台、吾行养车平台聘为培训讲师，把自己掌握的实际操作经验和管理知识分享给行业同仁。因为陈师傅的博学、钻研、热忱、娴熟，大家都尊敬地叫他“陈教授”，面对大家的褒奖，陈师傅并没有止步，仍然兢兢业业地努力着，每天坚持学习一两小时，每天都到维修车间查看交流，用自己的执着诠释“工匠精神”。

从喜欢、热爱，到专注、倾心，30年的持之以恒和全力以赴，陈师傅以一种“没有最好、只有更好”的创新心态，实现了一名汽修工匠的自我价值、自我超越。陈师傅说“汽修其实是一件枯燥乏味的事，日复一日，年复一年，只有少一点浮躁，多一些沉淀，才能练就出类拔萃的真功夫。”

十一 知识拓展

1 测试倒车雷达的性能

(1)距离测试。自己用尺子测量车尾与障碍物距离，与倒车雷达显示的数据是否一致。

(2)防水测试。拿几瓶矿泉水，如果有条件的话可以打开水龙头，用水去冲探头。用这个测试可以测试产品的防水性能，因为它将关系雨天等潮湿环境中能否正常工作。

(3)测试探头的有效范围。车主可以将障碍物通过不同角度切入探头的测试范围，一个探头的正常测试范围的夹角为90°。

2 影响倒车雷达准确度的因素

倒车雷达的准确度会受到很多因素影响。车后的物体类型不同,得到的结果也不一样,因为从不同的物体得到的超声波不一样,主机计算出的数据也不一样,如下图所示。

光滑斜面，由于探头发出的超声波被光滑的球面向其他方向全部反射掉了，所以很难被探测到

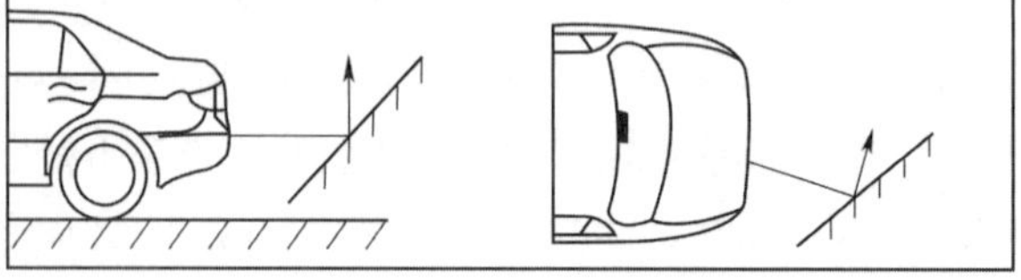

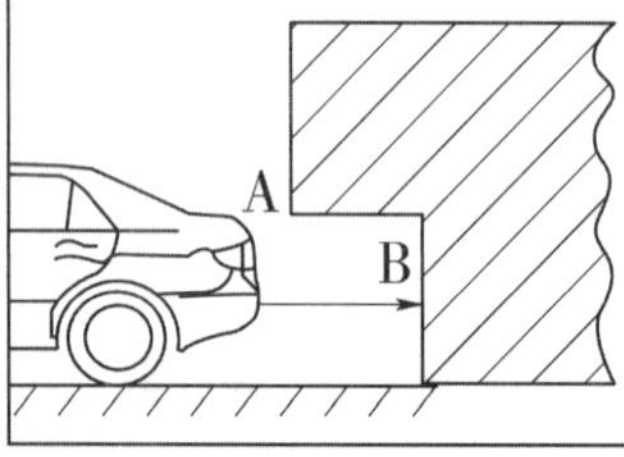

B点可以探测到，但A点由于处于探测盲区，所以就很难被探测到

河堤，由于车后没有障碍物，故系统探测不到任何东西，但后面是悬空的河道，驾驶人要注意

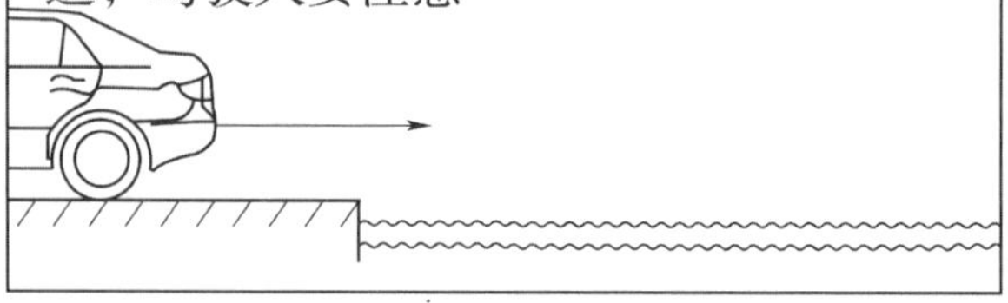

汽车后方有吸声物体（如海绵）。由于探头发出的超声波被吸声力强的物体吸收，探头收不到回波，故很难探测到

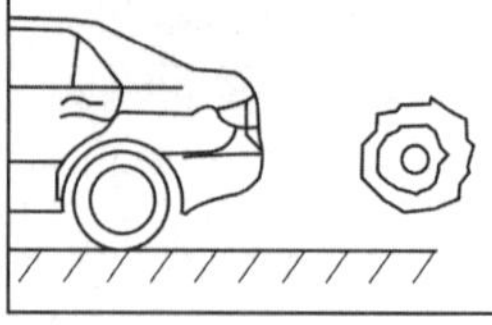

A点比较靠近，倒车过程中会被先探测到，但由于A点比较矮，随着车靠近，A点会进入探测盲区，这时系统只会探测到B点，但实际A点障碍物仍然存在，驾驶人应该注意

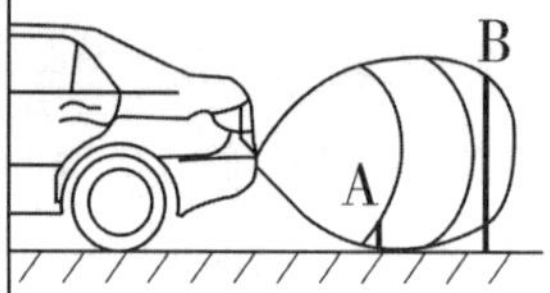

光滑球面，由于探头发出的超声波被光滑的球面向其他方向全部反射掉了，所以很难被探测到

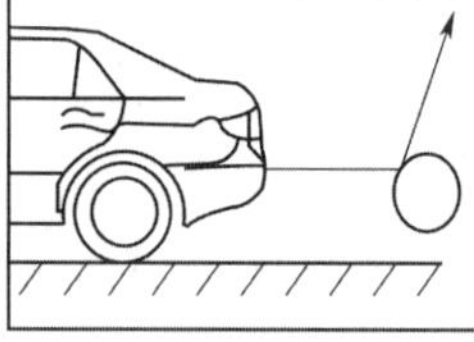

3 探头的维护

探头维护:要经常清洁探头,以保证倒车雷达正常工作。切勿给探头“刷漆”来保持全车色调的统一,否则将会使雷达误报。

4 倒车雷达故障诊断及排除

故障现象	原　　因	排　　除
倒车雷达不工作	常为工作电源未接通(比如倒车灯开关失灵)或倒车雷达系统线束接插件接触不良所致	如倒车灯开关失灵,则更换倒车灯开关。如倒车灯工作正常,则检查倒车雷达控制器侧的12针连接器的1号端子和7号端子之间的12V电压是否送入控制器,该路电压如供电正常,请更换倒车雷达的控制器

续上表

故障现象	原　　因	排　　除
蜂鸣器不工作	倒车雷达系统已经工作,但蜂鸣器未工作,原因可能出现在控制器与组合仪表之间线路断路或仪表内蜂鸣器失灵	先检查控制器与组合仪表间线路是否断路,如线路正常,则可判断为蜂鸣器失灵,需更换倒车雷达组合仪表
系统显示器不工作	倒车雷达系统已工作,但显示器未工作,可能原因是控制器连接器松动,接触不良,显示器失灵	检查控制器侧的12针连接器的第4号、5号、6号端子和第11号端子与组合仪表之间的连接是否正常,若连接正常,应更换组合仪表
某个传感器始终探测不到障碍物,或仪表板内的显示器绿色指示灯乱跳	倒车雷达系统已工作,但某个传感器不能正常工作或传感器内部以及传感器连接器接触不良	(1)倒车状态下,耳朵贴近传感器表面,仔细听是否有轻微的"滴答"声(可与正常的比较),如果响声正常,说明传感器的电源正常,请检查传感器和控制器之间的信号连接是否正常。 (2)绿色指示灯乱跳现象主要是因某一传感器失灵所致,更换失效的传感器就可排除故障
误报或报警不停	1. 其中一个探头角度没有安装好,工作时,探测到地面,产生误报	对探头角度调整,探头后有一个UP小箭头标志,一般向上,有的车型保险杠特别,需要调节一下
	2. 雷达主机,安装在一个磁性很强的区域内,如汽车音响喇叭旁边等	把主机移开测试
	3. 雷达探头是一个振动的元件,因为开孔刚好,把探头压得太紧而让它工作异常	轻微修整一下开孔,但别把孔开大了,只是修整一下边
	4. 探头表面有脏物,或探头表面缝隙处有细小东西	清除脏物

续上表

故障现象	原　因	排　除
误报或报警不停	5. 探头或接头有问题(当误报警时,显示器上显示数据不为00时,而是带有数字变化,如0.4、0.6、0.8等)	把接在主机的所以探头拔掉后,在通电的情况下,分别再单独把探头接回主机,每次测试时,主机上保证只接一个探头,一个一个探头进行测试,找出误报探头,进行第一、第二、第三、第四原因排除。也可单独手拿着探头,对空旷的地方探测
	6. 主机有问题(当误报警时,显示器上显示数据不为00时,而是带有数字变化,如0.4、0.6、0.8)	更换一新主机测试倒车雷达的工作状况,如正常工作,则表明主机有问题

原因总结:

(1)如果出现误报,首先观看显示器,如果显示器上的数字为:00不变化,第5、第6原因占多。

(2)当显示器上显示不为:00而是有数字变化,而1~4原因占多。

5 倒车影像系统

倒车影像又称泊车辅助系统,或称倒车可视系统、车载监控系统等。汽车倒车影像是一个系列整体的系统,也可以由摄像装置添加车载显示器。当挂倒车挡时,该系统会自动接通位于车尾的高清倒车摄像头,将车后状况清晰地显示于液晶显示屏上,让你准确把握后方路况,倒车也如前进般自如、自信。

倒车影像相比倒车雷达主要优点:

(1)安装简单(正极接到汽车倒车灯正极,负极搭铁,摄像头数量比倒车雷达探头相对少)。

(2)挂入倒挡,车后影像一目了然,更加直观、实用,便于驾驶人及时准确地作出判断,对于新驾驶人而言,帮助尤其突出。

(3)采用远红外线广角摄像装置,晚上也能较为清晰地观察到车后路况。

十二 课堂练习

(一)填空题

1. 倒车雷达全称________。

2. 倒车雷达由超声波传感器、________和显示器(或蜂鸣器)等组成。

3. 倒车雷达的探头有黏附式和开孔式两种,常见的为________。

4. 倒车雷达探头开孔的尺寸和安装________会直接影响探测的准确度。

5. 倒车雷达的性能测试主要包括距离测试、________测试和测试探头的有效范围等项目。

(二)单项选择题

1. 倒车雷达属于________安全装置。

A. 主动　　B. 被动　　C. 他动　　D. 转动

2. 现代大部分车用倒车雷达根据________原理,来探测障碍物。

A. 红外线　　B. 超声波　　C. 磁共振　　D. 霍尔效应

3. 丰田卡罗拉轿车倒车雷达后探头的安装高度为________。

A. 10 ~ 20cm　　B. 30 ~ 40cm　　C. 70 ~ 80cm　　D. 50 ~ 60cm

4. 倒车雷达的电源线和________灯的电源线连接一起。

A. 前照　　B. 转向　　C. 倒车　　D. 示宽

(三)判断题

1. 汽车倒车雷达的主机一般安装在行李舱内。(　　)

2. 倒车雷达开探头安装孔时,必须大力快速。(　　)

3. 选择汽车倒车雷达一般会选择其功能、性能、款式和服务等方面。(　　)

4. 为了使倒车雷达探头与汽车保险杠颜色一致,可以给探头刷上漆。(　　)

5. 车后的光滑球面和吸声物体有时会影响探测的精度。(　　)

任务10　汽车中控门锁系统检测与维修

一　情景导入

一辆丰田卡罗拉1.6L轿车的车主反映,他的汽车中控门锁通过驾驶人侧门锁操作所有车门锁止/解锁功能均不正常。针对这种情况需要对中央门锁系统进行检测,确定故障部位并进行维修。

二　知识链接

1　中控门锁系统

1)中控门锁的功能

中控门锁是通过车门上的主开关和门控开关或利用遥控钥匙锁,可以同时控制全车门锁锁止与解锁的控制装置,同时乘客仍可以利用车门的机械式控制开关开启与锁止车门。

2)中控门锁系统组件

中控门锁系统组件位置如下图所示。

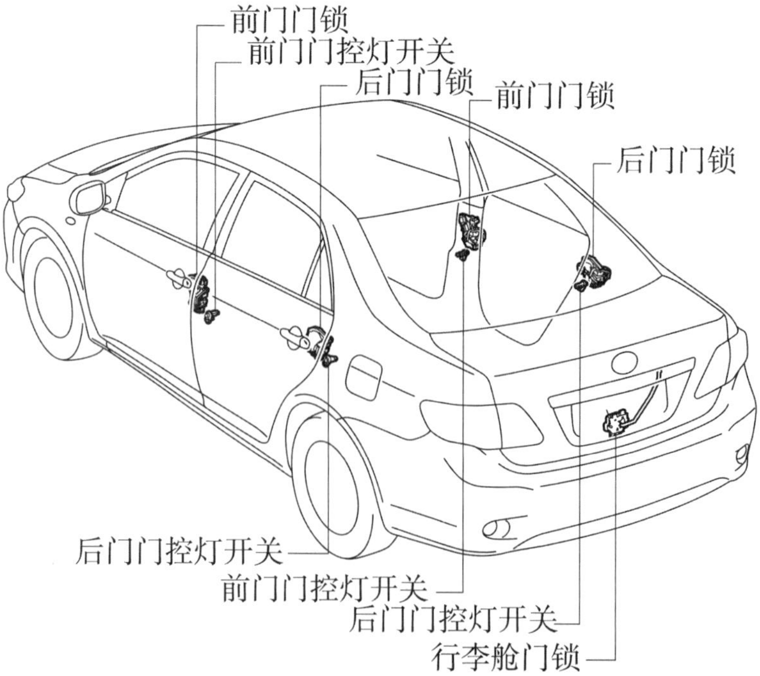

3)门锁总成

(1)门锁开关:中央门锁系统在驾驶人侧门上设有总开关,当驾驶人操纵此开关时,其他车门的锁扣将锁上或解开,在其他车门上也设置单独的门锁开关。

(2)门锁执行机构:驱动门锁执行机构动作的形式主要有电磁线圈和直流电动机式。无论何种形式,都是通过改变电流方向而转换其运动方向而达到上锁或开锁的目的。

(3)门锁控制器开关:为门锁执行机构提供上锁、开锁脉冲电流的控制装置称为门锁控制器。常用的有以下几种:晶体管式门锁控制器、电容式门锁控制器、车速感应式门锁控制器。

(4)控制电路分析。

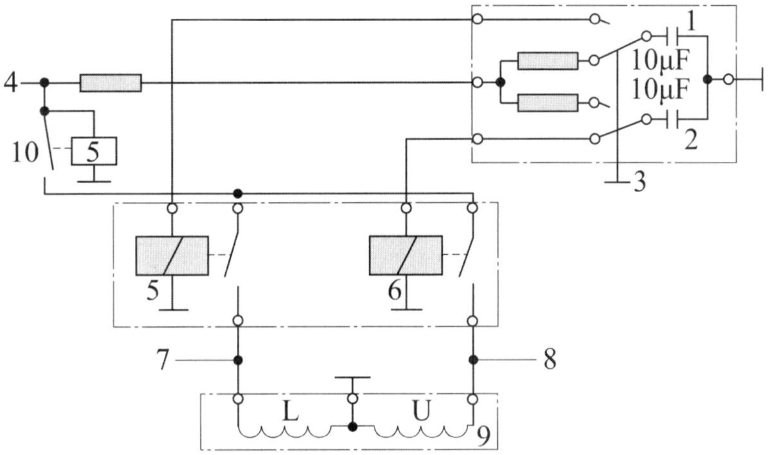

1-锁门电路;2-开锁电容;3-门锁开关;4-接蓄电池“+”;5-锁门继电器;6-开锁继电器;7、8-接其他车门锁;9-门锁执行机构;10-热敏断路器

当按下驾驶人车门锁总成I5的上锁按钮时,车身ECU的14脚搭铁。此时,车身ECU判断为上锁请求,于是从ECU的2脚输出高电平信号,该高电平信号分四路:

①到驾驶人车门锁总成的4脚→驾驶人车门锁电动机→驾驶人车门锁总成的1脚→车身ECU的3脚。

②到右前门车门锁总成的4脚→右前门车门锁电动机→右前门车门锁总成的1脚→车身ECU的3脚。

③到右后门车门锁总成的4脚→右后门车门锁电动机→右后门车门锁总成的1脚→车身ECU的3脚。

④到左后门车门锁总成的4脚→左后门车门锁电动机→左后门车门锁总成的1脚→车身ECU的3脚。

此时驾驶人车门锁、右前车门锁、右后车门锁、左后车门锁同时上锁。当按下电动车窗升降主开关I3的上锁按钮时,车身ECU的12脚搭铁。此时车身ECU也判断为上锁请求。

2 卡罗拉1.6L轿车门锁控制电路

(1)电动门锁系统锁止/解锁所有车门。

乘客车门上的主开关和门控开关发送“锁止/解锁”请求信号至主车身ECU(仪表板接线盒)。然后,主车身ECU(仪表板接线盒)向每个门锁电动机发送这些请求信号并对输入立即做出响应,锁止/解锁所有车门。

(2)使用机械钥匙操作驾驶人侧门锁,可向主车身ECU(仪表板接线盒)发送锁止/解锁车门的请求信号。

(3)主车身 ECU（仪表板接线盒）接收锁止/解锁开关信号并根据这些信号激活门锁电动机。

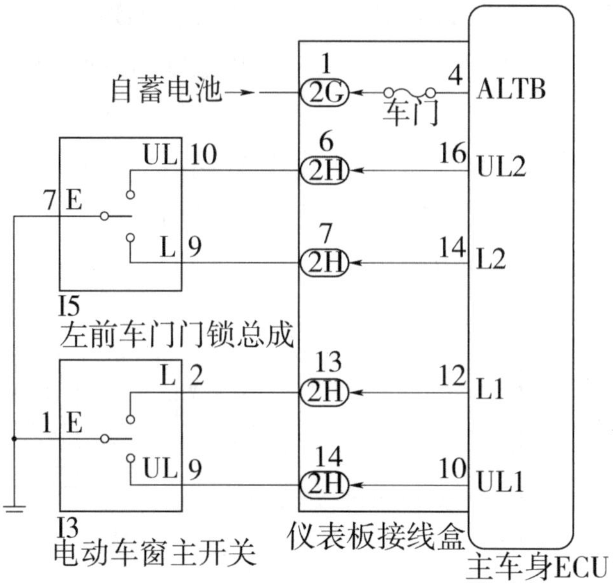

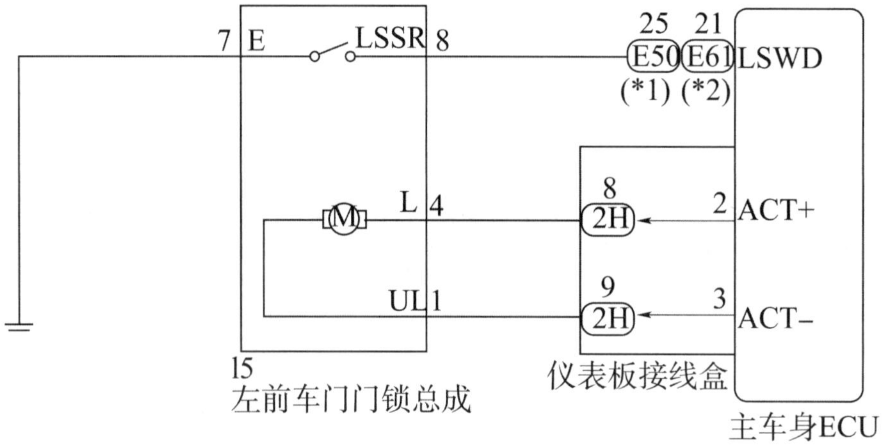

3 中控门锁的电路故障诊断作业流程

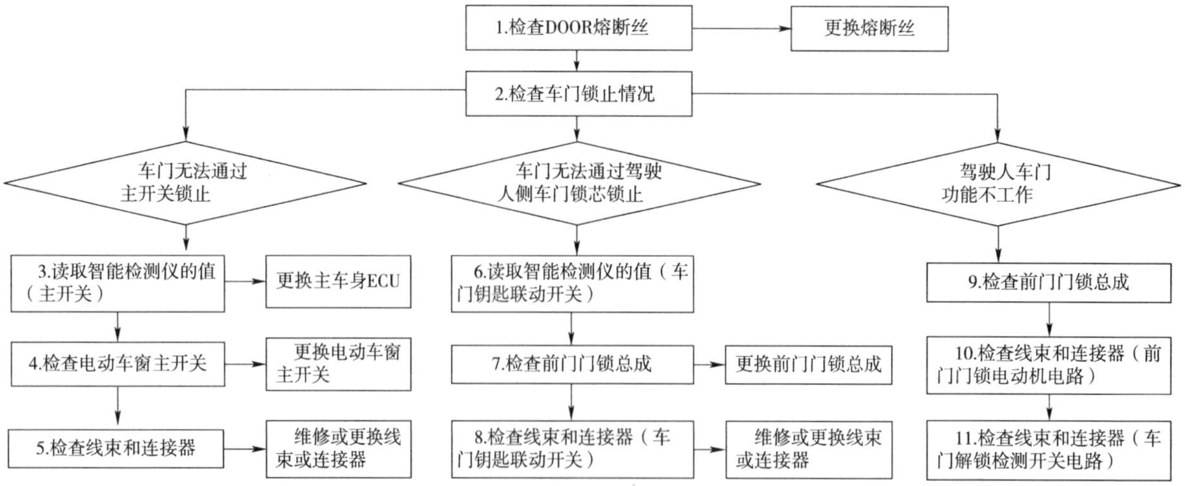

三 实训时间

实训时间为40min,考核时间为40min。

四 实训教学目标

1 知识目标

(1)能说出中控门锁的功能和系统组件的组成;

(2)熟悉中控门锁系统的工作原理。

2 技能目标

(1)能正确地查阅汽车技术资料;

(2)能规范地进行中控门锁系统电路的识读和检测;

(3)能分析与诊断中控门锁常见故障。

3 素养目标

(1)通过合作教学,培养学生的学习和自我约束能力;

(2)塑造职业道德,弘扬中华传统美德。

五 技术标准与要求

(1)安装和拆卸不要损坏门锁部件。

(2)发电机系统电路正常,蓄电池电压为12V。

(3)注意正确使用数字式万用表测量电阻的规范。

六 实训器材

卡罗拉轿车、万用表、短接杆、棘轮扳手、跨接线、备用蓄电池、组合工具、翼子板护裙及驾驶室内保护罩等其他工具及器材。

ϕ10mm 套筒

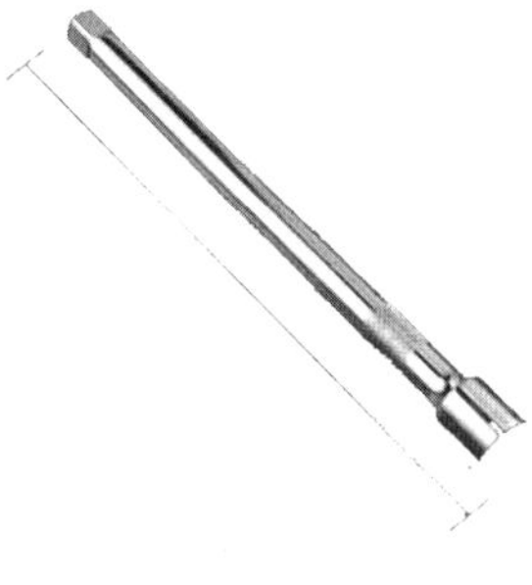

短接杆

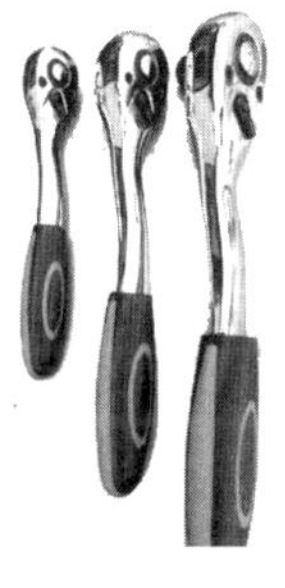

棘轮扳手

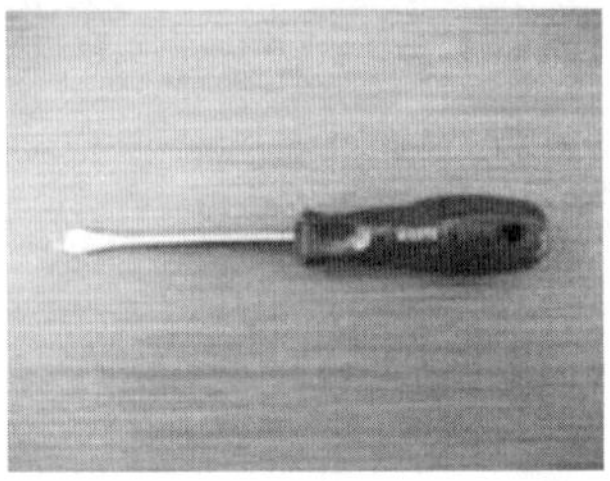

一字螺丝刀

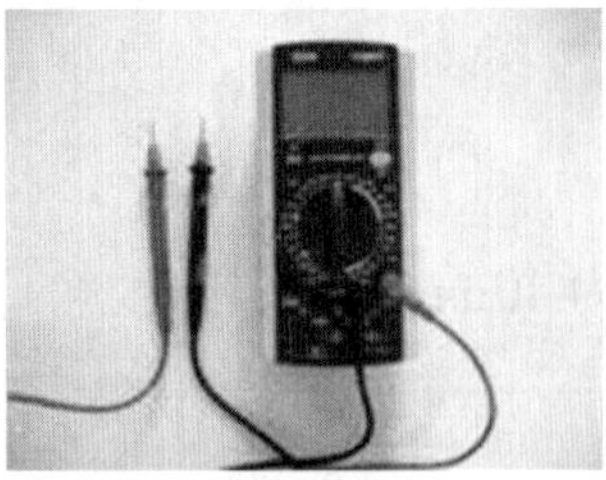

万用表

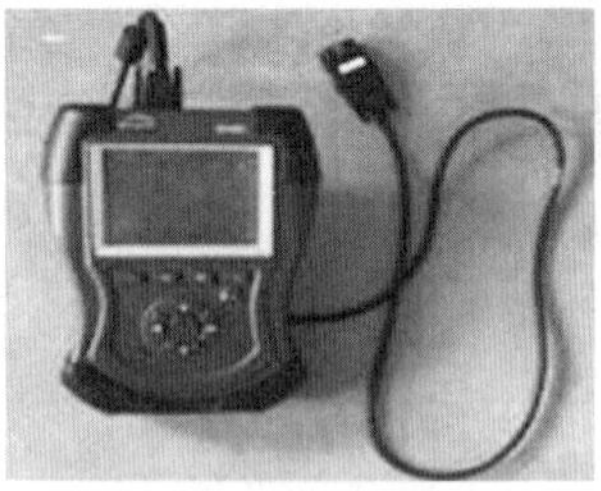

故障诊断仪

ϕ10mm 开口梅花两用扳手

胶带

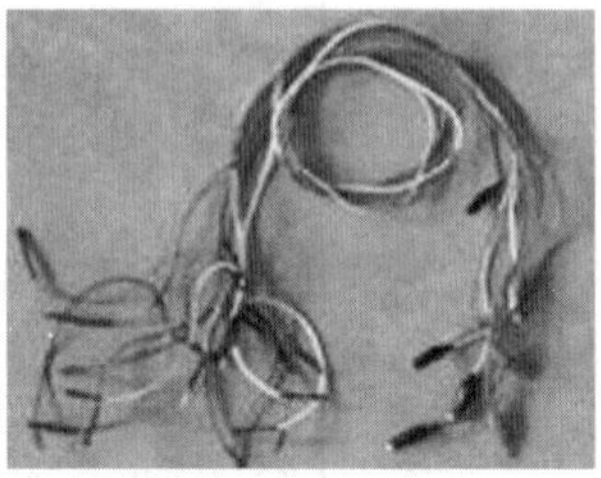

跨接线

七 教学组织

1 教学组织形式

本课程为“工艺化”实训课，建议教学时实训教师 1 名，学生 24 名，实训工位 6 个(也可以用卡罗拉轿车电气实训台，代替实车进行操作)，按照 4 人 1 个工位编组。如实训工位配置不足或师生比较高，可把学生分成两批，一批学生观看操作视频，并进行操作过程的流程补缺填充和相关理论知识的学习，另一批学生按“工艺化”要求进行实操。另考虑到完成整个项目实操所需时间较长，可把本项目按流程分成几个阶段性小项目，两组轮流操作，尽量使所有学生都能理、实结合地学习。

2 学生的站位分工和要求

每个小组有 4 名学生，一人操作，一人辅助，一人观察(执有作业流程表)，一人评分(执有考核细则表)。学生按规定的工位站立，教师下达指令后，各组同时进行操作。

3 实训教师职责

(1)讲解操作任务的作业流程、操作步骤、技术规范和注意事项。

(2)组织、管理学生进行合作学习。

(3)在实训中检查、指导，纠正学生的错误。

(4)实训结束时反馈、评比各组的作业情况。

4 学生职责

(1)明确教学目标。

(2)开展合作学习，操作、辅助、观察和评分各工位依次进行循环。

(3)实训期间严格按“7S”要求进行，并及时记录作业中的错误之处。

八 操作步骤

第一步 信息咨询

车辆被送入修理车间,进行故障分析检查。一辆丰田卡罗拉 1.6L 轿车,车主反映中控门锁通过主开关、驾驶人侧门锁操作所有车门锁止/解锁功能不正常,需要对中央门锁系统进行检测,确定故障部位并进行维修。为了查明故障症状,向客户询问故障发生时的症状和条件非常重要,应尽可能地收集车辆信息。

第二步 中控门锁工作状态检查和准备

检查中控门锁情况。

(1)使用机械钥匙、操作门控开关或遥控电子钥匙,检查所有车门的锁止状态,确认故障情况。根据客户描述的现象进一步对故障进行确认。

(2)车门无法通过驾驶人侧车门锁芯锁止。

(3)车门无法通过主开关锁止。

第三步 读取门锁系统数据和诊断故障码(DTC)

1 连接并检查 DLC3。

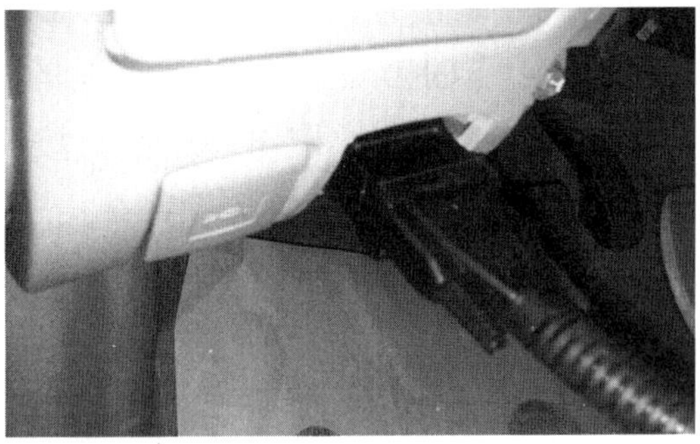

2 读取智能检测仪的值。

(1)将点火开关置于 ON (IG) 位置。

(2)根据检测仪上的显示读取数据表。

检测仪显示测量项目/范围	正常状态诊断
DoorKey SW-Lock 车门钥匙联动锁止开关信号/ON或OFF	ON:驾驶人侧车门锁芯转至锁止位置; OFF:驾驶人侧车门锁芯未转动
DoorKey SW-Unlock 车门钥匙联动解锁开关信号/ON或OFF	ON:驾驶人侧锁芯转至解锁位置; OFF:驾驶人侧车门锁芯未转动

续上表

检测仪显示测量项目/范围	正常状态诊断
DoorLock SW-Lock 车门手动锁止开关信号/ON 或 OFF	ON:电动车窗升降器主开关上的门控开关按至锁止位置; OFF:电动车窗升降器主开关上的门控开关处于按下位置
DoorLock SW-Unlock 车门手动解锁开关信号/ON 或 OFF	ON:电动车窗升降器主开关上的门控开关按至解锁位置; OFF:电动车窗升降器主开关上的门控开关处于按下位置

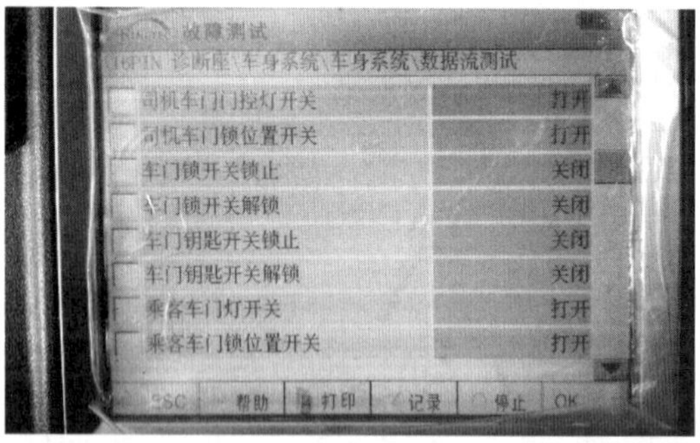

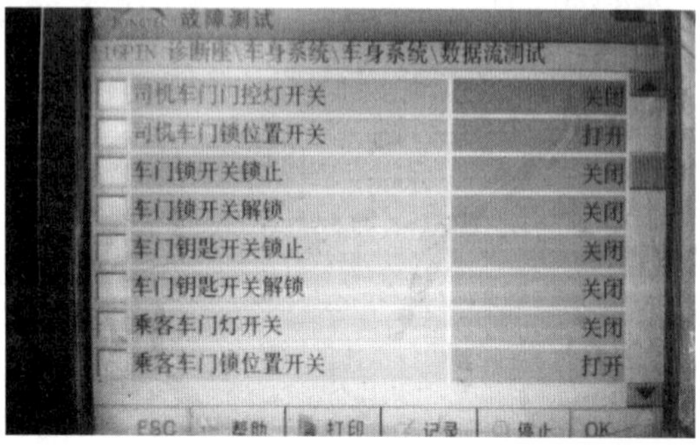

第四步 检查前门板分总成（驾驶人侧）

1 从蓄电池负极端子断开电缆。

正确使用 ϕ10mm 套筒拧松蓄电池负极螺栓,从蓄电池负极上取下负极连接端子电缆放在正确位置上。

提示

(1)在拆卸蓄电池负极电缆时,检查点火开关处于关闭状态。

(2)在拆卸蓄电池负极电缆时,要注意工具不要碰到蓄电池正极,以防短路损坏用电设备。

2 拆卸前门内把手框。

拉起内把手,使用头部缠有保护胶带的螺丝刀,脱开 3 个卡爪并拆下前门内把手框。

提示

注意螺丝刀撬内把手框边沿时的位置及力度，防止损坏框边沿。

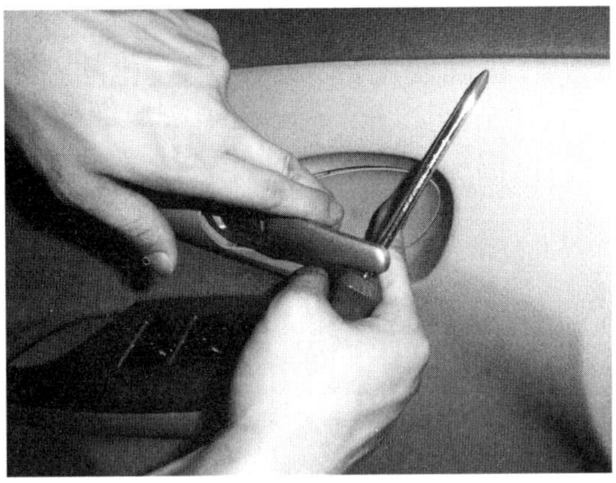

3 拆卸前扶手座上板。

使用头部缠有保护胶带的螺丝刀，脱开2个卡子和6个卡爪，拆下前扶手座上板。

注意螺丝刀撬内把前扶手座上板边的位置及力度，防止损坏前扶手座上板边沿。

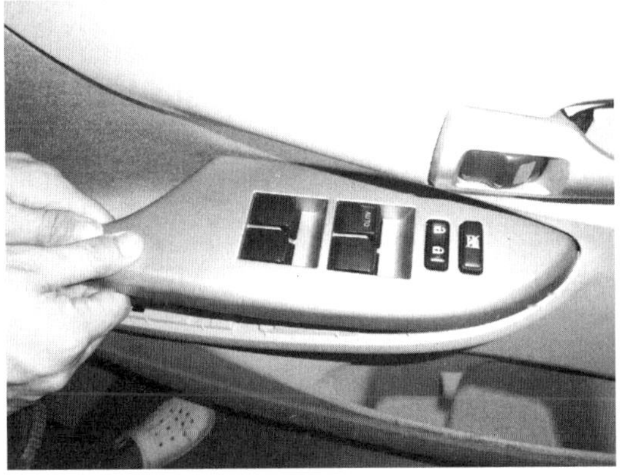

4 断开连接器，前扶手座上板放置在零件台面上。

提示

(1)断开连接器时，先按压锁止扣，当确认锁止装置完全脱离后，方可拔下连接器。

(2)若锁止装置无法解除，则尝试边按压锁止扣边向内推，直至锁止装置完全解除方可拔下连接器。

(3)禁止在线束端借用外力拔下连接器。

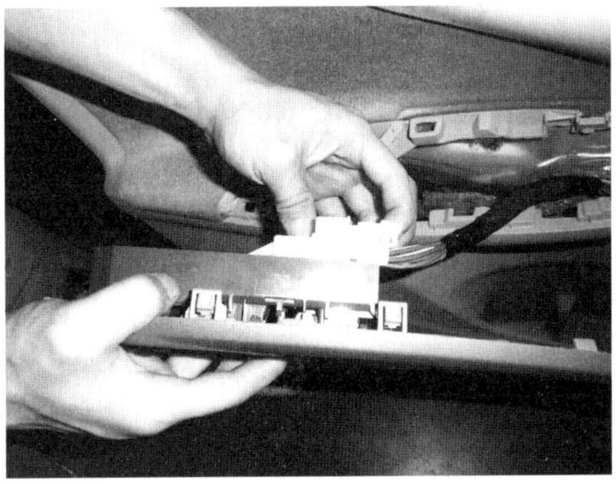

5 拆卸前门装饰板分总成。

使用头部缠有保护胶带的螺丝刀，脱开卡爪并断开车门扶手盖。

提示

注意撬车门扶手盖边沿的位置和力度，防止损坏车门扶手盖边沿。

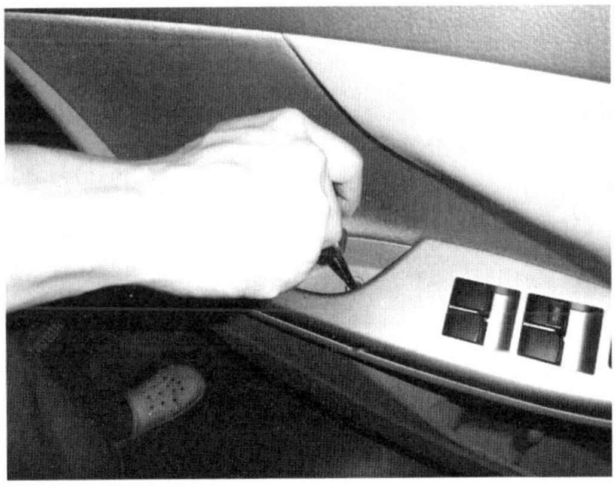

6 使用十字螺丝刀拆下车门扶手盖下和前门内把手框下位置的2个螺栓。

提示

拆下螺栓时，应注意方位和角度，以便更容易操作。

7 使用适当的卡子拆卸工具(缠有保护胶带的螺丝刀),在前门装饰板分总成下边沿的位置先撬开并依此脱开 9 个卡子。

徒手脱开 5 个卡爪并从前门玻璃内密封条上分开前门装饰板分总成。

提示

拆卸时注意脱开卡子的最佳位置和力度,防止损坏前门装饰板分总成卡子和边沿。

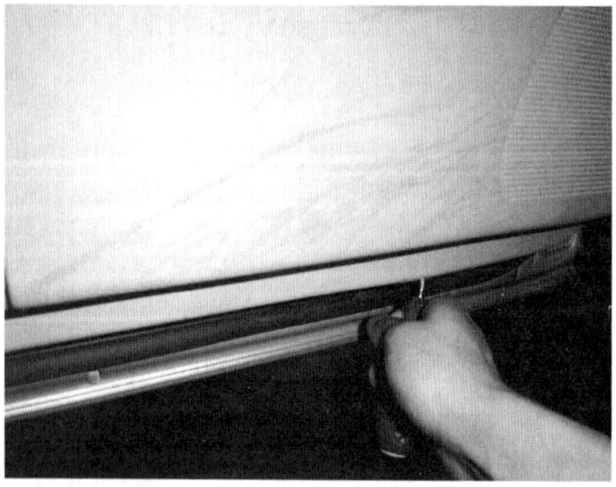

8 徒手脱开 2 个拉索,并与前门内把手分总成分离。

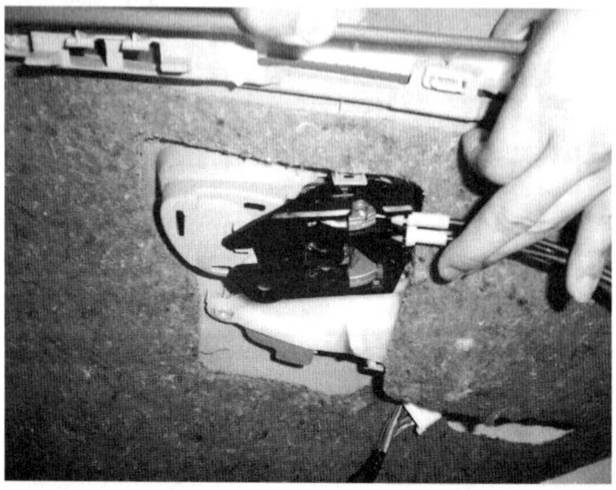

第五步 检查前车门门锁总成

(驾驶人侧)

1 检查前车门门锁总成(驾驶人侧)。

(1)正确使用数字式万用表检测前车门门锁总成开关电阻。

标 准 电 阻

检测仪连接	条　件	规定状态
7—9	ON(门锁设置为锁止)	小于1Ω
7—9 7—10	OFF(松开)	10kΩ 或更大
7—10	ON(门锁设置为解锁)	小于1Ω

(2)若门锁总成开关电阻不正常,则更换前门门锁总成。

提示

测量电阻时注意表笔的接触开关针端触点的角度和位置,尽量方便测量。

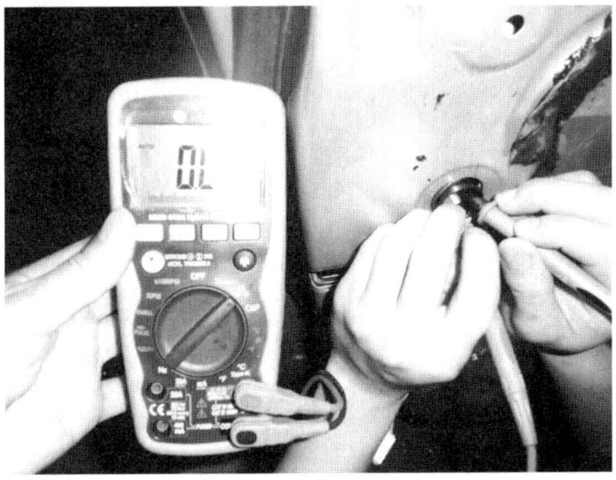

2 检查线束和连接器(车门解锁检测开关电路)。

(1)拆卸仪表板接线盖子,找到仪表板接线盒并断开连接器2H。

(2)用数字式万用表测量下表中I5与2H端子之间的电阻值是否正常。

标准电阻

检测仪连接	条件	规定状态
15 -9(L)—2H -7	始终	小于1Ω
15 -10(UL)—2H -6	始终	小于1Ω
2H -7—车身搭铁	始终	10kΩ或更大
2H -6—车身搭铁	始终	10kΩ或更大

线束连接器前视图:
(至前门门锁)

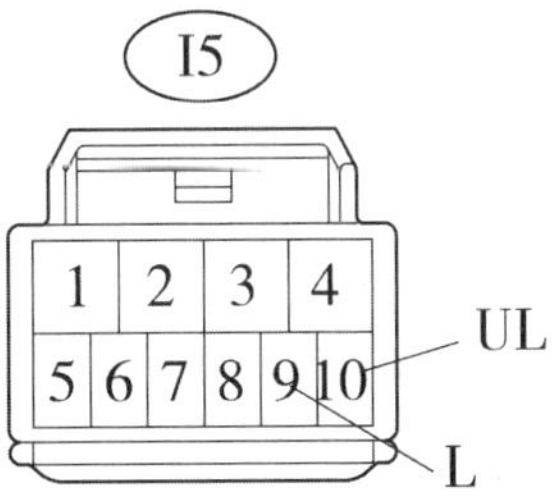

线束连接器前视图:
(至仪表板接线盒)

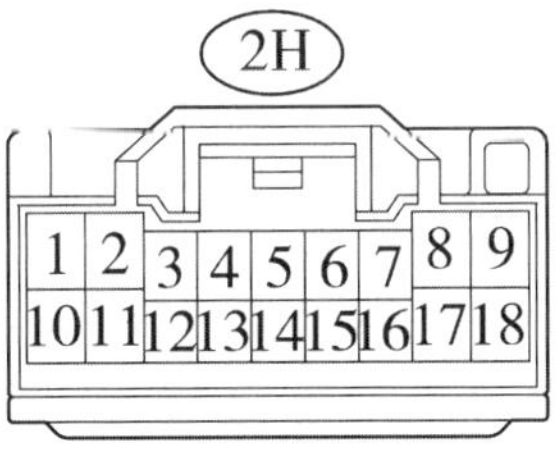

(3)若各端子之间电阻值出现不正常,则维修和更换线束和连接器。

提示

①注意使用数字式万用表测量电阻的规范。

②测量连接器端子的电阻值时应先用连接线与万用表笔相连接。

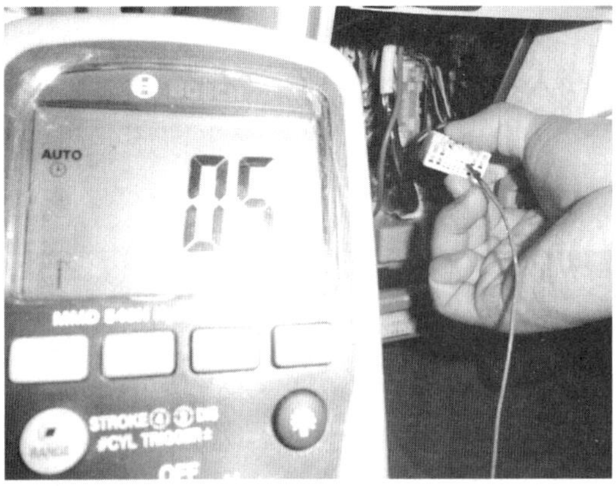

3 更换主车身ECU。

4 检查电动车窗主开关。

(1)将连接线端子连接至电动车窗主开关相应端子,并与万用表表笔相连接。

(2)操作电动车窗主开关锁止和解锁状态,测量下表主开关I3的端子的电阻值。

(3)若测量端子之间电阻值不符合规定状态值,则更换电动车窗主开关。

①拆下电动车窗主开关;

②根据下表中的值测量电阻。

标准电阻

检测仪连接	条件	规定状态
1—2	锁止	小于1Ω
1—2	OFF	10kΩ
1—9	(松开)	或更大
1—9	解锁	小于1Ω

没有线束连接的零部件:
（电动车窗主开关）

提示

(1)注意使用数字式万用表测量电阻的规范。

(2)测量连接器端子的电阻值时应先用连接线与万用表笔相连接。

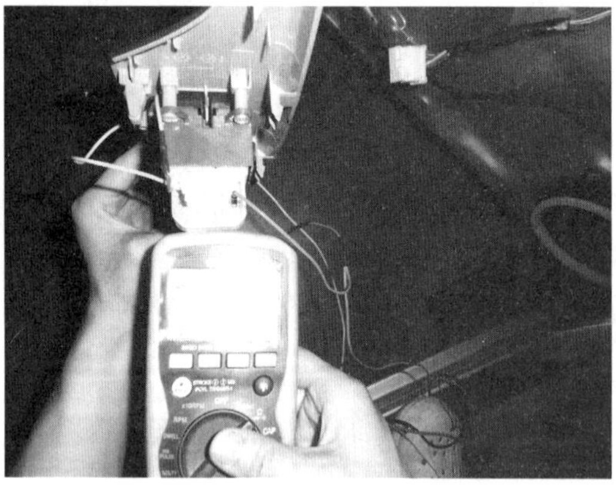

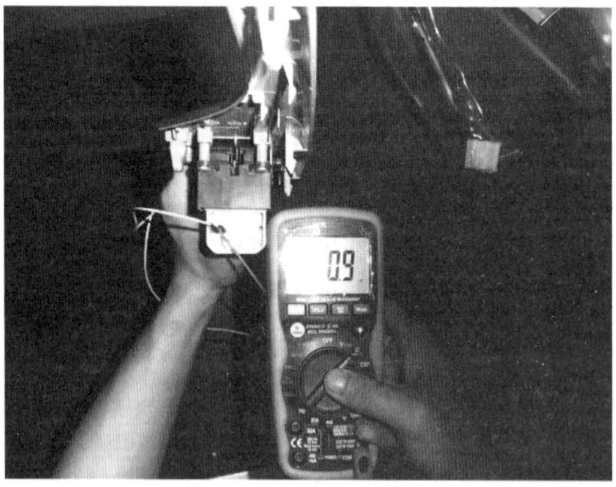

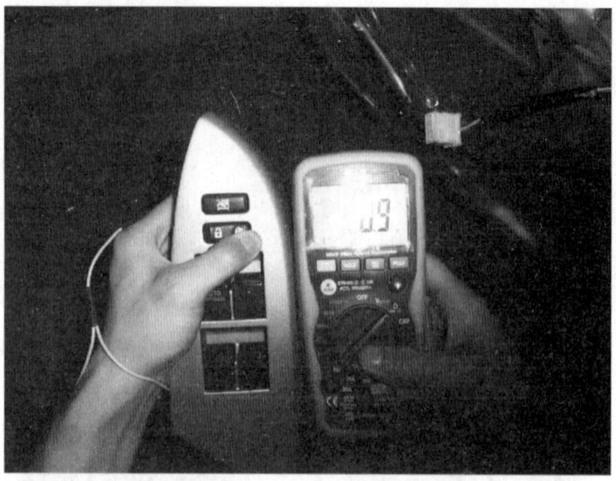

5 检查线束和连接器(电动车窗主开关电路)。

(1)用数字式万用表测量下表中 I3 与 2H 端子之间的电阻值是否正常。

标准电阻

检测仪连接	条件	规定状态
13-2(L)—2H-13	始终	小于 1Ω
13-9(UL)—2H-14	始终	小于 1Ω
13-1(E)—车身搭铁	始终	小于 1Ω
2H-13—车身搭铁	始终	10kΩ 或更大
2H-14—车身搭铁	始终	10kΩ 或更大

异常 > 维修或更换线束或连接器

线束连接器前视图:
（至电动车窗主开关）

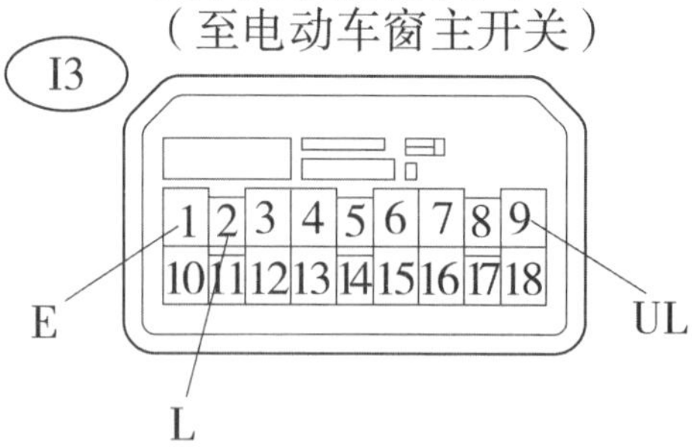

线束连接器前视图:
（至仪表板接线盒）

(2)若各端子之间电阻值不正常,则需要维修和更换线束和连接器。

提示

(1)注意使用数字式万用表测量电阻的规范。

(2)测量连接器端子的电阻值时,应先用连接线与万用表笔相连接。

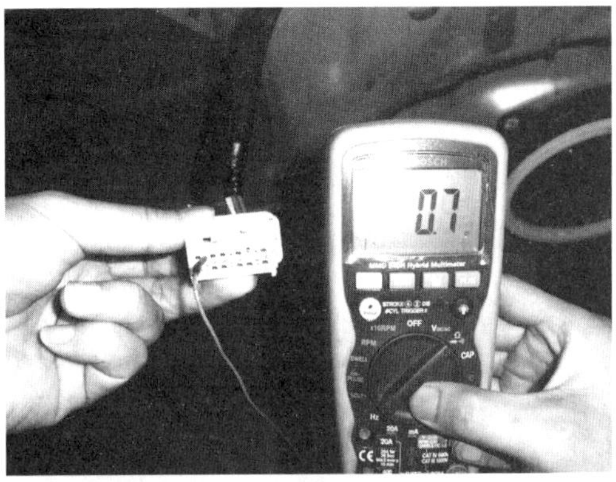

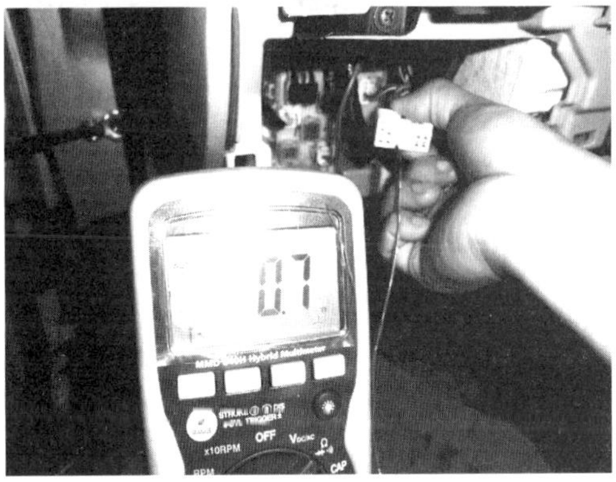

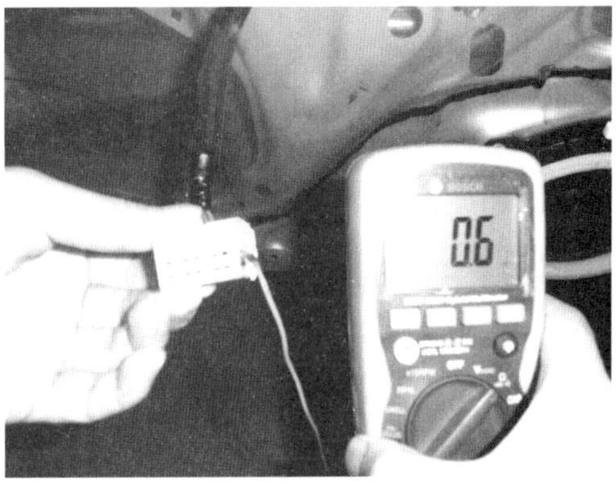

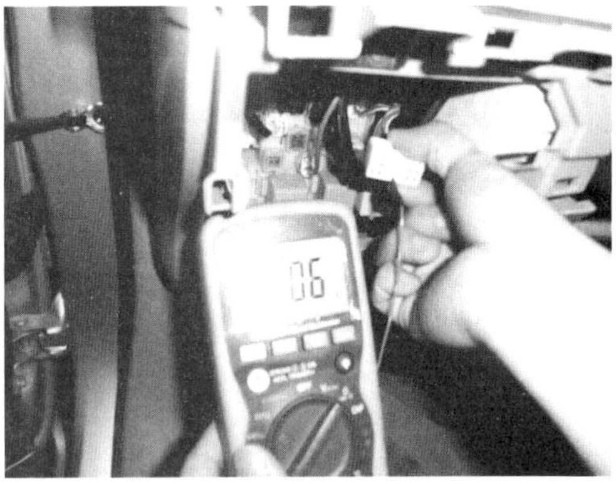

九 考核标准

评价内容	分值	序号	具体指标	分值	扣分标准	学生自评	小组评分	教师评分
仪容仪表	10	1	工作服、鞋穿戴整洁规范	2	酌情扣分			
		2	发型、指甲等符合工作要求	3	酌情扣分			
		3	不佩戴首饰、钥匙、手表等	5	酌情扣分			

续上表

评价内容	分值	序号	具体指标	分值	扣分标准	学生自评	小组评分	教师评分
工作安全	20	4	无工具、器材落地现象	5	酌情扣分			
		5	操作过程中沉着冷静	5	酌情扣分			
		6	汽车的安全操作过程	5	酌情扣分			
		7	无人员受伤及设备损伤事故	5	酌情扣分			
工作过程	60	8	询问车主故障信息	2	酌情扣分			
		9	试车验证故障部位	3	操作不当扣3分			
		10	记录车辆铭牌信息	2	操作不当扣2分			
		11	维修前的防护工作	2	操作不当扣2分			
		12	维修前工具的准备	2	操作不当扣2分			
		13	检查中控门锁情况	2	操作不当扣2分			
		14	测量蓄电池电压	2	操作不当扣2分			
		15	检查熔断丝	2	操作不当扣2分			
		16	连接并检查 DLC3	3	操作不当扣3分			
		17	读取智能检测仪的值	3	操作不当扣3分			
		18	从蓄电池负极端子断开电缆	3	操作不当扣3分			
		19	拆卸前门内把手框	3	操作不当扣3分			
		20	拆卸前扶手座上板	3	操作不当扣3分			
		21	断开连接器,前扶手座上板放置在零件台面上	3	操作不当扣3分			
		22	拆卸前门装饰板分总成	3	操作不当扣3分			
		23	拆下车门扶手盖下和前门内把手框	3	操作不当扣3分			
		24	使用适当的卡子拆卸前门装饰板分总成	3	操作不当扣3分			

续上表

评价内容	分值	序号	具体指标	分值	扣分标准	学生自评	小组评分	教师评分
工作过程	60	25	检查前车门门锁总成(驾驶人侧)	3	操作不当扣3分			
		26	检查线束和连接器(车门解锁检测开关电路)	3	操作不当扣3分			
		27	检查电动车窗主开关	3	操作不当扣3分			
		28	检查线束和连接器(电动车窗主开关电路)	3	操作不当扣3分			
		29	维修后的试车	2	酌情扣分			
职业素养	10	30	整理工具	2	酌情扣分			
		31	操作前使用实训指导书	2	酌情扣分			
		32	学员之间配合默契	2	酌情扣分			
		33	在规定时间内完成	2	酌情扣分			
		34	填写工单	2	酌情扣分			
		35	7S 工作	2	酌情扣分			
			总分	100	实际得分			

十 知识拓展

中央门锁出现故障的原因可能有很多,首先要区分是机械故障、电路故障,还是气路故障。

主要从以下几方面进行分析:

(1)气路故障:当真空管路出现故障时,将造成真空泄露。此故障的特点是所有门锁执行机构都不能正常工作。

(2)机械故障:往往是某个执行机构或某个门锁的相关连接部位出现问题。此故障的特点是个别门锁不正常。

(3)电路故障:除了线路、开关和执行器外,当中央门锁出现故障时,还应检查遥控器和接收器。

①遥控器故障:当遥控器出现故障时,多数情况是遥控器的电池原因。如果遥控器因程序错误,可用专用故障检测仪进行重新匹配,也可以人工匹配。

②接收器故障:当遥控接收器出现故障时,所有的门锁都不能控制。有些车辆因防盗控制单元和遥控接收器直接相关,因而当遥控接收器出现故障时,车辆的防盗功能也会受到影响。

十一 课堂练习

(一)填空题

1. 门锁总成由门锁开关、门锁执行机构、________组成。

2. 使用机械钥匙、________或遥控电子钥匙来控制中控门锁情况。

3. 门锁控制开关常用的有电容式门锁控制器、________门锁控制器、车速感应式门锁控制器。

4. 门锁执行器常用的有电磁线圈、________和永磁式电动机等几种形式。

5. 中央门锁出现故障的原因有机械故障、气路故障和________故障。

(二)单项选择题

1. 门锁执行机构是通过改变________方向而转换其运动方向达到上锁或开锁的目的。

A. 电磁　　B. 电流　　C. 电阻　　D. 机械

2. 驾驶人一般可以操纵中央门锁系统中的________门锁。

A. 驾驶室　　B. 副驾驶室　　C. 后排　　D. 所有

3. 一般情况下,中央门锁出现机械故障的特点是________。

A. 所有门锁工作不正常　　B. 半边车门锁动作不正常

C. 个别门工作不正常

4. 门锁电路配有定时装置的目的是________。

A. 减小工作电流　　B. 缩短工作时间　　C. A 和 B 都不正确

5. 对于采用真空控制的中央门锁装置的车辆,当真空管路出现漏气故障时,可能会________。

A. 所有门锁执行机构工作不正常　　B. 左前门锁执行机构正常不工作

C. 右前门锁执行机构正常不工作

(三)判断题

1. 用数字万用表检测车门门锁总成开关电阻来判断开关的工作状态。(　　)

2. 用数字万用表表笔可以直接测量连接器端子的电阻值,不需使用另外的连接线。(　　)

3. 中央门锁的电路故障包括线路、开关和执行器外,还应检查遥控器和接收器。(　　)

4. 中央门锁系统与防盗系统互不相关。(　　)

5. 用数字万用表检查门锁锁止状态为 OFF 时,电阻一般小于 1Ω。(　　)

任务 11　汽车防盗系统认知与维修

一　情景导入

一辆丰田卡罗拉 1.6L 轿车，车主反映通过使用遥控钥匙发射器锁止车门启用防盗系统时，如果系统处于警戒状态时，打开发动机舱盖，警报功能不激活。针对此故障，需要对防盗系统的发动机舱盖门控灯开关电路进行检测，确定故障部位并进行维修。

二　知识链接

1　防盗系统的功能和组成

（1）防盗系统的功能：通过使用遥控钥匙发射器锁止车门可以启动防盗系统。系统处于警戒状态时，如果有人试图强行解锁任一车门或打开任一车门、发动机舱盖或行李舱盖，警报功能就会被激活。在警报鸣响状态下，系统会点亮车内照明灯并闪烁危险警告灯。同时，系统会鸣响车辆喇叭和警报喇叭以阻止非法闯入和盗窃，同时也向车辆周围的人们报警。

（2）防盗系统的组成：防盗系统由电子控制的遥控器或钥匙、电子控制电路、报警装置和执行机构等组成。

汽车防盗系统组成

（3）发动机舱盖门控灯开关电路。发动机舱盖门控灯开关与发动机舱盖锁安装在一起。发动机舱盖打开时开关断开，发动机舱盖关闭时开关接通。

（4）警报喇叭电路。当防盗系统由警戒状态切换为警报鸣响状态时，防盗警报 ECU 可以控制警报喇叭。

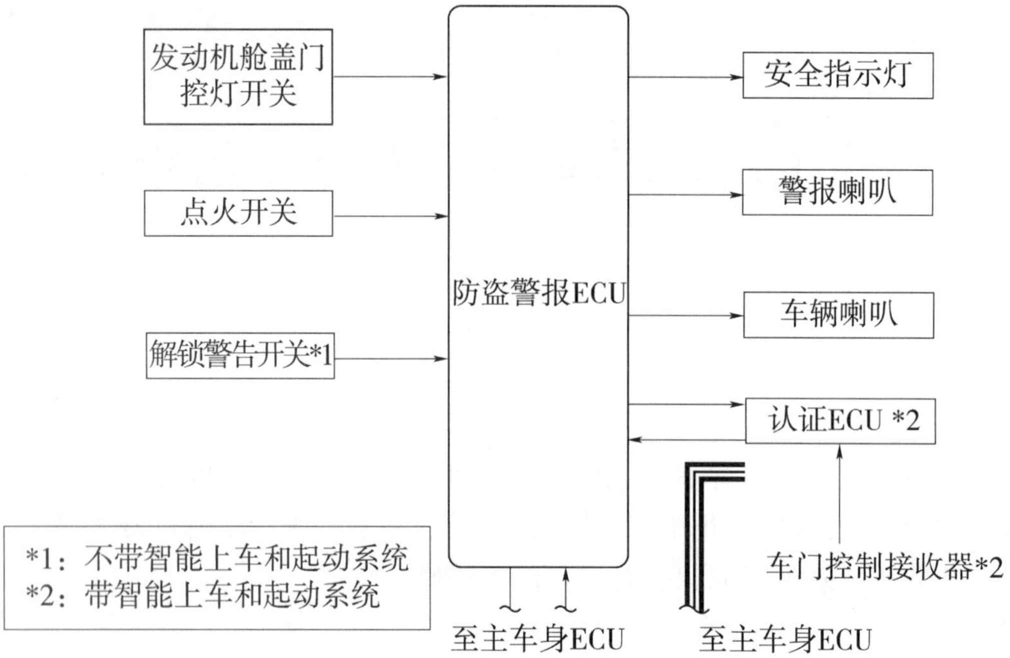

发动机舱盖门控灯开关
点火开关
解锁警告开关*1
防盗警报ECU
安全指示灯
警报喇叭
车辆喇叭
认证ECU *2
车门控制接收器*2
*1：不带智能上车和起动系统
*2：带智能上车和起动系统
至主车身ECU
至主车身ECU

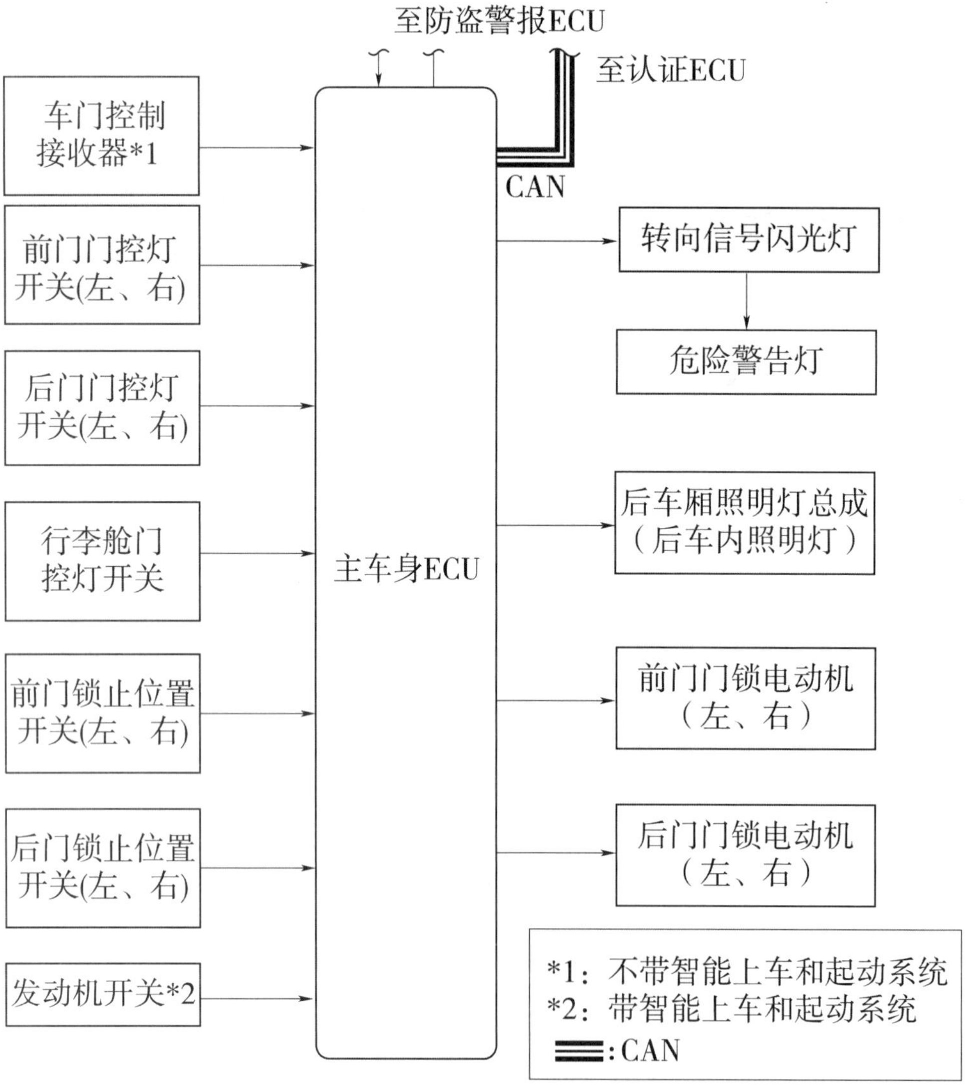

至防盗警报ECU
至认证ECU
车门控制接收器*1
前门门控灯开关(左、右)
后门门控灯开关(左、右)
行李舱门控灯开关
前门锁止位置开关(左、右)
后门锁止位置开关(左、右)
发动机开关*2
主车身ECU
CAN
转向信号闪光灯
危险警告灯
后车厢照明灯总成（后车内照明灯）
前门门锁电动机（左、右）
后门门锁电动机（左、右）
*1：不带智能上车和起动系统
*2：带智能上车和起动系统
:CAN

2 防盗系统的工作(状态)过程

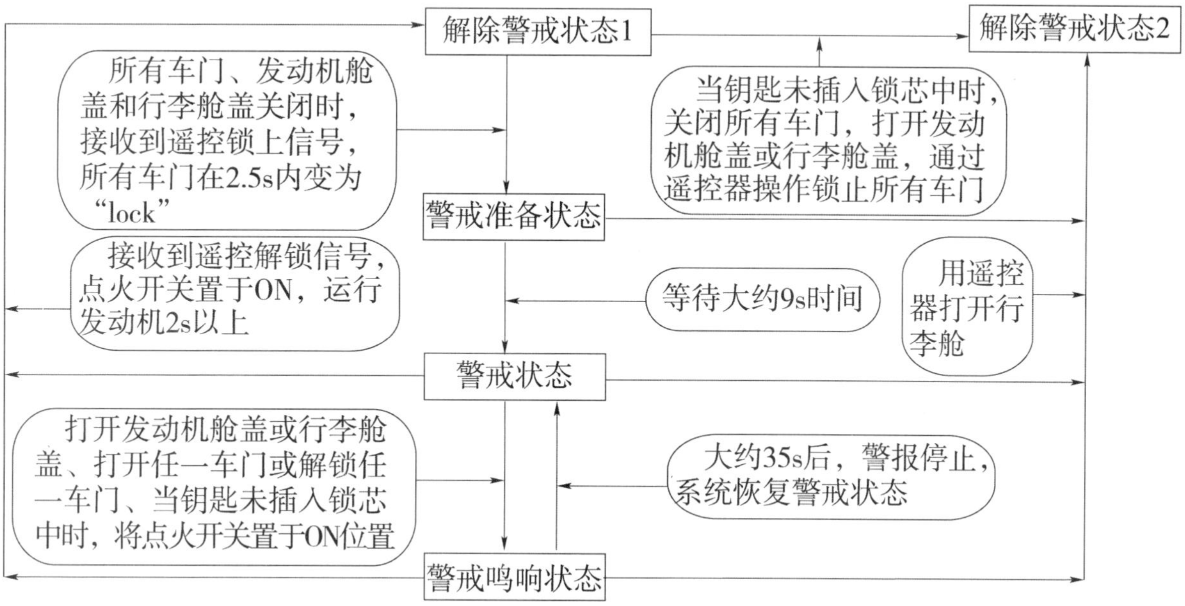

3 防盗系统故障检测工作流程

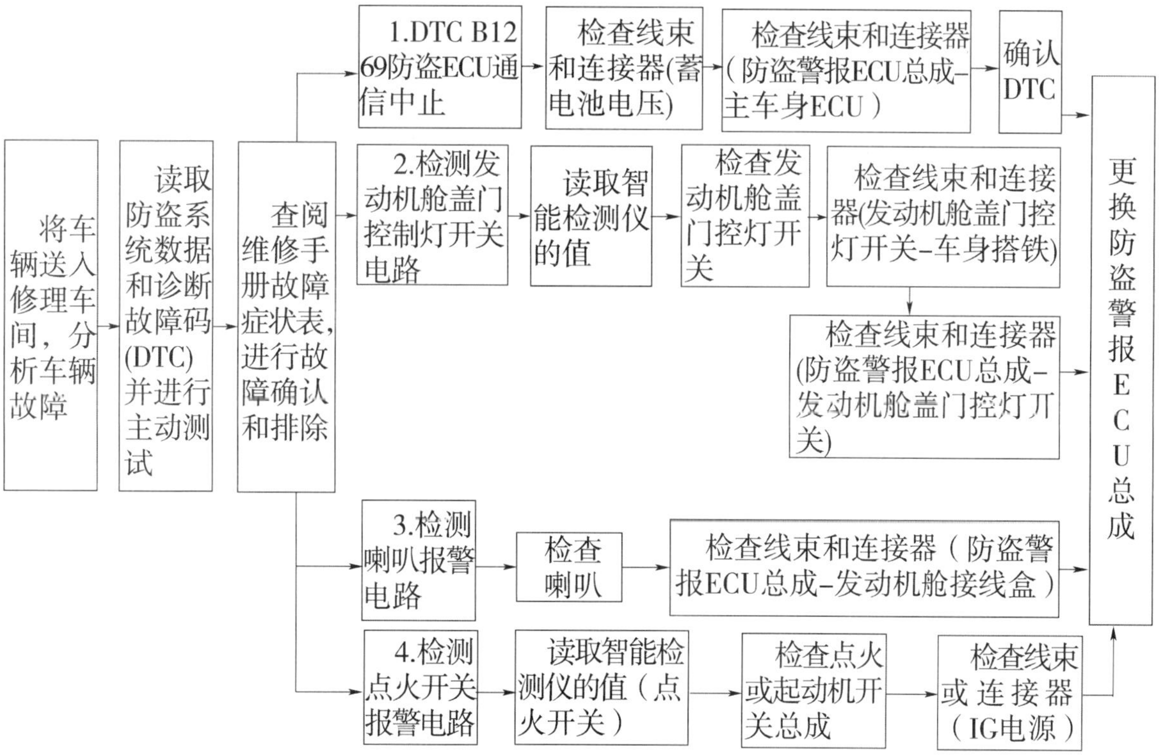

三 实训时间

实训时间为40min，考核时间为40min。

四 实训教学目标

1 知识目标

(1)能说出汽车防盗系统的功能和组成;

(2)会根据原理图说出汽车防盗系统的工作过程。

2 技能目标

(1)能正确地查阅汽车技术资料;

(2)会进行汽车防盗系统系统电路的识读和检测;

(3)能合作方式进行汽车防盗系统故障诊断和更换、维修。

3 素养目标

(1)通过合作教学,培养学生的沟通能力和协作能力;

(2)通过全国“最美汽车职工”学习,培养学生敬业奉献、服务人民的精神;

五 技术标准与要求

(1)发电机系统电路正常时,蓄电池电压为12V。

(2)安装和拆卸操作时不要损坏部件。

(3)注意使用数字式万用表测量电阻的规范。

(4)考核时间和实训时间均为40min。

六 实训器材

卡罗拉轿车、万用表、短接杆、棘轮扳手、跨接线、备用蓄电池、组合工具、翼子板护裙及驾驶舱内保护罩等其他工具及器材。

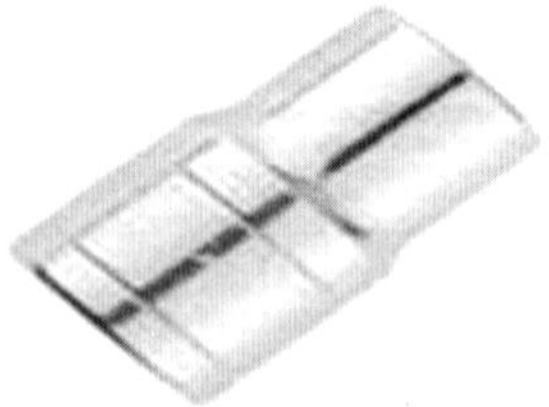

ϕ10mm 套筒

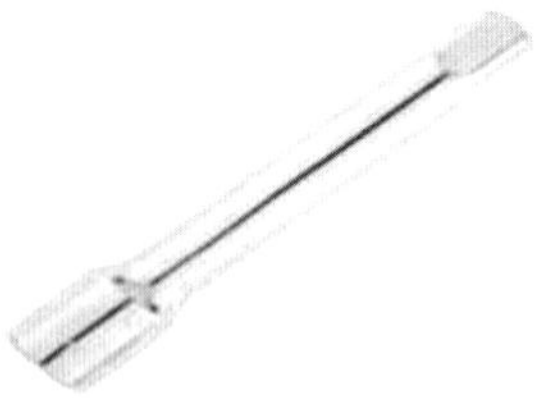

短接杆

棘轮扳手

一字螺丝刀

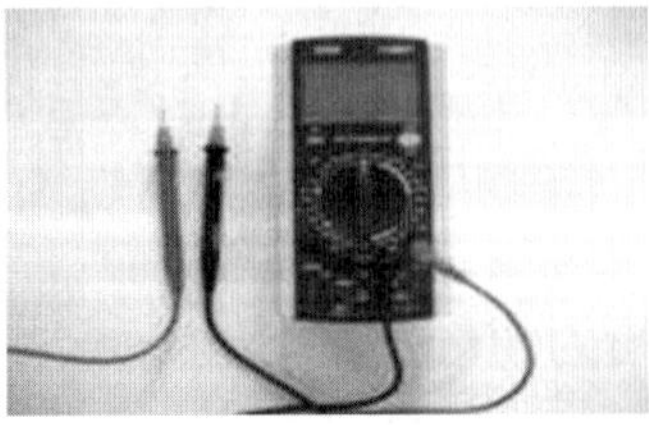

万用表

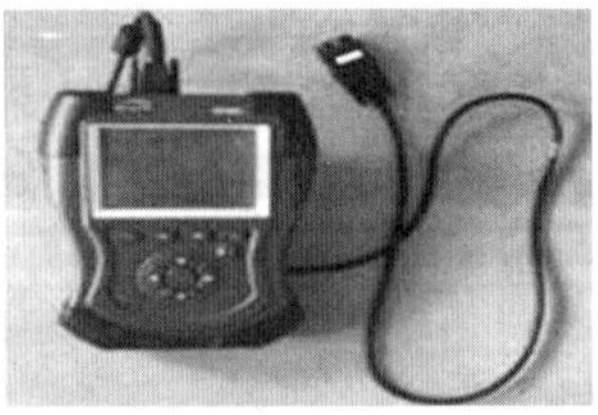

故障诊断仪

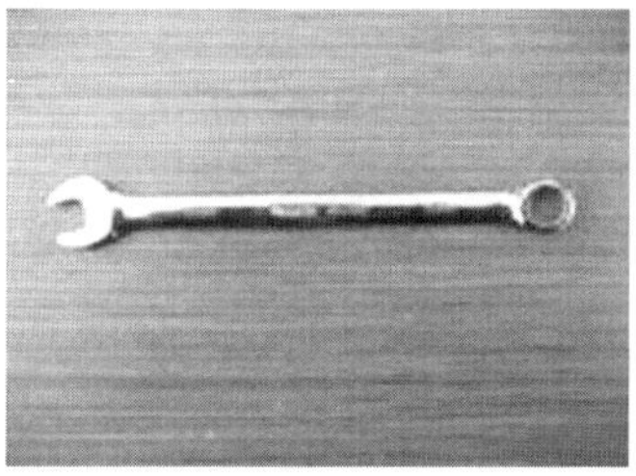
φ10mm 开口-梅花两用扳手

胶带

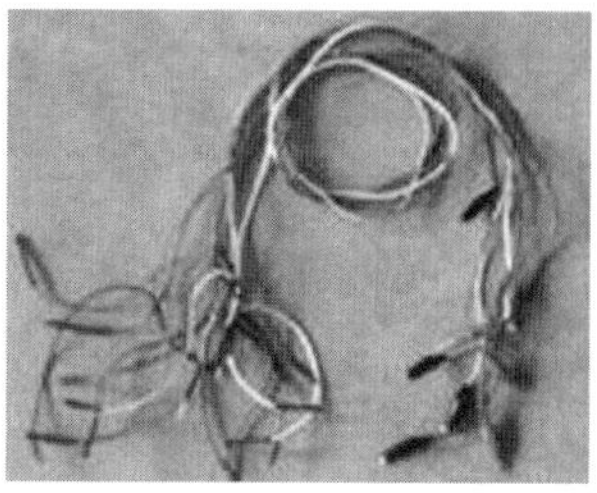
跨接线

七 教学组织

1 教学组织形式

本课程为“工艺化”实训课，建议教学时实训教师 1 名，学生 24 名，实训工位 6 个（也可以用卡罗拉轿车电气实训台代替实车进行操作），按照 4 人 1 个工位编组。如实训工位配置不足或师生比较高，可把学生分成两批，一批学生观看操作视频，并进行操作过程的流程补缺填充和相关理论知识的学习，另一批学生按“工艺化”要求进行实操。另考虑到完成整个项目实操所需时间较长，可把本项目按流程分成几个阶段性小项目，两组轮流操作，尽量使所有学生都能理、实结合地学习。

2 学生的站位分工和要求

每个小组有 4 名学生，一人操作，一人辅助，一人观察（执有作业流程表），一人评分（执有考核细则表）。学生按规定的工位站立，教师下达指令后，各组同时进行操作。

3 实训教师职责

（1）讲解操作任务的作业流程、操作步骤、技术规范和注意事项。

（2）组织、管理学生进行合作学习。

（3）在实训中检查、指导，纠正学生的错误。

（4）实训结束时反馈、评比各组的作业情况。

4 学生职责

（1）明确教学目标。

（2）开展合作学习，操作、辅助、观察和评分各工位依次进行循环。

（3）实训期间严格按“7S”要求进行，并及时记录作业中的错误之处。

八 操作步骤

第一步 信息咨询

将车辆送入修理车间，听取客户描述故障状况：当系统处于警戒状态时，如果打开发动机舱盖，警报功能不被激活。分析故障原因。

第二步 防盗工作状态检查和准备

检查中控门锁情况。

使用机械钥匙、操作门控开关或遥控电子钥匙,检查所有车门的锁止状态,确认故障情况。

第三步 读取门锁系统数据和诊断故障码(DTC)

1 检查 DTC。

(1)将智能检测仪连接到 DLC3。

(2)将点火开关置于 ON (IG) 位置。

(3)读取智能检测仪屏幕上的 DTC。

2 使用智能检测仪读取数据。

(1)将点火开关置于 ON(IG)位置。

(2)进入以下菜单项:Body/Main Body 或 Theft Deterrent / Data List。

(3)根据智能检测仪的显示读取数据表。

智能检测仪显示测量项目/ 范围正常状态诊断备注:

Hood courtesy switch 发动机舱盖门控灯信号/ON 或 OFF。

ON:发动机舱盖打开;

OFF:发动机舱盖关闭。

正常:智能检测仪上的指示灯根据发动机舱盖门控灯状态在 ON 和 OFF 之间切换。

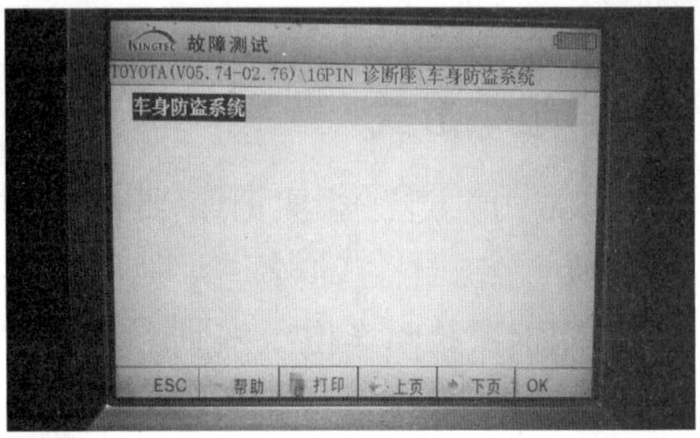

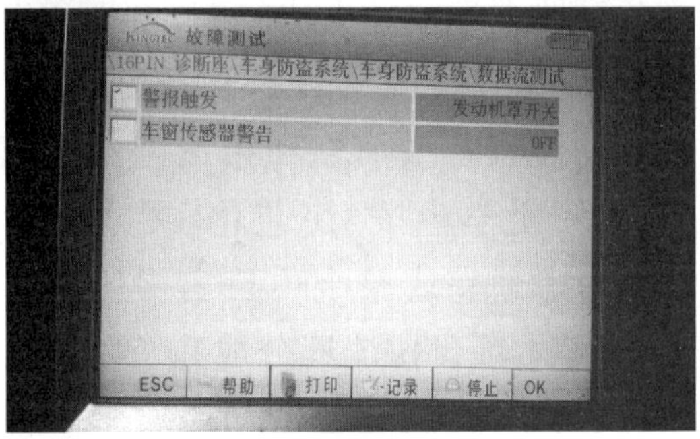

3 执行主动测试。

(1)将点火开关置于 ON (IG) 位置。

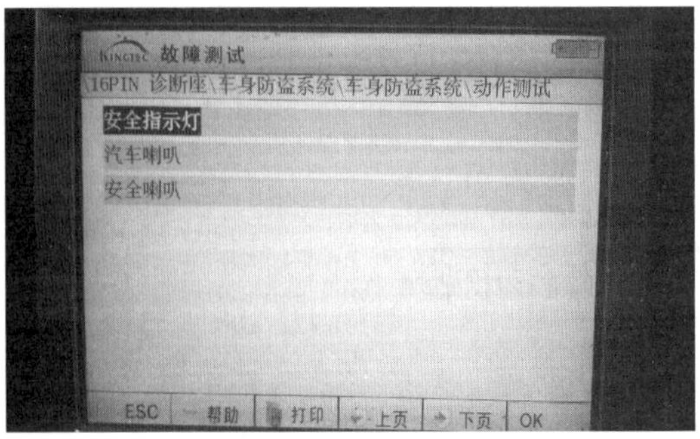

(2)进入以下菜单项:Body / Main Body 或 TheftDeterrent / Active Test。

(3)根据智能检测仪的显示情况执行主

动测试。

第四步 拆卸发动机盖锁总成

1 拆卸散热器上空气导流板。

(1)正确使用十字螺丝刀拆下6个卡子。

(2)取下散热器上空气导流板。

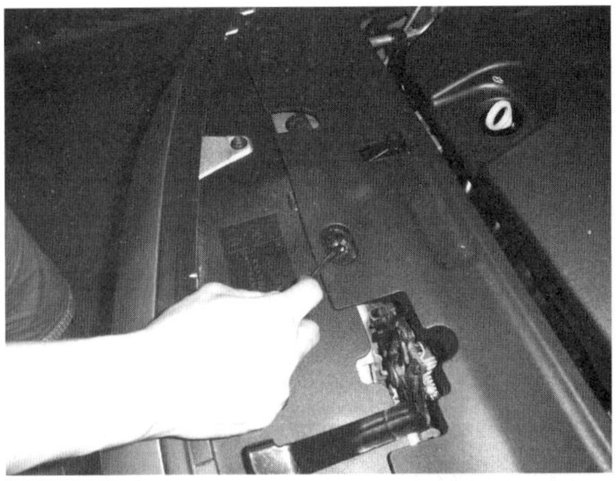

提示

(1)用十字螺丝刀撬开螺栓扣子时,应注意方位和角度,以便更容易操作。

(2)注意螺栓不要掉落。

2 断开1号水软管卡夹支架。

(1)正确使用套筒、棘轮扳手拆下发电机上的2个固定螺栓。

(2)徒手从散热器上支架处断开1号水软管卡夹支架。

提示

(1)拆下螺栓时,应注意方位和角度,以便更容易操作。

(2)螺栓较松时可徒手旋转取下。

3 断开连接器。

(1)按下连接器锁扣,分离连接器。

(2)将连接器、线束放置在旁边合适位置。

提示

(1)断开连接器时,先按压锁止扣,当确认锁止装置完全脱离后,方可拔下连接器。

(2)若锁止装置无法解除,则尝试边按压锁止扣边向内推,直至锁止装置完全解除方可拔下连接器。

(3)禁止在线束端借用外力拔下连接器。

4 断开发动机舱盖锁控制拉索,徒手拆下发动机盖锁控制拉索。

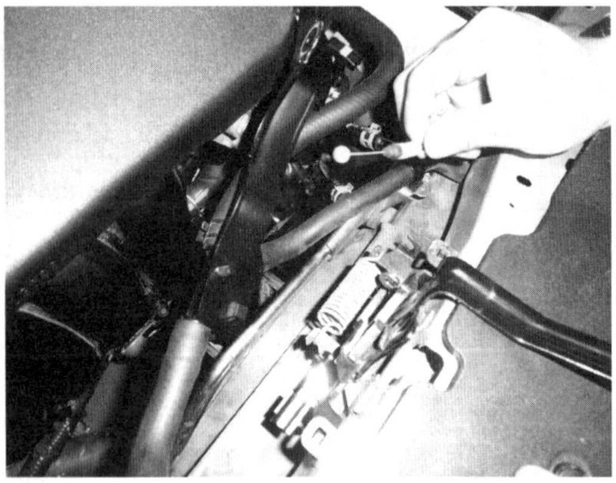

5 拆下3个螺栓和发动机舱盖锁总成。

(1)正确使用套筒、棘轮扳手拆下固定发动机盖锁总成上3个固定螺栓。

(2)徒手取下发动机舱盖锁总成。

提示

(1)拆下螺栓时,应注意方位和角度,以便更容易操作。

(2)螺栓较松时可徒手旋转取下。

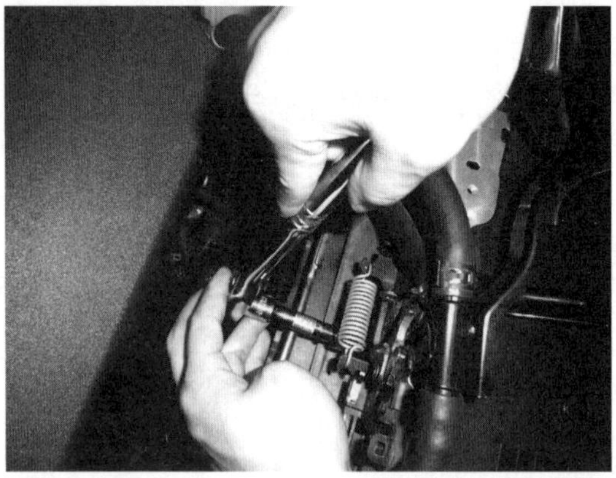

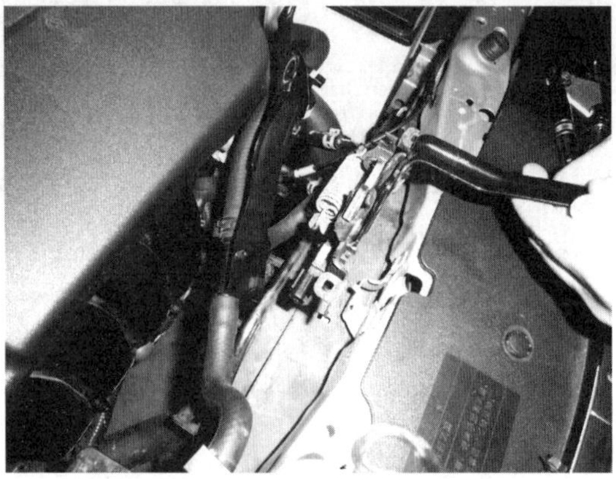

6 检查发动机舱盖门控灯开关。

(1)使用数字式万用表连接开关连接脚1-2。

(2)测量时,正表笔接触开关的2号脚,负表笔接触开关的1号脚。用欧姆挡测量发动机舱盖门控灯开关的电阻。

LOCK位置:电阻应小于1Ω;

UNLOCK位置:电阻应为10 kΩ或更大。

(3)如果测试结果不符合规定,则更换发动机舱盖锁总成。

提示

①测量时选择合适的检测仪器。

②选择合适的量程。

③确认检测仪器本身的误差值。

④注意测量时的环境温度。

⑤测量时两表笔不可互相接触。

⑥实际测量值应减去检测仪器本身的误差值才是真值。

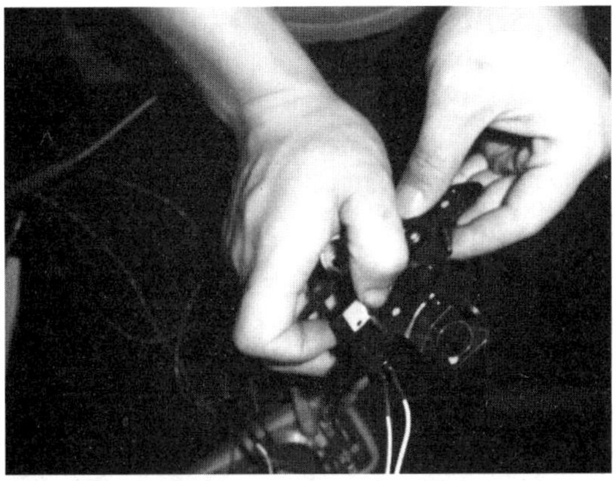

7 检查线束和连接器(发动机舱盖门控灯开关—车身搭铁)。

(1)用数字式万用表检测,正表笔连接A60－1,负表笔连接车身搭铁。

(2)用欧姆挡测量的电阻规定状态始终小于1Ω,见下表。

检测仪连接	条件	规定状态
A60－1—车身搭铁	始终	小于1Ω

提示

①测量时选择合适的检测仪器。

②选择合适的量程。

③确认检测仪器本身的误差值。

④注意测量时的环境温度。

⑤测量时两表笔不可互相接触。

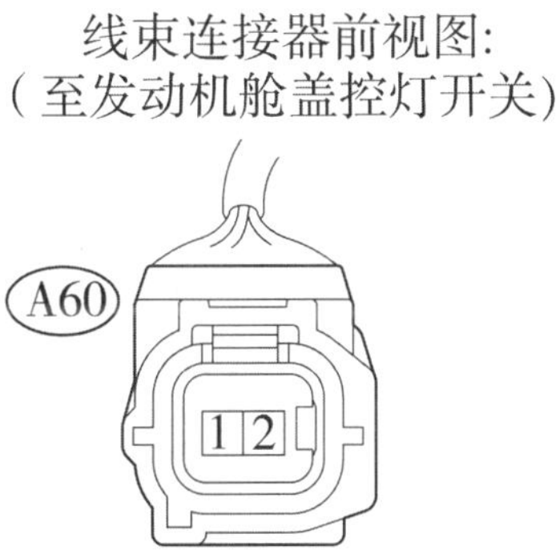

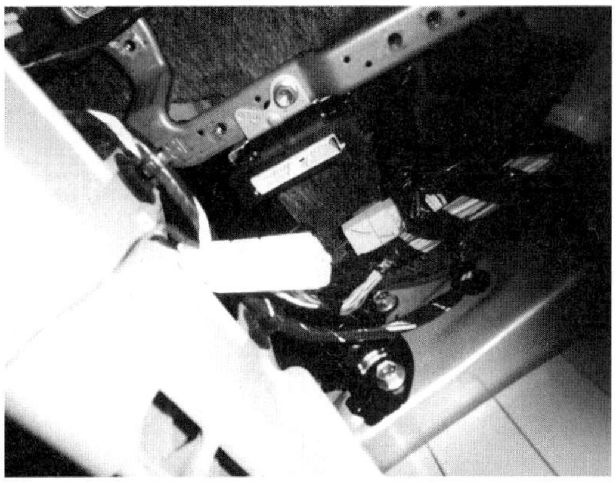

8 检查线束和连接器(防盗警报ECU总成—发动机盖门控灯开关)。

(1)断开ECU连接器E75。

(2)用数字式万用表检测线束和连接器(防盗警报ECU总成—发动机舱盖门控灯开关)电阻。

(3)根据下表的值测量电阻。

检测仪连接	条件	规定状态
E75－4(DSWH)—A60－2	始终	小于1Ω
E75－4(DSWH)—车身搭铁	始终	10kΩ或更大

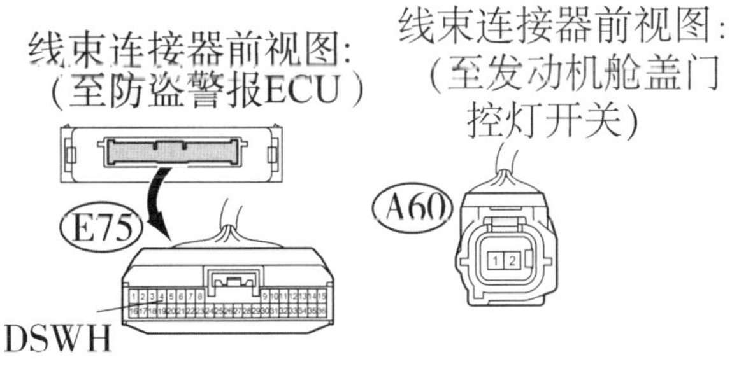

提示

①测量时选择合适的检测仪器。

②选择合适的量程。

③确认检测仪器本身的误差值。

④注意测量时的环境温度。

⑤测量时两表笔不可互相接触。

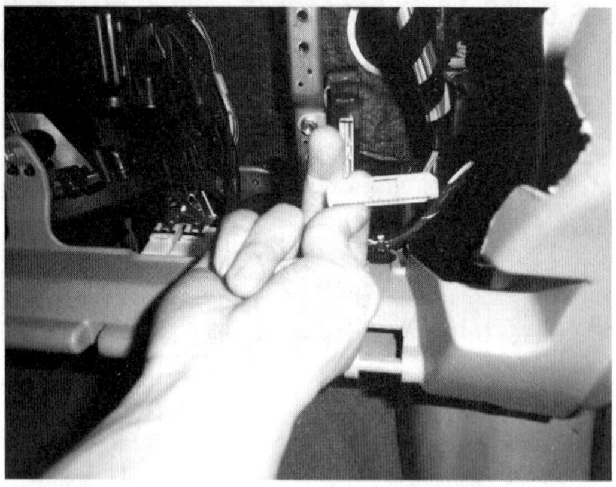

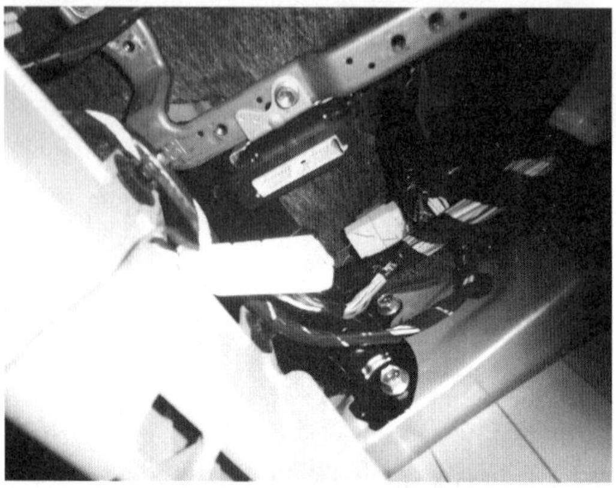

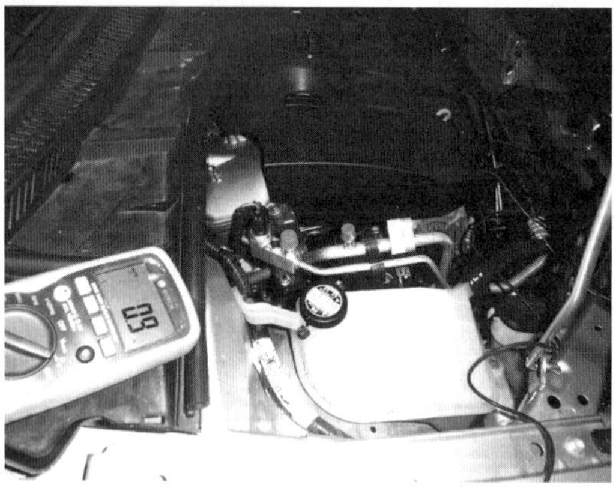

第五步 更换并安装发动机舱盖锁总成

1 检查新的发动机舱盖锁总成。

(1)检查和确认新发动机舱盖锁总成设备号,检查外观是否完好。

(2)按照上述检查方法确保新的发动机舱盖锁总成开关完好。

提示

同上测量、检查发动机舱盖门控灯开关及机械结构。

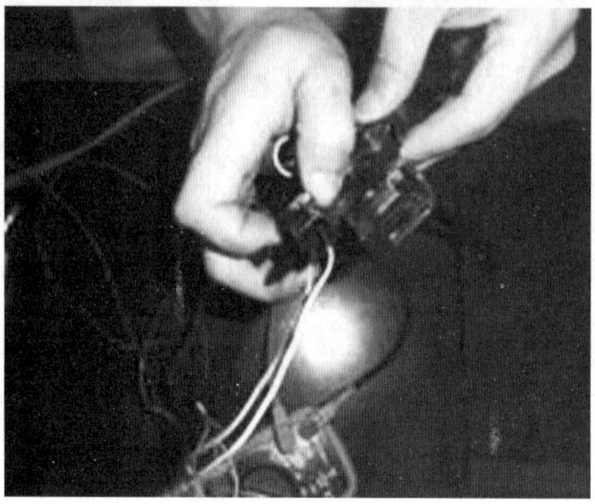

2 安装发动机舱盖锁总成。

(1)在锁的滑动区域涂抹通用润滑脂。

(2)正确使用套筒、棘轮扳手用3个螺栓安装发动机舱盖锁总成。

提示

①以标准力矩紧固螺栓。

定心螺栓:7.5N·m;

标准螺栓:8.0N·m。

②紧固螺栓A、B时,应注意方位和角度,以便更容易操作。

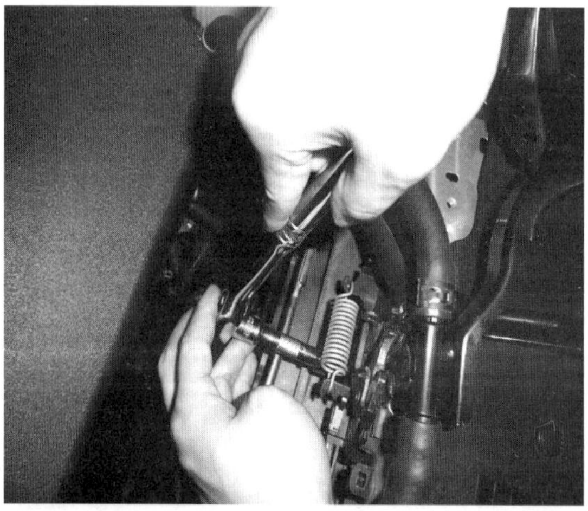

3 连接发动机舱盖锁控制拉索。

徒手安装发动机舱盖锁控制拉索。

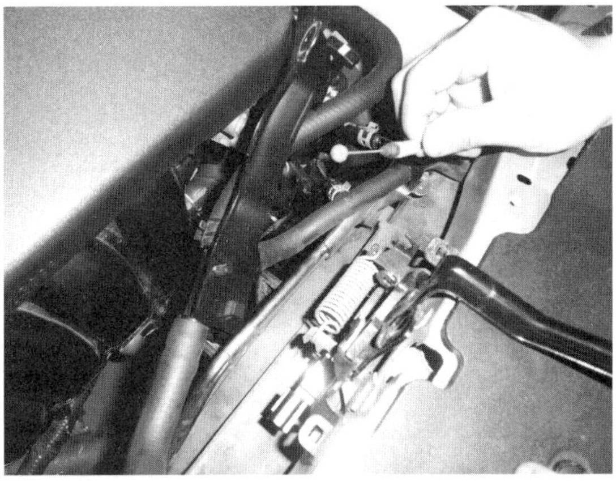

4 连接连接器。

将线束连接器插到发动机舱盖锁总成插座上，确保连接器可靠锁止。

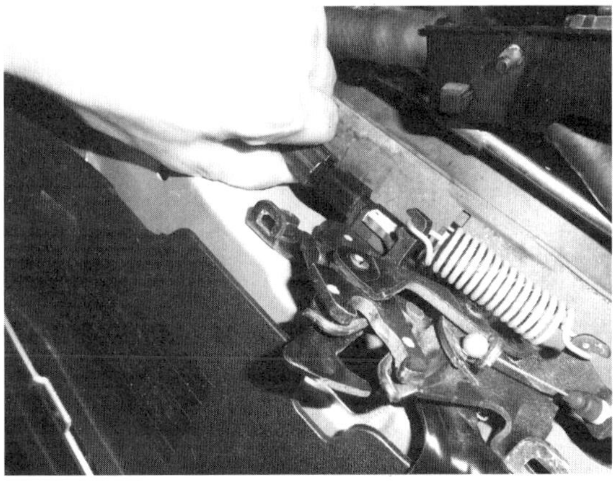

提示

①连接器的插头和插座必须对正，并且轻轻推入，确认听到锁止到位的“咔嗒”声。

②推入后轻轻向外拉动连接器，确认可靠锁止。

5 连接1号水软管卡夹支架。

(1)正确使用套筒、棘轮扳手紧固2个螺栓。

(2)将1号水软管卡夹支架连接至散热器上支架。

提示

①力矩：5.0N·m。

②紧固螺栓时，应注意方位和角度，以便更容易操作。

6 安装散热器上空气导流板。

(1)用手安装螺栓并使用十字螺丝刀安装6个卡子。

(2)安装散热器上空气导流板。

提示

安装的顺序按对角先中间后两边。

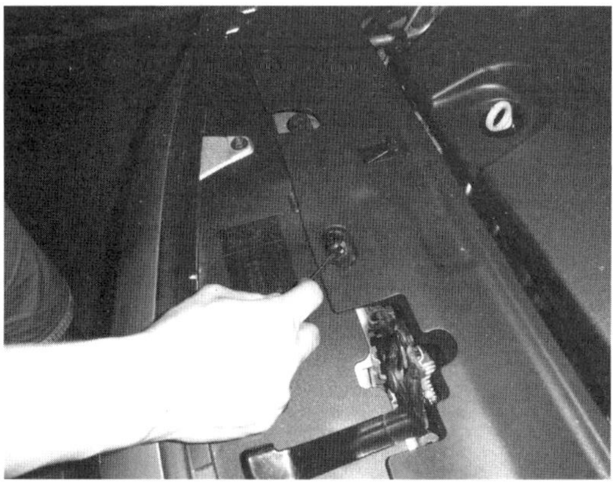

九 考核标准

评价内容	分值	序号	具体指标	分值	扣分标准	学生自评	小组评分	教师评分
仪容仪表	10	1	工作服、鞋、帽穿戴整洁规范	2	酌情扣分			
		2	发型、指甲等符合工作要求	3	酌情扣分			
		3	不佩戴首饰、钥匙、手表等	5	酌情扣分			
工作安全	20	4	无工具、器材落地现象	5	酌情扣分			
		5	操作过程中沉着冷静	5	酌情扣分			
		6	汽车的安全操作过程	5	酌情扣分			
		7	无人员受伤及设备损伤事故	5	酌情扣分			
工作过程	60	8	将车辆送入修理车间,对车辆进行故障分析检查	2	酌情扣分			
		9	记录车辆铭牌信息	2	操作不当扣2分			
		10	维修前的防护工作	2	操作不当扣2分			
		11	检查中控门锁情况	2	操作不当扣2分			
		12	测量蓄电池电压	2	操作不当扣2分			
		13	检查DTC,将智能检测仪连接到DLC3	2	操作不当扣2分			
		14	使用智能检测仪读取数据	2	操作不当扣2分			
		15	执行主动测试	2	操作不当扣2分			
		16	拆卸散热器上空气导流板	3	操作不当扣3分			
		17	断开1号水软管卡夹支架	3	操作不当扣3分			
		18	断开连接器	3	操作不当扣3分			
		19	断开发动机舱盖锁控制拉索,徒手拆下发动机舱盖锁控制拉索	3	操作不当扣3分			
		20	拆下3个螺栓和发动机舱盖锁总成	3	操作不当扣3分			

续上表

评价内容	分值	序号	具体指标	分值	扣分标准	学生自评	小组评分	教师评分
工作过程	60	21	检查发动机舱盖门控灯开关	3	操作不当扣3分			
		22	检查线束和连接器(发动机舱盖门控灯开关—车身搭铁)	3	操作不当扣3分			
		23	检查线束和连接器(防盗警报ECU总成—发动机舱盖门控灯开关)	3	操作不当扣3分			
		24	检查新的发动机舱盖锁总成	3	操作不当扣3分			
		25	安装发动机舱盖锁总成	3	操作不当扣3分			
		26	连接发动机舱盖锁控制拉索	3	操作不当扣3分			
		27	连接连接器	3	操作不当扣3分			
		28	连接1号水软管卡夹支架	2	操作不当扣2分			
		29	安装散热器上空气导流板	2	操作不当扣2分			
		30	维修后的试车	2	操作不当扣2分			
		31	整理工具	2	操作不当扣2分			
职业素养	10	32	操作前使用实训指导书	2	酌情扣分			
		33	学员之间配合默契	2	酌情扣分			
		34	在规定时间内完成	2	酌情扣分			
		35	填写工单	2	酌情扣分			
		36	7S工作	2	酌情扣分			
			总分	100	实际得分			

十 思政课堂

全国“最美职工”：匠心守护民族汽车品牌

全国五一劳动奖章，全国“最美职工”，享受“国务院特殊津贴”……王学勇的身上有着许多闪光的标签。

这位奇瑞汽车股份有限公司的高级汽车装调工，扎根一线19年，用匠心守护着民族汽车品牌。

“听声音就能精准判断故障点,简直神了!”在奇瑞的车间里,有关王学勇“金耳朵”绝活的“神话”广为流传。

“并没有那么神,就是熟能生巧而已。我对汽车这个行业充满兴趣,真正钻了进去,做得多了,技术也就上来了。”王学勇说。

2003年6月,刚毕业的王学勇进入奇瑞公司总装车间实习。发动机变速箱合装是一项枯燥乏味的工作,但王学勇十分卖力。工作中一旦遇到问题,他加班到深夜也要解决。功不唐捐!经过刻骨钻研,2011年,王学勇参加全国第三届汽车装调工职业技能竞赛,在SUV·MPV组别斩获个人竞赛一等奖,并荣获“技术操作能手”称号。

在奇瑞开拓海外市场之初的2007年,由于海外员工的技能培训工作没有完善,部分海外SKD工厂出现大量有问题的车辆滞留在生产现场,不能及时交付客户,急需总部派人提供技术支持。

彼时的王学勇,尽管年龄不过20出头,但已是车间里独当一面的技术骨干。面对公司领导的询问,王学勇只问了一句:“我什么时候出发?”

在随后的一个月时间里,王学勇在俄罗斯加里宁格勒累计解决600辆车的“疑难杂症”,并圆满完成培训工作。

2013年,王学勇成立“调试线返工小组”,后升级为“技能大师工作室”,多年来,该工作室培养中高级技能人才400余名,其中高级工以上78人,累计申报专利12项。

“我希望能和我的工作室团队一起,成为中国最好的汽车产业工人,让中国自主品牌汽车的口碑越来越响!”在王学勇看来,一辈子扎根一个行业,踏踏实实把这一行干好、干精,就是对“工匠精神”的最好诠释。

十一 知识拓展

汽车防盗装置有以下几种类型。

(1)机械锁防盗装置。机械锁防盗装置虽然有造价低的优点,但是由于防盗作用差,已趋于被淘汰。

汽车防盗系统分类

(2)机电式防盗装置。机电式防盗装置又称中央门锁控制系统,具有下列功能:当锁住(或打开)驾驶人侧车门门锁时,其他几个车门及行李舱都能锁住(或打开)。

(3)电子防盗装置。电子防盗装置是目前常用的汽车防盗装置,其类型包括:

①钥匙控制式。用钥匙将门锁打开或锁止,同时设置或解除防盗状态。

②遥控式。远距离控制汽车防盗系统的防盗或解除。

③报警式。汽车被盗窃时,这种防盗装置只能报警,但无防止汽车移动的功能。

④具有防盗报警和防止车辆移动的防盗系统。当遇有窃车时,除了发出报警信号外,还要切断汽车的起动电路、点火电路等,防止汽车被移动。

⑤电子跟踪防盗系统。该系统采用GPS和对讲机通过中央控制中心定位监控系统,构成网络,消除盲区,而且要由政府和公安部门设立监控。目前较多的是非跟踪防盗系统。

十二 课堂练习

(一)填空题

1. 汽车防盗装置有机械式防盗、机电式防盗和________。

2. 防盗系统处于警戒状态时,试图强行解锁任一车门、________或行李舱盖,警报功能就会被激活。

3. 防盗警报 ECU 与________ ECU 相连接,实现信号通信。

4. 防盗系统的工作状态有警戒准备、警戒状态、解除警戒状态和________状态。

5. 目前采用的电子防盗系统类型有钥匙控制式、________、报警式、电子跟踪防盗系统。

(二)单项选择题

1. 遥控接收器出现故障时,其故障特点是________。

A. 所有的门锁都不能控制　B. 个别车门锁不能控制　C. 没规律

2. 在防盗系统中,一般情况下安装在机械点火开关外面的是________。

A. 脉冲转发器　B. 识读线圈　C. 防盗控制模块

3. 大众车系防盗控制单元的识别代码一般为________。

A. 4 位　B. 8 位　C. 14 位

4. 下列操作中,不需要对防盗系统进行匹配的有________。

A. 更换发动机控制单元　B. 更换防盗系统控制单元

C. 更换汽车钥匙　D. 更换正时带

5. 执行________的操作,会解除已设定的汽车防盗系统。

A. 开启左后门　B. 开启右后门

C. 用钥匙开启前门　D. 不用钥匙开前门

(三)判断题

1. 汽车防盗装置一般由防盗控制单元、识读线圈、脉冲转发器和防盗警告灯等组成。 (　　)

2. 识读线圈一般安装在点火开关的外面,接通点火开关后负责把脉冲转发器中存储的代码输送给防盗控制单元。 (　　)

3. 更换防盗控制单元时,需要对汽车钥匙进行匹配。 (　　)

4. 一般情况下如果连续 3 次输入错误密码,防盗系统将会锁死一定的时间。 (　　)

5. 一般情况下,如果丢失 1 把车钥匙,只要将剩下的钥匙重新匹配一次,丢失的钥匙就无法开启车门锁了。 (　　)

任务12 汽车多路通信线路(CAN线)检测与维修

一 情景导入

一辆丰田卡罗拉1.6L轿车不能起动,使用汽车故障诊断仪无法进入发动机电控系统,需检查多路通信线路(CAN线),进一步检查各控制ECU通信情况和设备故障。

二 知识链接

1 CAN线的功能和组成

(1)CAN线是控制器区域网络的缩写,表示控制单元彼此联网并交换数据,是由控制单元内部安装的控制器和收发器通过两个数据导线彼此连接而组成。

优点:某一设备拥有的信息可通过总线提供给所有其他设备;由于总线设备持续检查所发送的信息,因此错误率较低;极大地简化了车辆布线且便于进行诊断;由于某一信号可以重复使用,因此传感器和信号导线较少,所需的插接件也较少。

CAN线由控制单元模块、数据总线、网络、架构、通信协议和网关构成。

①网关(数据总线诊断接口)。诊断接口内用于数据总线的网关将不同总线彼此连接在一起,能够在子系统物理结构不同且软件受限的情况下进行数据交换。某个子系统失灵时这种布置形式不会造成整个系统失灵。因为所有信息都将所连接的数据总线提供给网关,所以网关也作为诊断接口使用。

②CAN数据导线的节点。CAN数据导线的连接点位于节点内,实际布置情况取决于具体车辆。

采用这种结构形式时,CAN数据导线汇

集在一个插头内且按顺序布置在插槽内。导线端部以插上插槽的方式连接。因为诊断时不适用电桥插头,而是连接一个诊断盒,所以很容易进行诊断。

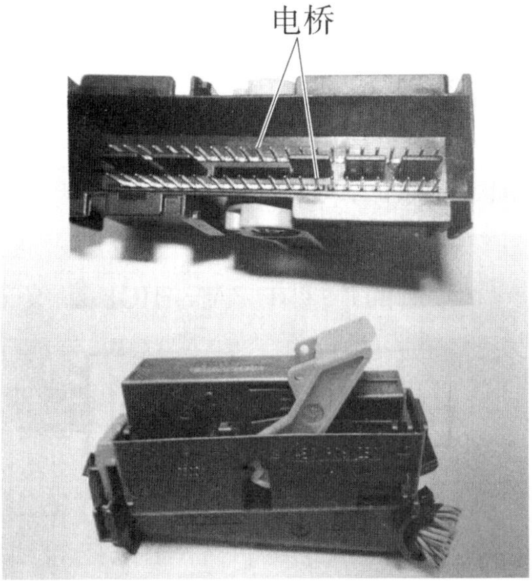

(2)CAN线各组成部件。

①CAN控制器。控制器通过传感器和执行机构一起与外界建立连接,还装备了一个用于数据输出和系统控制的接口。

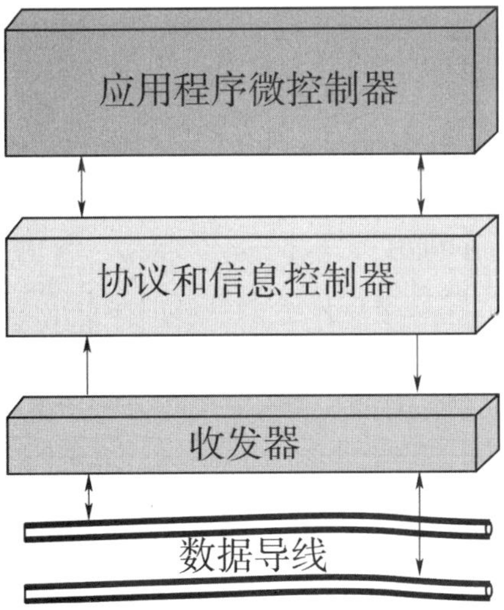

②CAN收发器。传输数据时控制器控制收发器芯片,芯片则通过一个驱动程序将比特形式的总线信息转到总线上。为确保应用程序能得到其他总线设备的数据,除发送器外收发器还带一个接收器。

③数据传输终端。CAN规范中规定终端电阻连接在数据总线导线的端部。每个电阻的阻值都为120Ω。

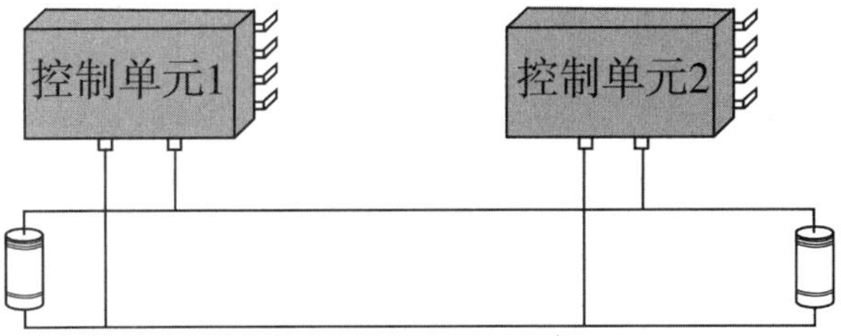

④CAN数据总线。连接在CAN总线上的控制单元通常通过两条数据导线彼此连接。两条导线互相缠绕(双绞线),分别称为CAN高位和低位导线。两个导线上传输相同的数据。

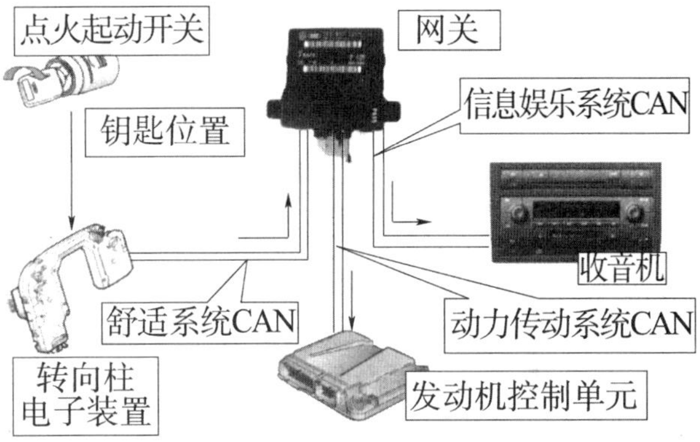

双绞线导线对称性好,可抵抗外部干扰,因为干扰电压以相同相位作用在两个导线上且因此在收发器的接收器内形成电压差时可以彼此消除。双绞线还能防止数据总线导线向外干扰辐射。

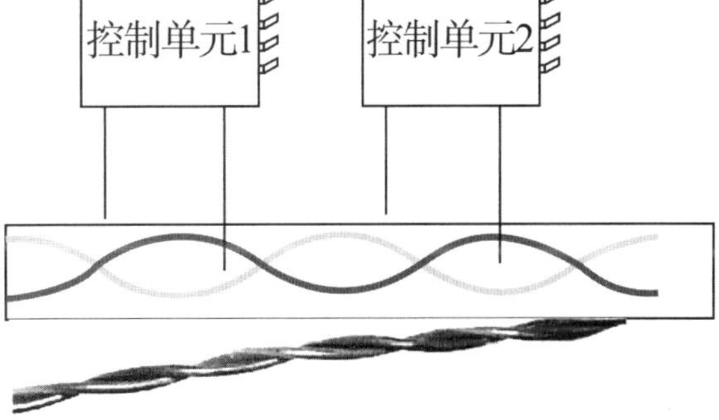

2 CAN 电路的检测方法

由于 CAN 线中可能产生的故障很多,因此没有设备可以确定终端电阻阻值、测量数据导线上的电压值以及检查数据导线的导通性或是否短路。检测电阻时数据导线必须无电压,且必须等待几分钟后断开蓄电池接线,因为即使关闭点火开关后控制单元也会交换数据。

(1)确定 CAN 数据总线上的终端电阻。终端电阻通常安装在属于车辆基本装备的两个控制单元内,在测量总线时没有普遍适用的测量或检测方法。因此,诊断技师必须根据具体情况决定使用哪些测量和检测工具。

(2)测量和检测工具。

①利用诊断测试仪检查:连接在 CAN 数据总线上的控制单元通过其自诊断功能软件(车载诊断)识别与总线有关的故障。读取故障记录后,可以利用这些信息有针对性地进行故障查询。故障诊断和维修时必须读取故障码存储器记录,以便证明排除了故障,故障记录的含义和数量取决于车辆制造商。

②利用万用表检查:在同一网络中,任意节点之间同位 CAN 线是导通的,因此可以用万用表电阻挡测量网络中任两节点同位 CAN 线的导通性,从而判定 CAN 线是否存在短路故障,正常情况下应导通;用万用表电阻挡测量 CAN-HIGH 和 CAN-LOW 之间的电阻值,正常情况下,应该有一个规定的电阻值(电阻值大小随车型而异),不应直接导通;用万用表电阻挡测量 CAN-HIGH 或 CAN-LOW 分别与搭铁或蓄电池正极之间的导通性,正常情况下应不导通。

③利用示波器检测信号:采用这种测量方法时,可以在点火开关打开的情况下分析总线导线上的信号流程,从而能够迅速准确地识别数据导线层面上的故障。为了测量时评估信号沿陡度,最低带宽应达到 20MHz。通过相应的联系和典型的比较,通过示波图可以很快确定数据总线是否正常工作或是否有故障。

以示波方式显示 CAN 数据总线上的信号:为显示示波图,应将双通道示波器的一个通道的连接在 CAN-HIGH 导线上,将另一个通道连接在 CAN-LOW 导线上。同时将搭铁点与一个控制单元的搭铁接口连接。

该示波图表示系统正常时的电压曲线。上部分曲线表示 CAN-HIGH 导线上的信号流程,下部曲线为 CAN-LOW 导线上的信号流程。因为 CAN 规范中未规定数据导线上的电平,所以对不同制造商来说示波图可能不同。在示波图中 CAN-LOW 上的静态电平为 5V,CAN-HIGH 上的静态电平是 0V。

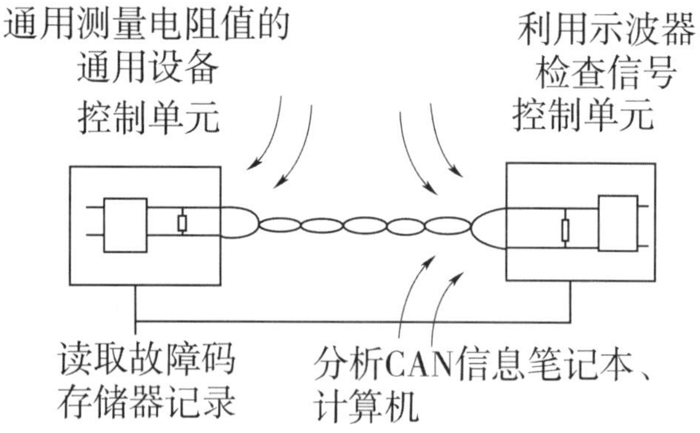

3 CAN 通信系统电路分析

CAN 由 CAN-HIGH 和 CAN-LOW 两条线来提供通信的操作电压,CAN 有高速传输和检测错误的能力,卡罗拉轿车的发动机 ECM、制动器执行器、空调放大器、车身 ECU、组合仪表、安全气囊控制单元、动力转向 ECU 之间都是通过 CAN 总线进行通信的,参照卡罗拉维修手册 CAN 通信系统电路部分。

电路的连接如下:

发动机 ECM A50 的 41 脚(CAN-HIGH)接连接器 A47(A)8 端子与制动器执行器 A51 的 A25 脚(CAN-HIGH)相连,此 CAN-HIGH 信号通过连接器 A47 的 9 脚接连接器 E58 的 10 脚。

发动机 ECM A50 的 49 脚(CAN-LOW)接连接器 A47(A)21 端子,并通过连接器 A47(A)19 端子与制动器执行器 A51 的 A14 脚(CAN-LOW)相连,此 CAN-LOW 信号通过连接器 A47 的 20 脚接连接器 E58 的 21 脚。

车身 ECU 接连接器 E58 的 8 脚、19 脚。

空调放大器接连接器 E58 的 4 脚、15 脚。

动力转向 ECU 接连接器 E58 的 3 脚、14 脚。

转向传感器连接器 E58 的 5 脚、16 端子;安全气囊控制单元接连接器 E58 的 9 脚、20 脚。

横摆率传感器接连接器 E58 的 6 脚、17 端子。

组合仪表连接器 E58 的 2 脚、13 端子。

连接器 E58 的 7 脚、18 端子外接数据传输连接器 DLC3。

连接器 E58 的 11 脚、22 脚外接网络网关 ECU。

网络网关 ECU 是各车载总路线的切换点。

电视摄像控制器通过连接器 E97 连接网络网关 ECU 的 12 脚、13 脚。

4 CAN 线的故障检测流程

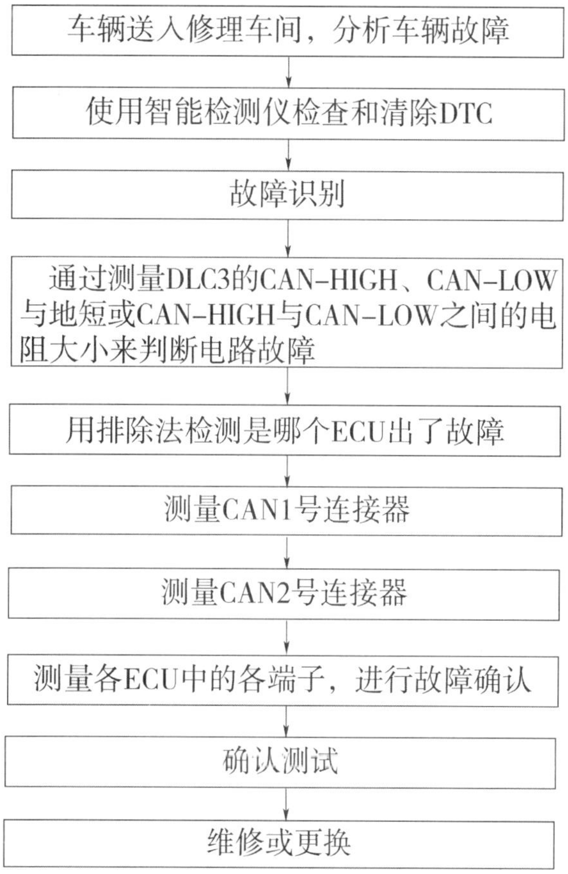

三 实训时间

实训时间为 40min,考核时间为 40min。

四 实训教学目标

1 知识目标

(1)知道汽车 CAN 线的功能和组成;

(2)能说出车载网络系统的总体构成。

2 技能目标

(1)能查阅正确的汽车技术资料;

(2)能进行汽车 CAN 线电路的识读和检测;

(3)能规范地进行汽车 CAN 故障类型分析诊断和更换、维修。

3 素养目标

(1)通过合作教学,培养学生的沟通能力和协作能力;

(2)养成工作中良好的工作习惯,展示中国工匠可信的形象。

五 技术标准与要求

(1)蓄电池电压为 12V,确保各 CAN 线上的 CPU 电压。

(2) 正确使用数字式万用表检测电阻。

六 实训器材

卡罗拉轿车、万用表、台虎钳、短接杆、棘轮扳手、跨接线、备用蓄电池、组合工具、翼子板护裙及驾驶舱内保护罩等其他工具及器材。

ϕ10mm 套筒

短接杆

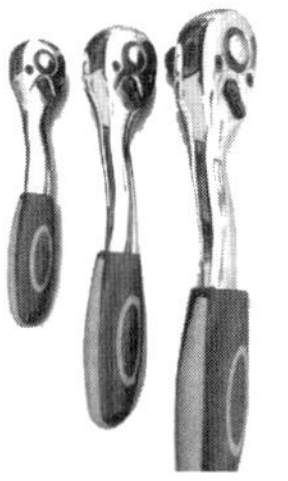

棘轮扳手

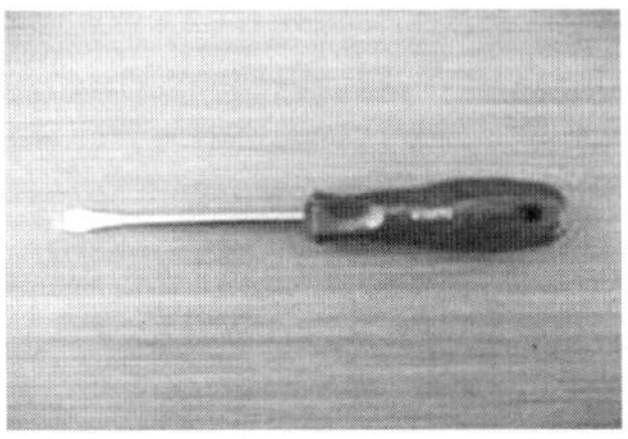

一字螺丝刀

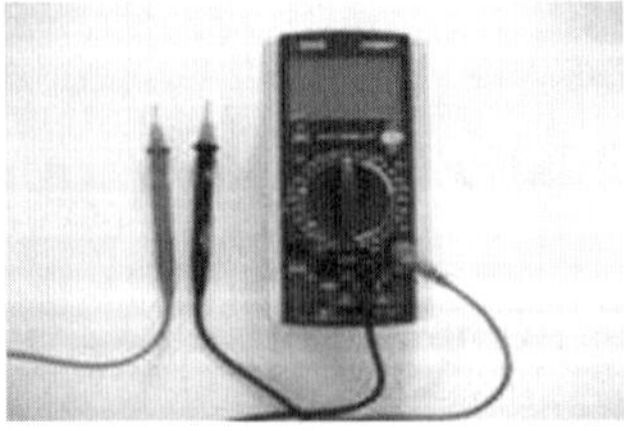

万用表

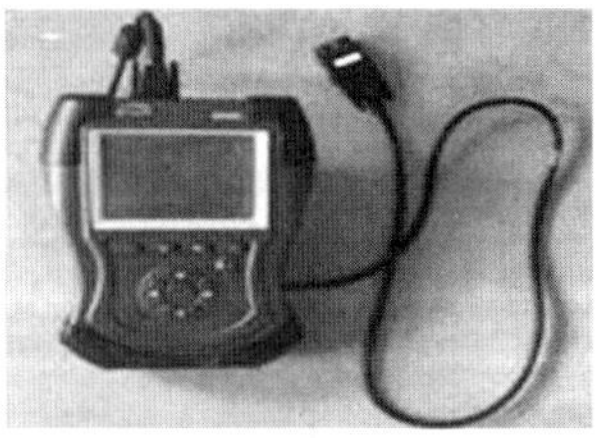

故障诊断仪

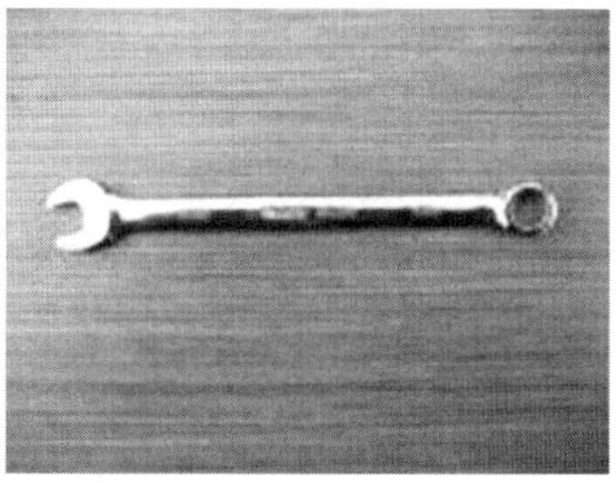

ϕ10mm 开口-梅花两用扳手

胶带

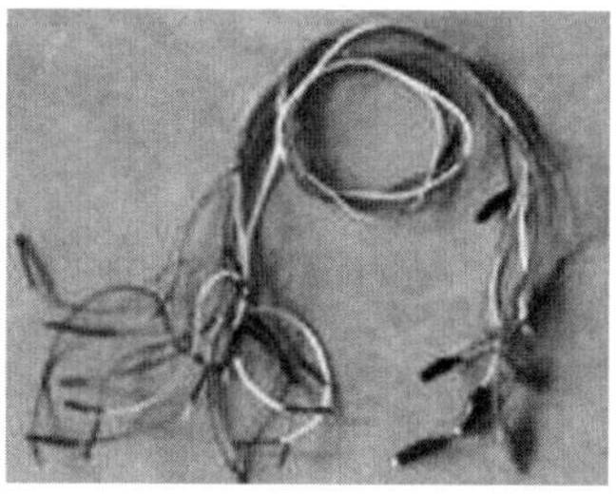

跨接线

七 教学组织

1 教学组织形式

本课程为“工艺化”实训课,建议教学时实训教师 1 名,学生 24 名,实训工位 6 个(也可以用卡罗拉轿车电气实训台代替实车进行操作),按照 4 人 1 个工位编组。如实训工位配置不足或师生比较高,可把学生分成两批,一批学生观看操作视频,并进行操作过程的流程补缺填充和相关理论知识的学习,另一批学生按“工艺化”要求进行实操。另考虑到完成整个项目实操所需时间较长,可把本项目按流程分成几个阶段性小项目,两组轮流操作,尽量使所有学生都能理、实结合地学习。

2 学生的站位分工和要求

每个小组有 4 名学生,一人操作,一人辅助,一人观察(执有作业流程表),一人评分(执有考核细则表)。学生按规定的工位站立,教师下达指令后,各组同时进行操作。

3 实训教师职责

(1)讲解操作任务的作业流程、操作步骤、技术规范和注意事项。

(2)组织、管理学生进行合作学习。

(3)在实训中检查、指导,纠正学生的错误。

(4)实训结束时反馈、评比各组的作业情况。

4 学生职责

(1)明确教学目标。

(2)开展合作学习,操作、辅助、观察和评分各工位依次进行循环。

(3)实训期间严格按“7S”要求进行,并及时记录作业中的错误之处。

八 操作步骤

第一步 信息咨询

1 车辆故障分析。

提示

询问车辆故障现象,分析车辆目前所出现的故障及所处的外界环境原因。

2 记录车辆的基本信息和状况。

提示

记录维修车辆的信息,以便日后统计,同时必须记录车厢储物盒及行李舱内的物品,务必把所记录的信息让车主签字确认。

第二步 读取 CAN 线系统数据和诊断故障码(DTC)

1 连接并检查 DLC3。

2 使用智能检测仪读取数据,进入系统。

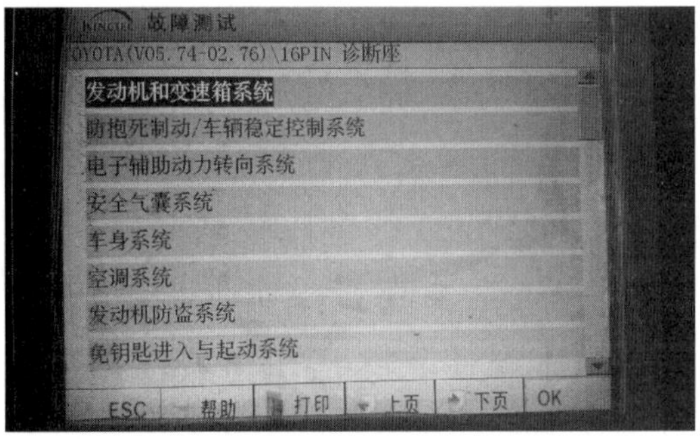

第三步 通过测量 DLC3 的 CAN-HIGH、CAN-LOW 与搭铁或 CAN-HIGH 与 CAN-LOW 之间的电阻值大小来判断电路故障

端　子	配线颜色	条　件	规定状态
E11-6(CANH)—E11-14(CANL)	LG-W	点火开关置于 OFF 位置	54～69Ω
E11-6(CANH)—E11-4(CG)	LG-W-B	点火开关置于 OFF 位置	200Ω 或更大

续上表

端　　子	配线颜色	条　　件	规定状态
E11-14(CANL)—E11-4(CG)	W-W-B	点火开关置于 OFF 位置	200Ω 或更大
E11-6(CANH)—E11-16(BAT)	LG-G	断开蓄电池负极端子	6kΩ 或更大
E11-14(CANL)—E11-16(BAT)	W-G	断开蓄电池负极端子	6kΩ 或更大

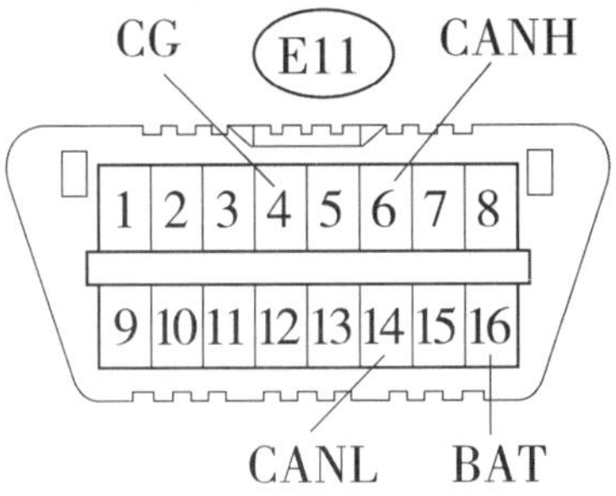

1 检测 E11-4(搭铁线)与 E11-6(高线)端口之间的电阻值。

(1)将带有针端两连接线分别连接 DLC 3E11-4(搭铁线)与 E11-6(高线)端口。

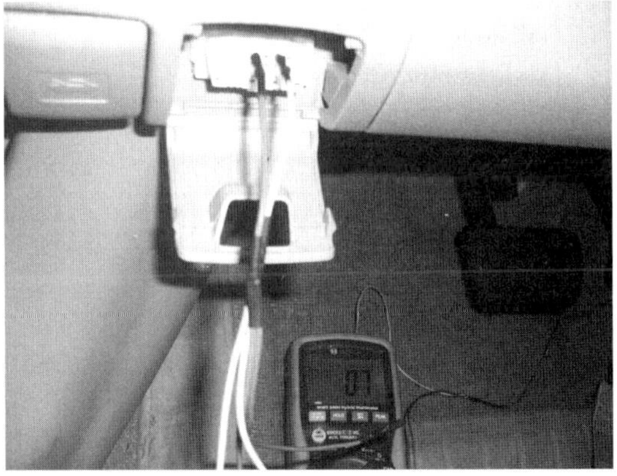

(2)将两连接线端连接至万用表,测量其之间的电阻。

(3)正确使用数字式万用表检测其电阻值,规定状态为 200Ω 或更大。

2 检测 E11-4(搭铁线)与 E11-14(低线)端口之间的电阻值。

(1)将带有针端两连接线分别连接 DLC 3E11-4(搭铁线)与 E11-14(低线)端口。

(2)将两连接线端连接至万用表,测量其之间的电阻。

(3)正确使用数字式万用表检测其电阻值,规定状态为 200Ω 或更大。

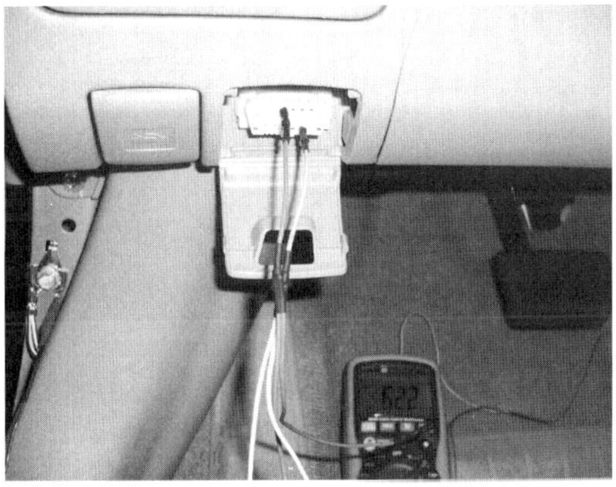

3 检测 E11-6(高线)与 E11-14(低线)端口之间的电阻值。

(1)将带有针端两连接线分别连接 DLC 3E11-6(高线)与 E11-14(低线)端口。

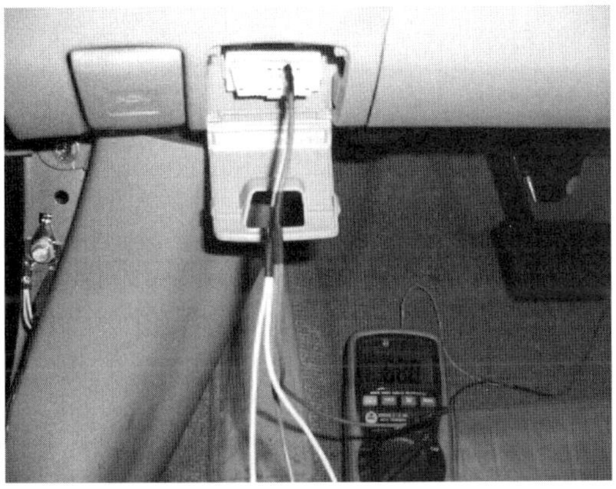

(2)将两连接线端连接至万用表,测量其之间的电阻。

(3)正确使用数字式万用表检测其电阻值,规定状态为 54 ~ 69Ω。

4 检测 E11-16(电源线)与 E11-6(高线)端口之间的电阻值。

(1)将带有针端两连接线分别连接 DLC 3E11-16(电源线)与 E11-6(高线)端口。

(2)将两连接线端连接至万用表,测量其之间的电阻。

(3)正确使用数字式万用表检测其电阻值,规定状态为∞ 。

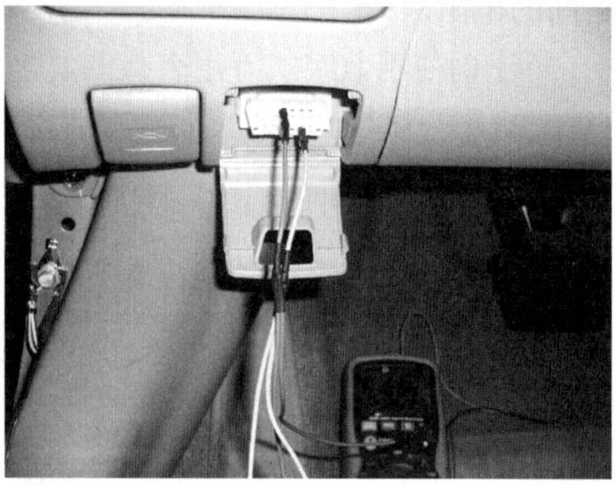

5 检测 E11-16(电源线)与 E11-14(低线)端口之间的电阻值。

(1)将带有针端两连接线分别连接 DLC 3E11-16(电源线)与 E11-14(低线)端口。

(2)将两连接线端连接至万用表,测量其之间的电阻。

(3)正确使用数字式万用表检测其电阻值,规定状态为∞ 。

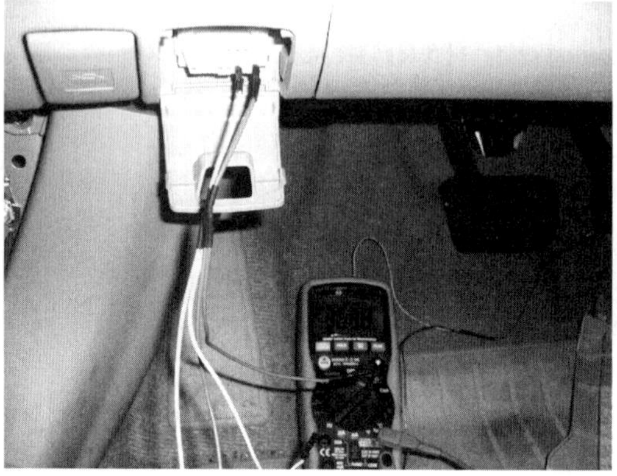

6 数据分析。

以上测量值中 E11-4 与 E11-6 之间的值不正常,所以应该是 CAN- HIGH 与搭铁短路。

第四步 测量 CAN1 号连接器

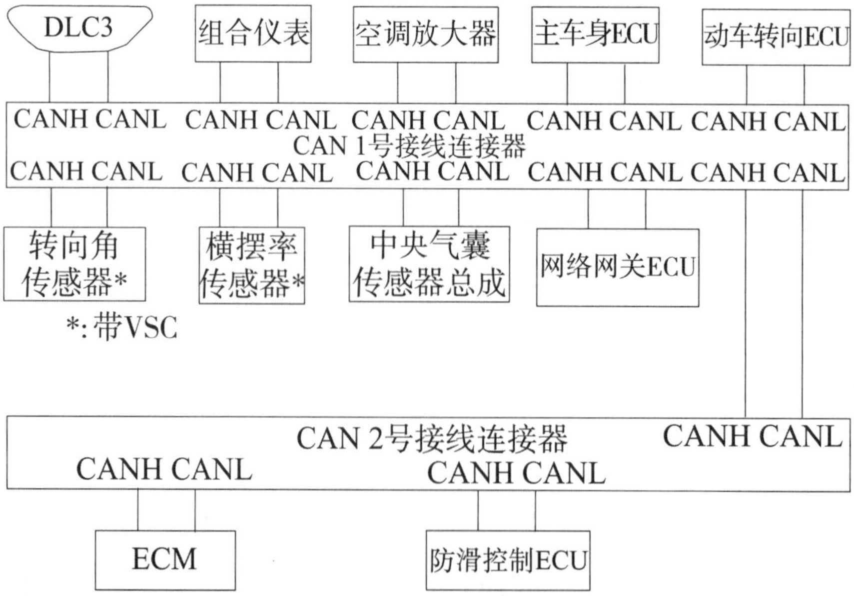

1 断开 CAN1 号连接器。

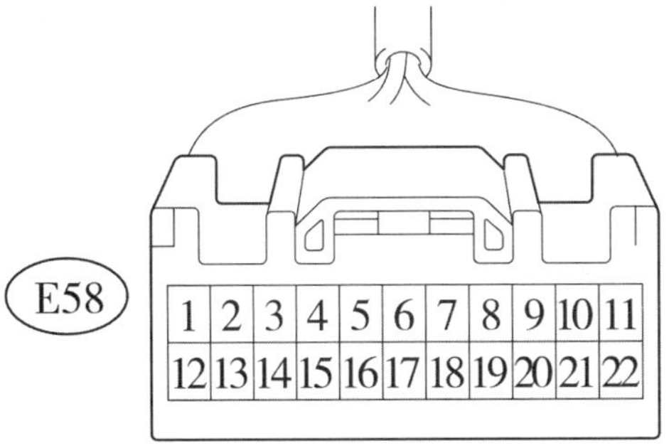

2 检测 E58-2(组合仪表高线)端口和另一端连接线搭铁之间的电阻值。

(1)将带有针端连接线连接 E58-2(组合仪表高线)端口和另一端连接线搭铁。

(2)将两连接线端连接至万用表电阻挡,测量其之间的电阻。

(3)正确使用数字式万用表检测其电阻值,规定状态为∞。

3 检测 E58-3(动力转向 ECU 高线)端口和另一端连接线搭铁之间的电阻值。

(1)将带有针端连接线连接 E58-3(动力转向 ECU 高线)端口和另一端连接线搭铁。

(2)将两连接线端连接至万用表电阻挡,测量其之间的电阻。

(3)正确使用数字式万用表检测其电阻值,规定状态为∞。

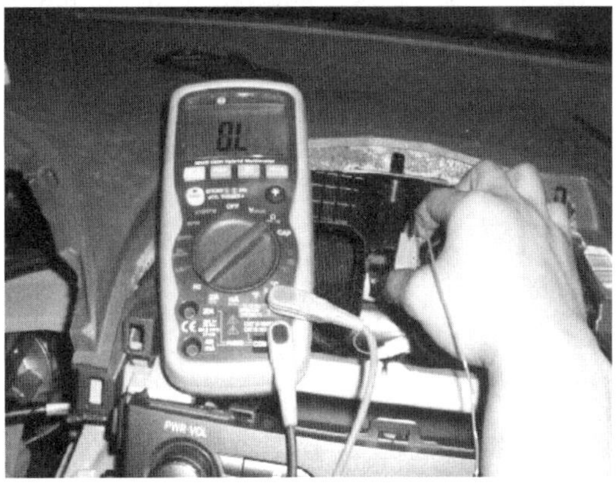

4 检测 E58-4(空调放大器高线)端口和另一端连接线搭铁之间的电阻值。

(1)将带有针端连接线连接 E58-4(空调放大器高线)端口和另一端连接线搭铁。

(2)将两连接线端连接至万用表电阻挡,测量其之间的电阻。

(3)正确使用数字式万用表检测其电阻值,规定状态为∞。

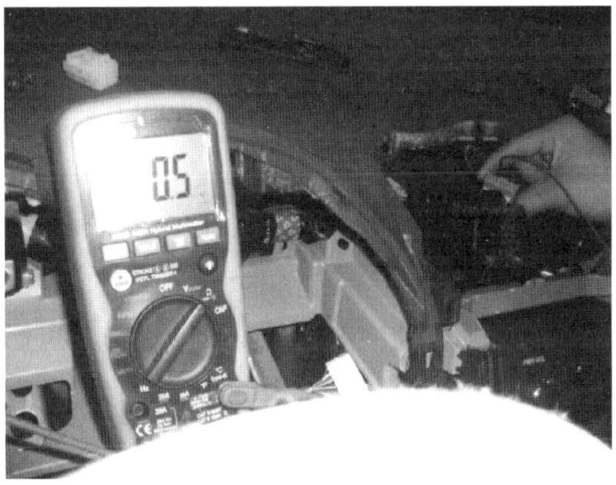

5 检测 E58-5(转向角传感器高线)端口和另一端连接线搭铁之间的电阻值。

(1)将带有针端连接线连接 E58-5(转向角传感器高线)端口和另一端连接线搭铁。

(2)将两连接线端连接至万用表电阻挡,测量其之间的电阻。

(3)正确使用数字式万用表检测其电阻值,规定状态为∞。

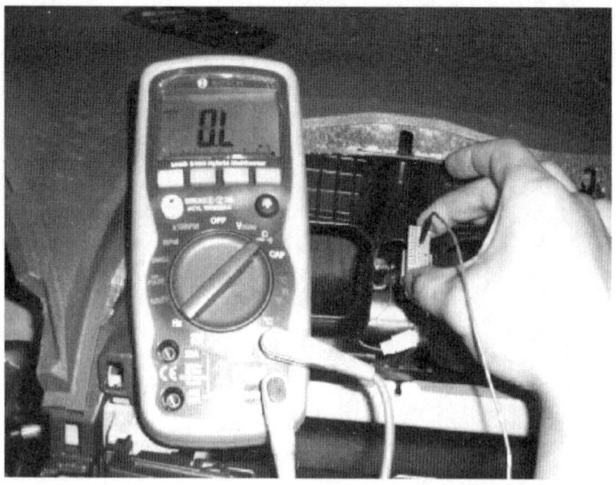

第五步 与搭铁之间的电阻测量

1 检测 E58-6(横摆率传感器高线)端口和另一端连接线搭铁之间的电阻值。

(1)将带有针端连接线连接 E58-6(横摆率传感器高线)端口和另一端连接线搭铁。

(2)将两连接线端连接至万用表电阻挡,测量其之间的电阻。

(3)正确使用数字式万用表检测其电阻值,规定状态为∞。

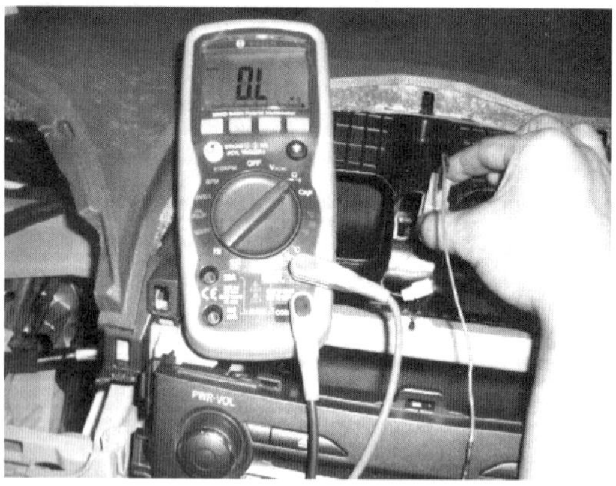

2 检测 E58-7(DLC3 高线)端口和另一端连接线搭铁之间的电阻值。

(1)将带有针端连接线连接 E58-7(DLC3 高线)端口和另一端连接线搭铁。

(2)将两连接线端连接至万用表电阻挡,测量其之间的电阻。

(3)正确使用数字式万用表检测其电阻值,规定状态为∞。

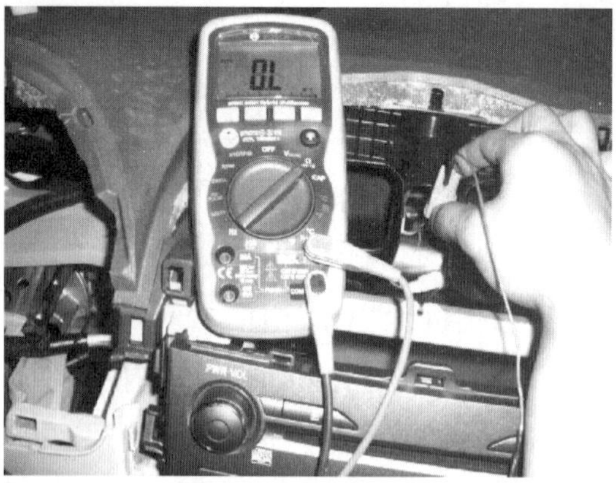

3 检测 E58-8(主车身 ECU 高线)端口和另一端连接线搭铁之间的电阻值。

(1)将带有针端连接线连接 E58-8(主车身 ECU 高线)端口和另一端连接线搭铁。

(2)将两连接线端连接至万用表电阻挡,测量其之间的电阻。

(3)正确使用数字式万用表检测其电阻值,规定状态为∞。

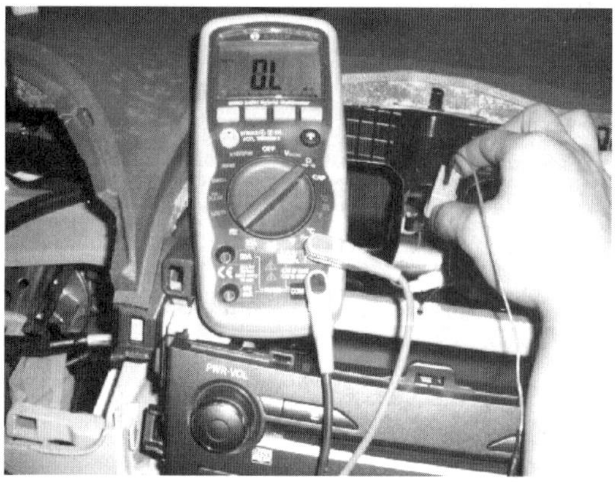

4 检测 E58-9(中央气囊传感器总成高线)端口和另一端连接线搭铁之间的电阻值。

(1)将带有针端连接线连接 E58-9(中央气囊传感器总成高线)端口和另一端连接线搭铁。

(2)将两连接线端连接至万用表电阻挡,测量其之间的电阻。

(3)正确使用数字式万用表检测其电阻值,规定状态为∞。

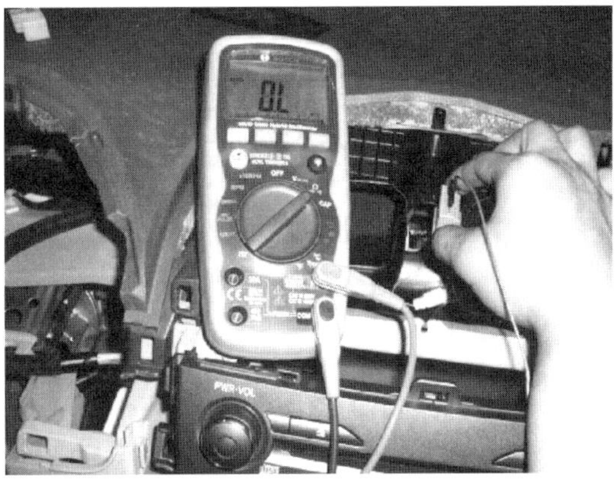

5 检测 E58-10(CAN2 号连接器高线)端口和另一端连接线搭铁之间的电阻值。

(1)将带有针端连接线连接 E58-10(CAN2 号连接器高线)端口和另一端连接线搭铁。

(2)将两连接线端连接至万用表电阻挡,测量其之间的电阻。

(3)正确使用数字式万用表检测其电阻值,规定状态为∞。

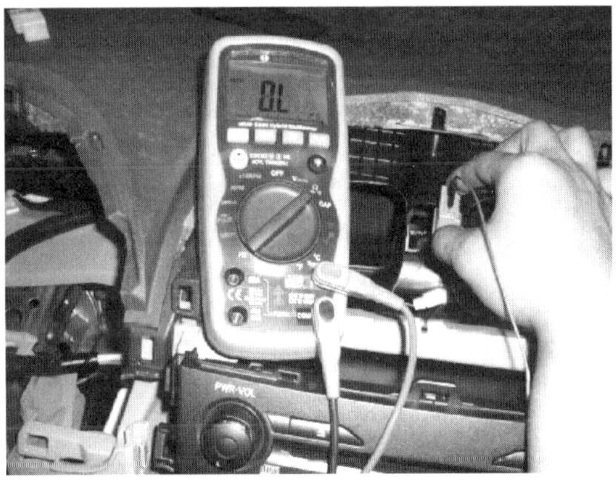

6 检测 E58-11(网络网关 ECU 高线)端口和另一端连接线搭铁之间的电阻值。

(1)将带有针端连接线连接 E58-11(网络网关 ECU 高线)端口和另一端连接线搭铁。

(2)将两连接线端连接至万用表电阻挡,测量其之间的电阻。

(3)正确使用数字式万用表检测其电阻值,规定状态为∞。

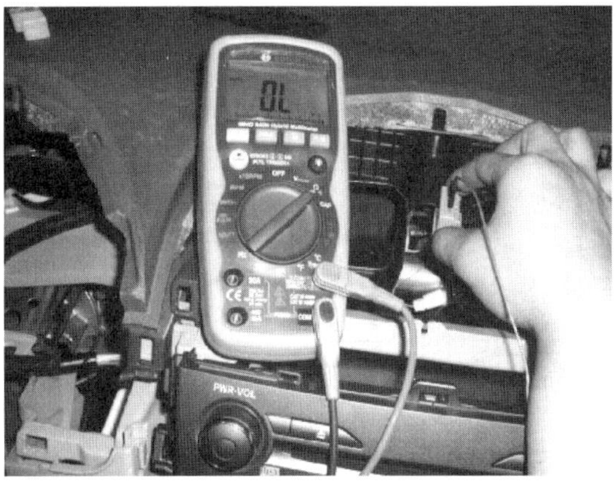

7 数据分析。

因为测得 E58-4(空调放大器高线)与搭铁之间的电阻值不正常,所以故障是空调放大器高线与搭铁短路。

第六步 测量空调放大器中的端子

(因为是前面的测量可以判断出事空调放大器的高线与搭铁短路)

断开空调放大器连接器。

(1)测量 E62-2 (CAN-HIGH)—E62-3 (CAN-LOW)之间的电阻。

(2)将带有针端两连接线分别连接 E62-2(CAN-HIGH)—E62-3 (CAN-LOW)之间端口。

(3)将两连接线端连接至万用表,测量其之间的电阻。

(4)正确使用数字式万用表检测其电阻

的值,点火开关置于 OFF 位置的规定状态电阻值为 54 ~ 69Ω。

(5)维修或更换 E62-2 与 E62-3 之间的线束。

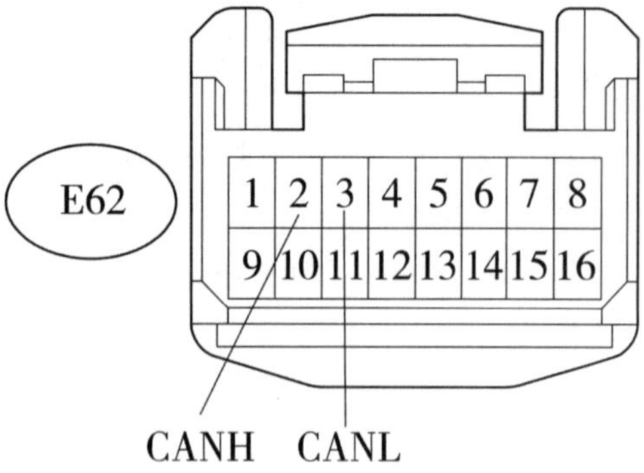

第七步 使用智能检测仪进行确认测试

略。

九 考核标准

评价内容	分值	序号	具体指标	分值	扣分标准	学生自评	小组评分	教师评分
仪容仪表	10	1	工作服、鞋穿戴整洁规范	2	酌情扣分			
		2	发型、指甲等符合工作要求	3	酌情扣分			
		3	不佩戴首饰、钥匙、手表等	5	酌情扣分			
工作安全	10	4	无工具、器材落地现象	5	酌情扣分			
		5	操作过程中沉着冷静	5	酌情扣分			
		6	汽车的安全操作过程	5	酌情扣分			
		7	无人员受伤及设备损伤事故	5	酌情扣分			
工作过程	60	8	车辆送入修理车间,车辆故障分析检查	2	酌情扣分			
		9	记录车辆铭牌信息	2	操作不当扣 2 分			
		10	维修前的防护工作	2	操作不当扣 2 分			
		11	测量蓄电池电压	2	操作不当扣 2 分			
		12	检查 DTC,将智能检测仪连接到 DLC3	2	操作不当扣 2 分			

续上表

评价内容	分值	序号	具体指标	分值	扣分标准	学生自评	小组评分	教师评分
工作过程	60	13	使用智能检测仪读取数据	2	操作不当扣2分			
		14	测量DLC3的CAN-HIGH、CAN-LOW与搭铁或CAN-HIGH与CAN-LOW之间的电阻	3	操作不当扣3分			
		15	检测E11-4(搭铁线)与E11-6(高线)端口之间的电阻	3	操作不当扣3分			
		16	检测E11-4(搭铁线)与E11-14(低线)端口之间的电阻	3	操作不当扣3分			
		17	检测E11-16(电源线)与E11-6(高线)端口之间的电阻	3	操作不当扣3分			
		18	检测E11-16(电源线)与E11-14(低线)端口之间的电阻	3	操作不当扣3分			
		19	数据分析	3	操作不当扣3分			
		20	断开CAN1号连接器,测量CAN1号连接器	2	操作不当扣2分			
		21	检测E58-2(组合仪表高线)端口和另一端连接线搭铁之间的电阻	2	操作不当扣2分			
		22	检测E58-7(DLC3高线)端口和另一端连接线搭铁之间的电阻	2	操作不当扣2分			
		23	检测E58-8(主车身ECU高线)端口和另一端连接线搭铁之间的电阻	2	操作不当扣2分			

续上表

评价内容	分值	序号	具体指标	分值	扣分标准	学生自评	小组评分	教师评分
工作过程	60	24	检测 E58-9(中央气囊传感器总成高线)端口和另一端连接线搭铁之间的电阻	2	操作不当扣2分			
		25	检测 E58-10(CAN2 号连接器高线)端口和另一端连接线搭铁之间的电阻	2	操作不当扣2分			
		26	检测 E58-11(网络网关 ECU 高线)端口和另一端连接线搭铁之间的电阻	2	操作不当扣2分			
		27	数据分析	3	操作不当扣3分			
		28	断开空调放大器连接器,测量空调放大器中的端子之间的电阻	3	操作不当扣3分			
		29	检测 E62-2(CAN-HIGH)-E62-3(CAN-LOW 之间端口之间的电阻	3	操作不当扣3分			
		30	维修或更换 E62-2 与 E62-12 的线束	3	操作不当扣3分			
		31	使用智能检测仪进行确认测试	2	操作不当扣2分			
职业素养	10	32	整理工具	2	酌情扣分			
		33	操作前使用实训指导书	2	酌情扣分			
		34	学员之间配合默契	2	酌情扣分			
		35	在规定时间内完成	2	酌情扣分			
		36	填写工单	2	酌情扣分			
		37	7S 工作	2	酌情扣分			
			总分	100	实际得分			

十 知识拓展

1 车载网络系统的总体构成

车载网络系统主要由模块、数据总线、网络、架构、通信协议和网关等组成。

1)模块

模块是探测信号和进行信号处理的电子装置,如传感器、芯片等。

2)数据总线

数据总线的速度通常用比特率来表示。比特率是每秒千字节(KB/s),如普遍采用低速的 OBD-Ⅱ数据总线结构。

3)网络

几条数据总线连接车辆相互交换信息的模块,又连接到局部域网上,构成整个车载网络。

4)架构

架构是信息高速公路的配置,其输入和输出端规定了什么信息能进和什么信息能出。通常包括 1 ~ 2 条线路,采用双线时数据的传输是基于两条线的电压差。

5)通信协议

通信协议犹如交通规则,包括"交通标志"的制定方法。作为汽车维修人员,并不关心通信协议本身,而真正关心的是它对汽车维修诊断的影响。通信协议本身取决于车辆要传输多少数据,要用多少模块,数据总线的传输速度要多快。维修诊断时需要专门的软件。

6)网关

网关是连接异型网络的接口装置,它综合了桥接器和路由器的功能,汽车网关主要能在 OSI 参考模型的物理层、数据链路层和应用层上对双方不同的协议进行翻译和解释。必须具备有从一个网络协议到另一个协议转换信息的能力。

网关主要处理以下三部分的内容:从第一个网络读取所接收的信息,翻译信息,向第二个网络发送信息。

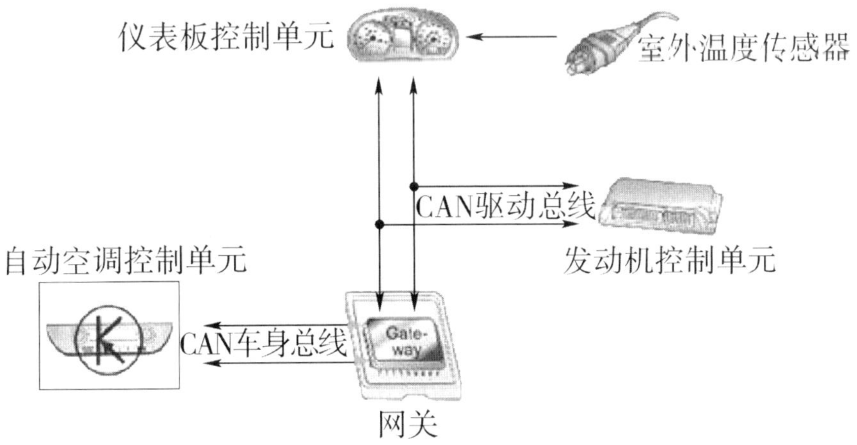

2 CAN 线的故障类型

一般来说,CAN-BUS 数据线的故障可以分为汽车电源系统故障、节点故障、链路故障、发送错误指令和系统传输瘫痪五种类型。

1)CAN 数据导线故障

CAN 控制器和收发器很少出现故障,出

现故障时，通过信息缺失或通过总线关闭控制单元表现出来。车辆机械振动、未正确加装系统或未按规定进行车身维修故障时，可能会导致数据传输介质的物理层出现故障。例如，可能出现磨穿绝缘层、导线混淆、导线折断或插头接触故障等情况。控制单元识别到数据传输故障时，就会存储一个故障码。

2）CAN数据导线维修

（1）限定故障部位后必须维修数据导线。

（2）开始维修前，首先排除故障原因。

（3）导线断裂时不允许以焊接方式连接，而是只能用专用挤压连接器将其连接起来。

（4）挤压连接后，用热风机使连接器的塑料套管收缩，确保维修部位防水且不漏气。

（5）最后在维修部位缠上黄色绝缘胶带，以将其标出。

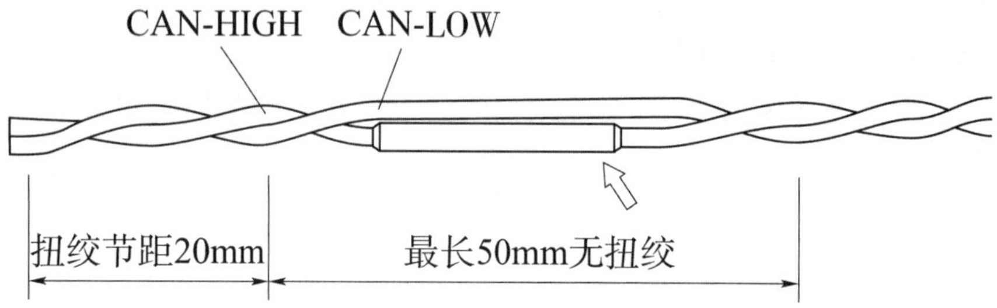

维修CAN数据总线的HIGH导线和LOW导线时，所使用的导线段必须长度相同；还必须以20mm等节距将导线缠绕成双绞线。尤其是在挤压连接器区域内必须注意，未扭绞的导线段长度不得超过50mm。

十一 课堂练习

(一)填空题

1. CAN线由CAN控制器、________、数据传输终端和CAN数据总线组成。
2. CAN电路的检测工具有万用表、诊断测试仪和________。
3. CAN规范中规定终端电阻的阻值为________Ω。
4. 连接在CAN数据总线上的控制单元通过其________软件识别与总线相关的故障。
5. 示波器检测CAN数据总线上的信号为________曲线。

(二)单项选择题

1. CAN-BUS数据总线的核心部分是________。
   A. 动力控制模块
   B. 发动机电控模块
   C. 含有通信IC芯片的电控单元

2. 下面波形为 CAN-BUS 数据总线________。

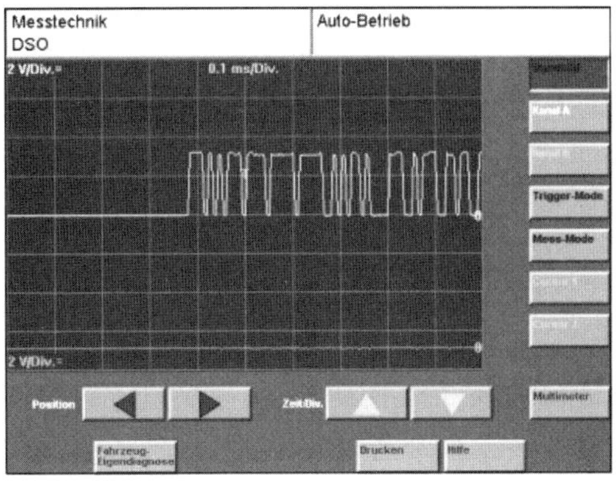

A. 对搭铁短路时信号波形　　　　B. 对正极短路时信号波形

C. 休眠时信号波形

3. CAN-BUS 数据总线采用了 2 条数据线绕在一起的方式,如果一条线上的电压是 0 V,另一条线上的电压是________。

A. 12 V　　　　B. 0 V　　　　C. 5 V

4. 在 OBD-Ⅱ中规定,车载网络故障码的开头英文字母为________ 。

A. P　　　　B. C　　　　C. U

5. 车载网络采用的大多是________。

A. 局域网　　　　B. 广域网　　　　C. 互联网

(三)判断题

1. 车载网络系统主要由控制模块、数据总线、网络、通信协议和网关组成。　(　　)

2. 高速数据总线及网络容易产生电噪声(电磁干扰),这种电噪声会导致数据传输出错。　(　　)

3. CAN 收发器其实就是发送器。　(　　)

4. 数据传输终端电阻的作用是避免产生反射波使数据遭到破坏,导致传输失败。　(　　)

5. CAN-BUS 数据总线是用来传输数据的双绞数据线,分为 CAN-HIGH(高位)和 CAN-LOW(低位)数据线。　(　　)

参 考 文 献

[1] 李林.汽车电器维修快速入门30天[M].北京:机械工业出版社,2018.

[2] 徐景波.汽车电器实训[M].3版.北京:机械工业出版社,2019.

[3] 丰田汽车公司.汽车基本常识与工作原理[M].北京:高等教育出版社,2006.

[4] 巫兴宏.汽车电气设备与维修[M].北京:高等教育出版社,2005.

[5] 汪胜国.汽车底盘和车身电器检测实训手册[M].北京:人民交通出版社,2010.